De chair et d'ombre

Jean GOLDZINK

De chair et d'ombre

Essais sur Marivaux, Challe, Rousseau, Beaumarchais, Rétif et Goldoni

Préface de Anne UBERSFELD

PARADIGME
122 bis, rue du Faubourg Saint-Jean
45000 ORLÉANS

Modernités

n° 2

Collection dirigée par Annie Becq

ISBN 2-86878-151-9

PRÉFACE

PRÉFACE

L'honneur de présenter ces écrits de Jean Goldzink m'est particulièrement précieux. Parce qu'il est, comme je suis aussi, avant tout préoccupé d'enseigner, de montrer. Peut-être le métier de critique – non, de présentateur d'une œuvre – n'est-il pas sans rapport avec le métier de metteur en scène.

Et Jean Goldzink aime le théâtre. Presque tous ces essais lui sont consacrés ou en portent la marque. Le théâtre révèle tout ce qui lui plaît, le masque, la contradiction, l'ambiguïté.

Le metteur en scène et la critique montrent tous deux la position singulière de l'auteur par rapport au monde, à l'histoire – mais aussi à son histoire singulière – montrent le travail que fait tel individu, celui-là pour se rendre maître de ce qui est son rapport au monde, et du même coup se rendre maître de son écriture. Le travail du critique – et Jean Goldzink le fait merveilleusement – n'est pas seulement de montrer le moment (de l'histoire) et le lieu (l'univers social, le groupe, la classe), mais le *travail* du créateur sur ces données, et comment des « conditions », il passe à une *position* – comment de tout ce qu'il reçoit, il fait son miel, cette position originale. Et le critique nous montre non pas seulement cette position, mais comment elle a été construite.

Et pour cela dépasser les méthodes éprouvées – la sociocritique – non qu'elle soit absente, témoin la superbe analyse de la pensée critique de Beaumarchais – ou l'analyse structurale – témoin de cet intérêt pour la géométrie du texte chez Maivaux, ces grandes structures qui vont de la permutation quadrangulaire des couples à ce triangle terrible qui suppose l'élimination destructrice de l'un des éléments. Au delà de ces méthodes, utilisées, dominées, un retour – ou une avancée – vers des positions synthétiques qui prennent en compte la psychologie. Mais quelle psychologie ? Foin de la vieille combinatoire des passions dont les mouvements sont préétablis et les conséquences prévues : l'ambition, l'amour-passion, la jalousie, l'envie... Pas d'échappatoire hors de réseaux si bien balisés. Ce qui montre – avec jubilation ! – Jean Goldzink, c'est l'apport discret de la psychologie des profondeurs éclairant les obscurs cheminements du désir. De là par exemple – et c'est l'un des plus beaux essais – l'analyse de l'œuvre théâtrale la plus complexe et la moins connue : ce Marivaux qui s'appelle *Les Acteurs de bonne foi*, la subtilité de la construction marivaudienne est mise dans une lumière superbe, où se trouve démontré le jeu chez Marivaux du désir et de l'artifice.

Faire flèche de tout bois, donner à l'œuvre les éclaircissements qui la rendront intelligible aujourd'hui.

Intelligible ? pas seulement – savoureuse. Le plaisir, plaisir de l'étudiant, plaisir du lecteur, avant celui de spectateur, étant non pas du tout comme un vain peuple pense, inhibé par la connaissance, mais stimulé, exalté par tous les prolongements qu'il est appelé à percevoir.

Et c'est tout le siècle théâtral qui défile, de Marivaux à Beaumarchais, en passant par une lecture neuve des tragédies de Voltaire replacées dans ce moment décisif de l'histoire du théâtre où la scène se transforme et conquiert la solidité d'une référence concrète au monde, à l'histoire, à la violence.

Certes, le morceau de choix, c'est Marivaux, occasion pour Jean Goldzink de mettre en avant ses principes de lecture contre l'excès des références « modernistes » à Marx, à Freud... à Sade, défendre la matérialité du texte... et du théâtre. Si Marivaux multiplie les « épreuves » d'Angélique dans *L'Épreuve*, ce n'est pas le sadisme de Lucidor qui est en cause, mais c'est en l'honneur du jeu théâtral qui se déploie en liberté. En l'honneur du rire. Et Jean Goldzink de rendre hommage au rire marivaudien.

S'il aime tant Beaumarchais, c'est moins pour être le fourrier discutable de la Révolution Française, que pour avoir ressuscité « la bonne et franche gaité gauloise ».

Décaper la critique, se garder de psychanalyser les êtres de papier, ne pas aller au-delà du texte, qui est bien assez riche, dit Goldzink. Et, avec une sagesse redoutable, il nous avertit de laisser les « interprétations » au choix des interprètes. Si Lucidor doit être sadique (pourquoi pas ?), c'est au metteur en scène, au comédien à le faire tel. Le sens est en avant.

Si je devais chicaner Jean Goldzink – à moi de tenter de lire – ce serait pour n'avoir pas mis en lumière dans *Le Prince travesti*, cette belle nouveauté, cette étrangeté qu'est l'affection profonde, l'amour, oui, qui unit les deux femmes, la Princesse et Hortense. Mais s'il ne me montrait tant de choses, peut-être n'aurais-je pas vu celle-là.

Je n'ai garde d'oublier les étonnantes analyses de ce monument de l'écriture romanesque au XVIIe siècle (double trahison du siècle et du genre !) que sont *Les Illustres Françaises* de Robert Challe. Je mets au défi tout lecteur de Goldzink de résister à l'envie de se précipiter sur les *Illustres Françaises*.

Anne UBERSFELD.

MOLIÈRE

Philinte — Qu'est ce donc ? qu'avez-vous ?

Alceste, *assis* — Laissez-moi, je vous prie.

Philinte — Mais encor, dites-moi quelle bizarrerie...

Alceste — Laissez-moi là, vous dis-je, et courez vous cacher.

Philinte — Mais on entend les gens au moins sans se fâcher.

Alceste — Moi, je veux me fâcher et ne veux point entendre.

Philinte — Dans vos brusques chagrins je ne puis vous comprendre !
Et quoique amis enfin, je suis tout des premiers...

Alceste, *se levant brusquement.*

Moi, votre ami ! Rayez cela de vos papiers.
J'ai fait jusques ici profession de l'être ;
Mais, après ce qu'en vous je viens de voir paraître,
Je vous déclare net que je ne le suis plus,
Et ne veux nulle place en des cœurs corrompus.

Philinte — Je suis donc bien coupable, Alceste, à votre compte ?

Alceste — Allez, vous devriez mourir de pure honte ;
Une telle action ne saurait s'excuser,
Et tout homme d'honneur s'en doit scandaliser.
Je vous vois accabler un homme de caresses,
Et témoigner pour lui les dernières tendresses ;
De protestations, d'offres et de serments,
Vous chargez la fureur de vos empressements :
Et, quand je vous demande après quel est cet homme,
À peine pouvez-vous dire comme il se nomme ;
Votre chaleur pour lui tombe en vous séparant
Et vous me le traitez, à moi, d'indifférent !
Morbleu ! c'est une chose indigne, lâche, infâme,
De s'abaisser ainsi jusqu'à trahir son âme ;
Et si par un malheur, j'en avais fait autant
Je m'irais, de regret, pendre tout à l'instant.

Molière, *Le Misanthrope*, Acte I, scène 1

INCIPIT

Molière, *Le Misanthrope* , Acte I, scène 1

Quand il est déjà bien périlleux de parler du comique, que faire du *Misanthrope*, pièce à laquelle un amateur de théâtre serait presque tenté de reprocher sa perfection littéraire, tant elle déclasse toute mise en scène possible ? Avouer son découragement, et s'installer carrément, comme je le fais, en position de lecteur pédagogue attelé à un exercice obligé : le commentaire laborieux des premiers vers, auquel je conserve le caractère rugueux de notes de travail, au demeurant lacunaires (est-il bien raisonnable de ne rien dire de la forme-vers ?).

Philinte : Qu'est-ce donc ? Qu'avez -vous ?

On n'attaque pas sur des idées (Oui / Non), mais sur un état, une attitude, une conduite, un comportement. Conduite anormale, surprenante. Nous n'entrons pas vraiment dans une discussion : le rideau semble s'ouvrir juste après une rencontre qui bute sur un obstacle, une manière d'être inhabituelle. Plus qu'inhabituelle : proche de la maladie, du malaise. Les premiers mots interrogent aussitôt une humeur, c'est-à-dire un complexe qui met en jeu le corps. Car c'est bien une manière d'être, et non pas une opinion que Philinte interroge. Ce qui s'impose d'emblée, c'est un corps, un corps qui dérange, suscite l'inquiétude, sollicite l'interprétation, mais provoque aussi la sollicitude. D'entrée de jeu,

Alceste est un Autre énigmatique, qui requiert l'attention. Quelle sorte d'attention? inquiète ? tendre ? exaspérée ? médicale ? résignée ? placide ? etc. A ces questions, seul l'auteur, ou plutôt les acteurs, qui vont faire couple, peuvent répondre... Tout , ou presque, est comme engagé dans ces premiers mots si simples et si forts de Philinte : car ils engagent non seulement le nœud de leur rapport, mais l'essence même d'Alceste — son rapport aux autres. Et le paradoxe même de ce rapport : plus Alceste se retranche, et plus il mobilise les autres sur son moi. On pourra m'objecter que j'extrapole passablement, puisqu'Alceste n'a encore rien dit... Mais c'est précisément parcer qu'il refuse de dire qu'il s'expose. Le paradoxe de cette exposition vaut pour toute la pièce : Alceste est celui qui ne veut pas que les autres parlent, qui ne veut pas parler, et dont la parole explose pour dénoncer les paroles adverses. Et il faut encore redire que le refus de parler, qui suscite ce premier dialogue, n'est pas manifesté seulement par la double question de Philinte, mais aussi et d'abord par le corps de l'acteur (quelle qu'en soit la modalité, qui n'a pas à respecter dévotement l'indication de Molière, qui l'imagine assis — mais que de manières d'être assis).

Alceste : Laissez-moi, je vous prie.

Philinte interroge ; Alceste l'atrabilaire ordonne ! Et ce qu'il commande, c'est la solitude, le retrait, la rupture, bref, le refus du dialogue. La plupart des grands passionnés moliéresques refusent qu'on discute leurs désirs. Quel est ici le désir propre d'Alceste ? Qu'on le laisse à lui-même, qu'on le débarrasse d'autrui. Mais un salon, mais une scène appellent le dialogue : il faudra bien qu'on n'abandonne pas l'atrabilaire, il faudra bien que le lien social, que le langage se nouent. Tel est le paradoxe comique d'Alceste, de réclamer avec véhémence ce que sa seule personne dément... On ne s'en va pas d'une scène d'exposition non commencée, on ne réclame pas la solitude dans un salon. Le paradoxe s'inscrit dans le titre, dans le caractère : à qui le misanthrope dira-t-il qu'il hait les hommes, sinon aux hommes, lui qui est homme ? Il devrait être dans la logique du misanthrope de se haïr, de se fuir lui-même ! Bien entendu, il en va d'Alceste comme de Philinte (et cela aussi distingue radicalement ce début de comédie des débuts de tragédie, où il n'y a pas de caractères, mais des positions et des conflits) : cet ordre d'Alceste peut se moduler, doit se moduler selon le type de jeu choisi : sec, douloureux, exaspéré, simple, froidement poli, noble, comique, bouffon... De Louis de Funès à une vision romantique, de Céline à J.-J. Rousseau.

Philinte : Mais encore, dites-moi quelle bizarrerie...

Interroger est une des grandes fonctions théâtrales, une des plus vives, et la plus nécessaire en situation d'exposition. Molière fait ici coup double : l'interrogation ne porte pas, comme à l'ordinaire, sur l'avant-pièce, sur le temps accumulé avant que le rideau se lève, mais sur l'être-là d'un personnage. Non pas: dites-moi ce que vous savez, ce que je sais aussi, pour que les spectateurs le sachent à leur tour. Mais : dites-moi ce que vous avez, que je ne sais pas, qui vous empêche de jouer votre rôle, votre rôle d'homme et d'acteur, qui est de parler, de vous lier, de faire le lien... Mais tout en ne sachant pas, Philinte, qui a une petite avance sur le spectateur, devine, parce qu'il sait qu'Alceste refait ce qu'il a déjà fait : ce commencement est un recommencement, un dérèglement qui suit une règle, une bizarrerie.

Alceste : Laissez-moi là, vous dis-je, et courez vous cacher.

Alors que Philinte varie souplement la forme de son dire (trois formulations pour une même question), Alceste se définit aussitôt comme l'obstination têtue du refus, la raideur farouche dans la répétition du même. Pressé de dire, il re-dit le refus de dire et coupe brutalement la parole. Obstination, et énergie redoublée de l'impératif et du second hémistiche, tout de véhémence redondante. En vérité, ce second hémistiche condense le noyau de la pièce à venir. Qu'est-ce que le rêve d'Alceste ? Rester seul dans la maison de Célimène, en chasser tous les autres, et en les chassant, chasser Célimène la coquette hors de Célimène. Faute de faire le désert autour de Célimène, il ira se cacher en désert, ou le dira. Le "Laissez-moi" est un "hors d'ici", un anathème lancé au nom de la morale. En deux phrases, et quinze mots, Alceste a dit le refus, la solitude, le bon-droit ; et condamné l'autre à la honte. Tout l'être-là d'Alceste s'impose scéniquement, sans que le moindre contenu abstrait soit apparu : adresse diabolique, puisque le dialogue naissant mime et suggère une préexistence de la forme sur le fond, du tempérament sur le prétexte qui le met en oeuvre ! L'excès même des mots, qui nient, dans leur franchise brutale, les ménagements de la politesse au profit d'une sincérité véhémente, prédispose le spectateur à attendre, conformément à la logique comique, un écart entre l'énergie du propos et sa cause... Molière, bien entendu, qui monte cette entrée étourdissante, se garde d'éventer trop tôt la chose :

Philinte : Mais on entend les gens au moins sans se fâcher.

Bien loin d'en revenir au fond immédiat de la querelle, Philinte tente de dépassionner le débat, en le dépersonnalisant. Aux questions suivies d'injonctions pressantes succède une sage proposition générale : Parlons du sujet en effaçant les sujets singuliers, concrets, vous et moi, ici et maintenant. Quand Alceste veut le renvoyer à sa conscience coupable, honteuse d'être coupable, Philinte invoque un code social, un usage, une maxime mondaine, un art de vivre ensemble : bref, il passe de l'éthique à l'étiquette. Courir se cacher ? Non, cacher pour écouter discourir : l'usage mondain, le savoir-vivre exigent de masquer ses émotions, ses ressentiments, pour "au moins" écouter, sinon faire bonne figure. Règle a priori, préliminaire de l'échange réglé, de l'échange poli. Se trouve alors posée, avec une incroyable adresse, dès le vers 4, la question centrale du *Misanthrope* : qu'est-ce que vivre au milieu des hommes ? Que peut-on dire ou ne pas dire en société ? Dès le vers 4, Alceste est confronté à une norme qu'il enfreint, une norme de contrôle de soi qui suppose l'adaptation à autrui, non pas en tant que personne singulière, concrète, dont il faudrait en chaque cas évaluer l'estime qui lui revient, mais en tant que membre à part entière du corps social (ici bien entendu le monde) : comme le dit admirablement Du Bellay dans le sonnet 85 des *Regrets*,

"vivre avecque chacun, de chacun faire compte".

Alceste : Moi, je veux me fâcher, et ne veux point entendre.

La réponse est à la fois comique et philosophique. Comique : elle tient des réponses enfantines. Chaque réplique d'Alceste le fixe plus nettement dans la sphère comique, incarne en lui ce profond désir qui est en nous, qui fait en nous l'appétit du rire : la transgression des normes au profit des pulsions. Philosophique : à la règle par définition impersonnelle du savoir-vivre, à la dépersonnalisation indissociable du système de la politesse, Alceste oppose sa singularité. Mais cette singularité, elle n'est pas ; elle se veut ! Moi, je veux être sale et ne pas me laver, etc. — quel parent ne connaît pas l'antienne... C'est comique, et c'est profond : dans le système codé des relations sociales (et comment pourrait-il en être autrement ?), le désir de singularité ne peut se poser que comme provocation, comme forme d'aberration et de folie. Sauf si on peut mobiliser derrière sa singularité une autre communauté, comme le fait Du Bellay dans les *Regrets*, où le moi singulier, aberrant, adossé à une France mythique, oppose communauté romaine et communauté française, et renvoie Rome à sa folie.

Rousseau pratique aussi évidemment cette figure, en jouant Genève contre Paris. Mais elle est moins décisive que sa fraternité avec Alceste. Comme Alceste mobilise ici, d'entrée de jeu, la morale contre la politesse, et la singularité du Moi, Rousseau va s'instituer, par un radicalisme provoquant, l'unique incarnation d'une nature défigurée, perdue, oubliée. Autrement dit, quand le conflit se noue, a priori, principiellement, entre moi et les gens, entre mon désir d'être moi et les règles d'équivalence qui tentent de me socialiser, une forme de rapport aux autres se constitue où Rousseau s'est reconnu, et qu'on voit naître ici admirablement : c'est la véhémence d'une souffrance comique, l'irascibilité d'un Moi réduit à la pure affirmation de sa déviance. Mais le théâtre ne peut obtenir l'adéquation du moi et du discours qui le dit (poésie, prose narrative) : il pose face à face Alceste et Philinte, selon cette technique dite du "contraste" qui va obséder les auteurs du XVIIIème. D'où la révolte de Rousseau lisant le *Misanthrope*.

Philinte : Dans vos brusques chagrins je ne puis vous comprendre !
Et, quoique amis, enfin, je suis tout des premiers...

Le propre de la politesse est de lier : le silence n'est pas poli, il faut l'apprendre aux enfants (réponds à Monsieur...). Inlassablement, Philinte réalise sa nature amicale, sociable, en renouant, en relançant le dialogue que le moi solipsiste veut rompre. Il le fait sur un double support :

1/ **Je ne vous comprends pas**. Depuis le début, cette incompréhension s'exclame : qu'est-ce qu'il y a encore ? Quelle mouche vous pique à nouveau ? Vos / brusques / chagrins : le pluriel, le mot, l'adjectif, tout dit une irrationalité qui renvoie à une altération du tempérament, à une nature maladive du moi.

2/ **Je ne vous défends pas**, parce que l'amitié ne peut prendre le pas sur la rationalité sociale, sur le devoir-vivre ensemble. Philinte s'installe d'emblée comme le porte-parole de la collectivité, du consensus, de la sagesse, qui est effort sur soi et prise en compte des autres, mais aussi norme de jugement et effort pour raboter les différences, les sautes d'humeur pénibles...

Jusqu'ici Alceste s'est carré avec une extrême énergie dans un discours agressif et ipséiste de dénonciation et d'auto-affirmation. Discours profondément passionné, véhément, qui ne vise aucun consensus, mais au contraire la rupture brutale de tout dialogue. Avec un mauvais jeu de mots, on pourrait dire qu'il cherche la scène pour éviter la scène d'exposition. La seule forme qui conviendrait à Alceste, c'est le monologue : il n'est évidemment pas question de lui en accorder un seul, car Alceste ne nous intéresse qu'aux prises avec le dialogue, inscription scénique du social, des exigences de la sociabilité.

Alceste, *se levant bruquement* : Moi, votre ami !...

Alceste n'est pas Jean-Jacques — pas encore : pas plus qu'il ne veut parler (mais la comédie l'y oblige, ne serait-ce que pour dire qu'il refuse), pas plus il n'entend répondre aux sollicitations insistantes de l'ami Philinte, c'est-à-dire se justifier. Tout au contraire, dans le droit fil de ses interventions, il surenchérit dans l'agressivité, mobilise la brusquerie du corps et de la parole (quatrième occurrence de moi / interrogation nominale / impératif / formulations catégoriques). Alceste travaille dans le registre du tout ou rien, dans la véhémence prophétique qui propose une sorte d'inversion comique de la conversion : éclairé d'un seul coup, Alceste renonce à son idole trompeuse, à sa fausse croyance, sous l'effet sinon d'une grâce, du moins d'une révélation foudroyante. Je risque cette interprétation, à cause du vocabulaire, du mouvement, du ton, et à cause de ce fait général décisif, que chez Molière comme pour tout le siècle, tout a rapport au religieux, qu'on le veuille ou non (et il semble tant que Molière le veuille !). Alceste applique au code mondain, avec une véhémence sincère, le zèle d'un Tartuffe, d'un Orgon ou d'un Arnolphe. Son coeur est un temple d'où il chasse les marchands, les Philinte philistins...

Courez-vous cacher — cachez ce sein...

Véhémence rigoriste, anathème, conversion... Rousseau aussi refera ce chemin, jusqu'à la paranoïa du complot universel ourdi par les anciens amis au cœur corrompu.

Philinte :Je suis donc bien coupable, Alceste, à votre compte ?

Sur quel ton dire ce vers ? Philinte peut être ironique, sérieux, indéchiffrable, perfide, affectueux, condescendant, etc. Le lecteur peut jouir de tous les possibles, l'acteur doit trancher, mais son choix engage toute la pièce. Ce que le commentaire soulignera, c'est que Philinte, loin d'esquiver, se place enfin sur le terrain même où Alceste l'installe depuis le début. Jouant enfin son rôle de coupable, Philinte devient un interlocuteur ! Il y a du comique, et du meilleur, dans la montée de l'éloquence chez un homme qui se refusait de toutes ses forces, jusqu'ici, au dialogue, au commerce avec le mal : voilà qu'Alceste nous débite brusquement cinq vers, puis quinze, quand Philinte lui donne enfin prétexte, obligeamment, à une diatribe. Oui, je vais vous dire pourquoi vous ne méritez plus qu'on vous parle, pourquoi, tel un dieu terrible, je ne veux nulle place en des cœurs corrompus...

N'y aurait-il pas, en tout misanthrope, un dieu qui s'ignore ? On me reprochera encore d'extrapoler, mais tout de même, est-ce que ce Moi, Moi, Moi si véhémentement scandé à l'ouverture de la pièce ; qui tonitrue sa colère et la radicale culpabilité des autres, et donc sa parfaite innocence, il est vraiment absurde de le rapprocher du Préambule des *Confessions* ? Où Rousseau affirme tout uniment qu'il n'y eut jamais, devant Dieu, d'homme meilleur que lui, Jésus compris, puisque Jésus est un homme. Je ne dis pas qu'Alceste va rester entièrement pris dans ce que je tente de cerner. Mais en ce début, Molière dessine une configuration aussi géniale qu'essentielle, où Alceste rassemble des traits décisifs du dévot, de ce que le XVIIIème appellera l'enthousiaste, de ces hommes qui ne visent qu'à effrayer et à culpabiliser. C'est exactement ce que Voltaire reprochera à Pascal dans la fameuse XXVème *Lettre Philosophique* rajoutée in extremis à l'édition française.

Que Molière soumette ici un tel comportement à la dérision comique, on ne peut pas plus en douter que Rousseau, à la lecture du vers 14 : **Allez, vous devriez mourir de pure honte** : car même si on ne sait pas encore de quoi Philinte est coupable à en périr, c'est précisément cela qui irréalise et dévalorise la fureur langagière du personnage irascible. Excès double : Alceste parle trop fort, et il parle trop, pour un homme qui ne veut pas parler (trois vers, pas moins, pour dire que Philinte est coupable !). Excès et contradiction : c'est tout le comique de Tartuffe, la conscience de soi en moins. Mais ici, le débat reste circonscrit explicitement dans la sphère civile : **et tout homme d'honneur s'en doit scandaliser**. N'ayant pas eu à entendre et s'étant fâché, Alceste peut enfin en venir au fait, qui s'expose des vers 17 à 24. Il ne faut pas moins de quatre vers furieux (25 à 28) pour commenter une telle atrocité. Mais Philinte va pouvoir à son tour argumenter, puisqu'il a eu le bon goût de s'engager sur le terrain succulent de la culpabilité — le dialogue est lancé.

Le théâtre de cette abomination morale, qui nous vaut cette superbe juvénale, est donc la politesse mondaine, la facticité des effusions commandées par l'usage et non par le coeur, accordées à chaque membre du corps social au lieu de récompenser au coup par coup, telle la grâce divine, le mérite intérieur des heureux élus. Le jeu du masque, découvert par Du Bellay à Rome, et que Saint-Simon diabolisera frénétiquement, va trouver dans *Le Misanthrope* une de ses expressions les plus somptueuses.

Ce qui me semble caractériser Alceste, en ce début, c'est la radicalité, la véhémence, l'excès. Il ne connaît que le tout ou rien, dans une visée de la transparence où le rapport aux autres est d'abord un rapport à soi. Seul importe le Moi : tout déguisement, toute distance est une trahison qui équivaut à la mort. Dès qu'il y a masque, détour, il y a mise à mort du Moi, radicale chute dans le péché. Alceste transpose dans le social, dans le rapport civil, dans les moeurs, la radicalité que les dévots (faux ou vrais) prétendent instituer au nom de Dieu parmi les hommes, les mystiques entre soi et Dieu. C'est d'une mystique de la transparence qu'il s'agit là, où le Moi-Dieu du seul Juste foudroie et condamne.

Impressionnante profondeur du comique, dont il est clair qu'en ces premiers vers, Rousseau ne s'y est pas trompé, il vise pour l'essentiel Alceste — Alceste qui va hanter les Lumières.

CHALLE

DIFFICULTÉS SUR LE ROMAN PROPOSÉES AUX LECTEURS RÉVÉRENCIEUX (croyance et ironie dans les *Illustres françaises*)

« Pardonnez-moi, M.R.P., je ne vous excepte point de la foule sur cet article, vous allez vous casser le nez comme les autres. »

(R. Challe, *Difficultés sur la relation proposées au père Malebranche,* pp. 273-374)

Le désabusement...

La chose survint vers quinze heures, samedi 26 septembre, en cette sublime salle des Imprimés de la Bibliothèque Nationale où l'on n'entre plus sans un serrement de cœur, à l'idée de devoir abandonner les lampes vertes sous la verrière, le Palais-Royal, les passages Colbert et Choiseul, pour aller bercer nos rêves de chercheurs technologiques et informatisés entre Bercy omnisports et Ministère des Finances omniscientes. Un souvenir d'auberge hongroise (rue Sainte-Anne) et la Postface papiste des savants éditeurs des *Difficultés sur la religion proposées au père Malebranche* m'avaient plongé dans une vive euphorie, après une semaine de course en territoire challien. Je venais de lire, d'une lecture emportée et brutale, les sept Histoires (très fort, me disais-je, mais un peu long ?), le premier volume de la thèse de Jacques Popin (très long, me disais-je, mais un peu trop inutile), et les belles analyses de Michèle Weil, fort bien écrites (rare mérite, on l'avouera, pour une thèse), qui m'enlevaient le pain de la bouche, je veux dire l'*incipit* du roman. Et à peine m'étais-je jeté dans l'admirable Premier Cahier des *Difficultés*, un de ces textes brûlants et droits qui sont la grandeur impérieuse de l'ancienne France (La Boétie, Descartes, Corneille, Molière, Challe, Rousseau), qu'une évidence m'apparut : l'impossibilité où je serais de lire les *Illustres Françaises* en oubliant l'inoubliable voix du *Militaire Philosophe*. Comment cet homme-là avait-il pu écrire d'un seul mouvement, les *Difficultés* et sa fable romanesque ? La question ne semble pas vraiment tracasser les spécialistes, à l'exception de Michèle Weil, qui tourne autour sans jamais l'aborder de front. Et pourtant, en attribuant à Robert Challe ce véhément réquisitoire, ils n'avaient pas seulement ressuscité une philosophe à côté du romancier, ils avaient sans le savoir introduit le diable dans le roman.

Je ne suis pas un *spécialiste* de Challe (si ce terme a une signification décisive en matière d'interprétation de texte), et, péché plus grave, je commence à peine à y réfléchir, le couteau sur la gorge. Cet aveu candide suffira-t-il à faire de mes questions de vraies questions, animées par un sincère désir de mieux comprendre des *difficultés* qui n'ont peut-être d'autre fondement que ma grande ignorance ? Mais puisque Challe veut que la religion soit *naturelle*, c'est-à-dire accessible à tous par les voies de la droite raison, et non pas *factice*, c'est-à-dire fondée sur des faits obscurs et des interprétations savantes déléguées à des ministres patentés, mes naïves interrogations peuvent au moins se réclamer de lui.

Une Préface et deux absurdités

Ma première question concerne la Préface, archicommentée. Je ne mets pas en doute tous les rapprochements judicieux qu'on a faits avec d'autres déclarations de romanciers du XVIIe siècle, et il est même possible que Challe nous y dise sur son art les choses fort séduisantes qu'on y a vues : pourquoi pas ? Mais je m'interroge sur la présence répétée de deux absurdités manifestes. Ces deux absurdités s'énoncent ainsi :

> Mon roman et mes histoires, comme on voudra les appeler, tendent à une morale plus naturelle, et plus chrétienne, puisque par des faits certains, on y voit établi une partie du commerce de la vie. (pp. 1-2)

Et comme pour enfoncer le clou, Challe les répète aussitôt plus loin :

> ce qu'il [Dupuis] dit de Gallouin montre, que si un homme est capable de tout pour ses plaisirs, lorsqu'il se livre à des réflexions chrétiennes, il n'en fait que de bonnes et de profitables.
> Voilà, je crois, une bonne partie des rencontres qui se trouvent ordinairement dans le monde, et la morale qu'on peut en tirer est d'autant plus sensible, qu'elle est fondée sur des faits certains. (p. 3)

Que nous en disent les spécialistes ? Jacques Popin, dans sa longue analyse de la Préface, n'en souffle mot, pas plus que Michèle Weil, qui ne se propose pas, il est vrai, de la commenter. Frédéric Deloffre, dans sa remarquable introduction aux *Illustres Française* (1991, p. XXX), abordant le problème de la « vérité » (« J'ai affecté la simple vérité »), cite bien un passage significatif des *Difficultés* (« La différence entre l'histoire et la fable n'est pas que l'une est vraie et que l'autre fausse... », p. 89, voir plus bas), mais s'engage aussitôt dans une analyse des procédures littéraires de « l'effet de réel ».

En quoi consiste donc l'absurdité philosophique des énoncés que Challe nous assène avec un imperturbable, un impayable sérieux ? Je l'ai dit, elle est double. Commençons par la plus manifeste (à condition, bien entendu, d'admettre l'attribution à Robert Challe des *Difficultés sur la religion*, ce dont aucun des critiques mentionnés ne doute, et que je me garde bien de discuter, tant cette paternité jette une lumière réjouissante sur le roman). Pour quelle sombre jubilation intérieure, intime et solipsiste, Challe tient-il à établir, dès la Préface, l'équivalence deux fois répétée de la morale naturelle et de la réligion chrétienne, lui qui démontre avec une telle violence, dans les *Difficultés*, leur fondamentale, leur principielle antinomie ?

> Je suis donc en droit et en obligation même de m'en tenir à la religion naturelle que Dieu m'a dictée lui-même, qu'il a gravée dans mon cœur, que je vois clairement comme je vois la lumière à midi, comme j'entends un coup de canon étant dans la batterie, c'est-à-dire sans difficulté, sans recherche et sans ambiguïté.
> Les religions factices [Challe entend par là toutes les religions établies] ne sont pas seulement pernicieuses aux hommes par le pillage qu'elles exercent sur les biens et la liberté, elles sont encore l'anéantissement de la morale et des véritables vertus.
> Il faut bien distinguer la vertu en elle-même, le bien moral, d'avec les vertus chrétiennes, les vertus musulmanes, les vertus judaïques, bramines, etc. C'est une fourberie des ministres de toutes les religions de donner ces épithètes aux actions bonnes en elles-mêmes. [...] Si la probité, la conscience et la vertu dépendaient de la religion, il y aurait autant d'espèces de probité, de conscience et de vertu qu'il y a de religions, puisqu'elles sont toutes contraires les unes aux autres.
> Si l'on se sauve en disant que toutes les religions conviennent sur le point de la probité, de la conscience et de la vertu, comme cela peut être, n'en faites donc point honneur à aucune. [...] C'est donc une malice et une supercherie énorme, ou une folie détestable, de confondre les vertus morales, les véritables vertus, avec les impertinences des religions factices, et de donner à ces véritables vertus des noms dérivés de celui des religions (*Difficultés sur la religion...*, p. 134).

Il est tout de même assez étrange d'observer, dans l'édition la plus savante du roman et les deux thèses les plus grosses, le parfait mutisme sur un texte aussi formel, et sur une affirmation aussi essentielle de la philosophie de Challe. À quoi sert de s'extasier sur son « génie », si l'on n'accorde pas le moindre crédit à ce qu'il dit ? À quoi bon s'épuiser l'esprit à scruter sa Préface, si c'est pour escamoter une contradiction si criante, si éclatante ? À quoi bon le dire philosophe et lui attribuer ce superbe texte philosophique, si l'on est bien décidé à n'en rien faire ? Or, si l'on accorde un minimum d'intérêt à une telle position de principe, on échappe difficilement à cette réflexion amusante : les vertus mises en œuvre dans les *Illustres Françaises* sont-elles des vertus naturelles, conformes à la raison, ou des « vertus de religion » dictées par des « préceptes particuliers » à telle ou telle religion ? Interrogation ingénue, mais qui ouvre un abîme sous les pieds du lecteur, au moins aussi obscur et vertigineux que les justes, évidentes et assez simplettes observations sur la variations des points de vue dans la « vision avec » dont on se régale depuis trente ans. Je laisse pourtant de côté cet aspect du problème, dont la gaieté, je l'avoue, me ravit, pour reposer, avec la monotone insistance de Candide, ma pauvre question : pourquoi Challe tient-il, dans sa préface, et alors que rien ne l'y oblige, à commettre par deux fois ce qu'il appelle « une malice et une supercherie énormes, ou une folie détestable », en donnant aux « véritables vertus des noms dérivés de celui des religions » ? (*Difficultés,* p. 134). J'ai le sentiment obscur que se joue là, dans la réponse qu'on donnera, toute l'interprétation des *Illustres Françaises,* et peut-être, leur renversement copernicien. Peut-être en effet tournent-elles aussi, nos belles et émouvantes et parfaites Françaises, autour d'un autre soleil que l'amour, autour d'un soleil philosophique qui les illumine sans les rendre plus claires.

Et avant de souligner la deuxième absurdité, me permettra-t-on de soulever une pierre d'attente, qui a tout l'air d'une grosse malice, d'une supercherie, d'un œuf de Pâques dissimulé dans le jardin de la Préface ? Pourquoi Challe se paie-t-il notre tête, en prétendant montrer, avec l'histoire de Gallouin, « que si un homme est capable de tout pour ses plaisirs, lors qu'il se livre à des réflexions chrétiennes, il n'en fait que de bonnes et de profitables ? » ! ! (Préface, p. 3). *Bonne* donc, l'entrée au couvent, pour ce farouche adversaire des moines qu'est Challe ? *Profitables* pour son héros, ses capucinades qui le conduisent à la mort absurde qu'il voulait précisément éviter ? Je sais bien que cet épisode remue étrangement les savants éditeurs des *Difficultés,* jusqu'à y lire une crise mystique, et peut-être même le pressentiment d'une réconciliation finale avec la Sainte Église de Jésus-Christ. Mais tout de même, n'est-ce pas le prendre un peu trop à la légère avec le lecteur, et avec l'auteur ? Challe pouvait-il pousser plus loin la plaisanterie, qu'en assassinant le pauvre capucin un dimanche de Pâques, en odeur de sainteté (sic !), et comme sous l'effet de cette absurdité dénoncée dans les *Difficultés*, l'intervention providentielle de Dieu dans les affaires humaines, un petit miracle apologétique fabriqué tout exprès sous nos yeux, comme les apôtres et les missionnaires, nous dit Challe avec fureur, en ont forgé tant et plus au cours des siècles pour prouver l'improuvable vérité du christianisme ? Le diligent lecteur devine sans doute déjà où je veux en venir, et quelle essentielle illusion prend dans ses pièges le liseur d'histoires le plus naïf, disposé à croire de tout son cœur pour le plaisir de la fable, et les critiques à la triste figure, chevaliers errants armés de pied en cap de toutes les bonnes méthodes. Au fait, Challe n'aurait-il pas écrit une suite du *Don Quichotte ?* (*Continuation de l'histoire de l'admirable Don Quichotte de La Manche*, tome VI). L'aventure de la critique, embarquée dans le manège des *Illustres Françaises*, aurait-elle quelque chose à voir avec notre chevalier aux chimères ? Mais il est temps d'exposer la seconde « supercherie », ou « folie détestable ».

Elle consiste évidemment à prétendre établir la vérité (morale) sur des « faits certains » (Préface, pp. 2-3), absurdité violemment dénoncée dans les *Difficultés*, puisqu'elle fonde la pseudo-légitimité des religions factices. Tout l'édifice philosophique dressé par Challe s'effondre, s'il ne substitue pas la vérité métaphysique, assise sur l'évidence rationnelle, la certitude naturelle, simple et immédiate, de la conscience, aux prétendues preuves historiques des religions, toutes fondées sur des témoignages et des miracles, des discours, des noms et des livres. Aucune certitude ne peut émaner du témoignage, même le plus vraisemblable, parce que :

> le seul intérêt de celui qui le propose met en droit d'en douter, et l'intérêt que nous avons qu'il soit faux nous donne celui de l'examiner à toute rigueur. [...] Je ne crois César qu'autant qu'il me plaît et qu'il me convient et quand je ne croirais rien du tout, je ne serais point criminel ni sujet à aucun châtiment. (p. 88)

Si donc l'on ne connaissait que ce seul extrait des *Difficultés*, on serait en droit de renvoyer dos à dos les deux lectures possibles, sérieuse et sardonique, de la mort de Gallouin ! Je ne serais point criminel, ni sujet à aucun châtiment, à révoquer en doute et sa sainteté, et la bonté de ses réflexions chrétiennes, et leur caractère profitable, et leur étonnante concordance avec cette autre absurdité dont Challe se moque, la prophétie, la prédiction de l'avenir, interdite même à Dieu. Bref, il n'existe pas de fait incontestable, car il faudrait alors supposer que les hommes sont incapables de mentir ou de se tromper :

> On a beau prendre toutes les mesures que la prudence et la pénétration la plus fine peuvent suggérer, on ne peut trouver que des vraisemblances. Elles atteignent quelquefois un haut degré, une espèce de conviction, mais toujours au-dessous de l'évidence parfaite et de la vérité incontestable. La différence entre l'histoire et la fable n'est pas que l'une est vraie et l'autre est fausse, c'est que l'une est peut-être vraie et qu'il y a même apparence qu'elle l'est, et que l'autre est sûrement et évidemment fausse (p. 89).

Où se situe le roman ? Évidemment du côté de la fable : personne, que je sache, n'a jamais cru lire de l'Histoire en lisant les *Illustres Française*, même si l'on admet avec l'auteur (et depuis peu avec les chercheurs) que l'effort de sa plume met en forme, arrange et ordonne certains « faits » qui relevaient de sa connaissance. Comme le lecteur ne peut pas distinguer ces faits qui seraient plus vrais, il doit considérer que tout est faux, et produit pourtant une impression de vérité plus vraie que les romans ordinaires, pour des raisons que la critique a finement décrites (F. Deloffre en fournit un excellent résumé dans son introduction). Il s'agit d'une vérité factice, qui occupe, épistémologiquement, une position intermédiaire entre l'Histoire des historiens et la fable des religions menteuses. Alors que celles-ci inventent des fables incroyables pour asseoir leur pouvoir sur les hommes, pour les dominer et les exploiter (quelle violence radicale, et donc philosophique, dans la dénonciation de Challe !), la fable romanesque, évidemment fausse comme les fables religieuses, et qui tend évidemment comme elles à m'extorquer de la croyance, ne me demande pas de croire contre mon intérêt. Car le romancier n'exige rien de moi (argent, obéissance servile, vénération, etc.), sinon précisément cette créance qui me fait plaisir sans dommage apparent, et qu'il cherche à renforcer en inventant de nouvelles procédures de l'illusion. Comme César dans ses *Commentaires* (historien et témoin, à la manière des héros-narrateurs du roman), le romancier des *Illustres Françaises* ne dit rien que de vraisemblable, de croyable :

> Ces Commentaires n'ont point été révoqués en doute. Les Gaulois n'ont point nié leur défaite. Les nations nommées n'ont rien dit contre, et mille monuments en sont semés de tous côtés. (p. 88)

N'empêche :

> Il y a toute apparence que si nos aïeux eussent écrit eux-mêmes l'histoire de la perte de leur liberté, ou que leurs écrits, s'ils en ont fait, fussent venus jusques à nous, nous donnerions bien des démentis à leurs successeurs. Je ne crois César qu'autant qu'il me plaît et qu'il me convient (*ibid.*).

Dans l'ordre de la vérité factice propre aux fables romanesques, les *Illustres Françaises* nous offrent, par leur tressage savant aujourd'hui bien démonté, la figure de ces témoignages croisés qui se confirment ou se démentent, sans jamais cependant pouvoir accoucher d'une vraie vérité, c'est-à-dire d'une vérité métaphysique irrécusable, puisque le roman nous enferme, comme la vie, dans le cercle des « faits matériels ». Faits (événements, comportements, enchaînements de causes et d'effets) justiciables seulement d'un degré variable de crédibilités, qu'il convient au lecteur d'examiner un à un, sans peur ni préjugé, à la lumière de la seule raison inscrite en nous par Dieu, en bon lecteur des *Difficultés sur la religion ;*
– ou de croire en bloc, comme Don Quichotte imité par bien des critiques ;
– ou de croire et d'examiner de manière mixte et incohérente, selon nos opinions et nos intérêts, à la façon du père Malebranche, qui réfléchit sur tout en philosophe, sauf sur la religion qui met en cause notre vie éternelle et la sienne, parce qu'il est pris dans ses préjugés chrétiens.

Une des structures formelles du roman serait donc d'ordre épistémologique, ou, si l'on préfère, philosophique. Homologues en cela aux *Difficultés*, les *Illustres Françaises* mettent en scène la recherche de la vérité. À moins qu'elles ne soient tout aussi bien, comme la figure du père Malebranche, le roman de l'aveuglement, l'allégorie de la croyance, la fable de la fable, le piège de notre désir de croire, de nos engluements dans l'opinion et le préjugé ! Autrement dit : qui, des deux figures éponymes des *Difficultés*, Challe l'intrépide et anonyme « examinant », Malebranche, philosophe génial et chrétien timide, l'emporte dans cette représentation romanesque d'« une partie du commerce de la vie », d'« une bonne partie des rencontres qui se trouvent ordinairement dans le monde » ? (Préface, pp. 2-3). Posée en ces termes, la question est certainement brutale et inadéquate. Je crois cependant qu'elle oblige à réfléchir, par son insoutenable raideur, sur le sens philosophique des *Illustres Françaises* – ou leur absence d'articulation avec le livre philosophique qui les précède immédiatement. Qu'il y ait un rapport intime entre le roman et le traité, ou que la fiction obéisse à la logique autonome du genre, autorisant ainsi les énoncés « absurdes » de la Préface, dans les deux cas, me semble-t-il, la compréhension de Challe n'y perd pas. Challe ne songe-t-il, en combinant son roman, qu'à faire croître notre intérêt et notre plaisir (c'est la lecture obligée du *Journal Littéraire de La Haye*, éd. Deloffre-Cormier, pp. 591-4), ou bien le romancier se souvient-il aussi, avec jubilation, de ce que vient d'écrire le philosophe, même si cette jubilation, pour cause d'anonymat, n'a d'autre témoin que lui-même, et ne nous apparaît qu'après deux siècles et demi, dans la restitution à Challe de sa philosophie ?

Je propose d'examiner cette question somme toute légitime, et même malaisément évitable, à propos de l'*incipit*.

Faire le pont

Reste-t-il quelque chose à dire sur cet embarras liminaire, depuis que Michèle Weil, élargissant une suggestion de Roger Francillon, a pris de vitesse tous les chargés de cours d'agrégation en démarrant de là sa thèse ? Après avoir évidemment rapproché l'embouteillage parisien et le propos de Challe dans sa Préface (« Le commencement ou l'entrée de mon histoire est un peu embrouillé »), elle développe une riche analyse des motifs qui sont autant de têtes de pont lancés vers les récits à venir. D'où la conclusion du commentaire, qui est aussi celle de la thèse :

> Contre toute vraisemblance, contre toute probabilité, la fiction se désigne comme euphorique, promet un dénouement heureux dès qu'elle noue l'intrigue, s'offre en utopie sous le masque du quotidien banal.

L'harmonie sociale « met en scène les désirs et les rêves » du romancier et du groupe social auquel il se rattache imaginairement (Michèle Weil, *Robert Challe romancier*, p. 16). Mon propos n'est pas de discuter cette interprétation séduisante, mais de suggérer un troisième axe de lecture, philosophique, dont il n'est guère possible d'imaginer qu'il ait totalement échappé au romancier, si ce romancier a aussi écrit les *Difficultés*.

Je songe évidemment au passage des *Difficultés* signalé en note, sans commentaire autre que biographique, par Frédéric Deloffre (*I. F.*, 1991, p. 9), et qu'il importe de citer :

> Les histoires ordinaires [celles des historiens, par opposition aux récits religieux, J. G.] ne contiennent rien d'impossible, rien qui passe la force des hommes. Dès qu'elles sont semées de faits extraordinaires et romanesques, c'en est assez pour les faire rejeter sans autre examen [...]. Le roman de Jean de Paris ne contient rien de surnaturel, ce n'est pas cependant une histoire [est-ce la raison pour laquelle Challe récuse le sous-titre – Histoires véritables – rajouté par ses éditeurs ?] Les contes de fées sont un tissu de choses contre la nature, ce sont des fables. Les preuves doivent être proportionnées à la difficultés et à la conséquence des choses en question.
>
> Pour une chose aisée, la moindre vraisemblance suffit. Pour une bagatelle, on se contente du plus léger témoignage, de quelques paroles.
>
> Mais pour une chose difficile, il faut de grandes apparences, de forts témoignages pour m'engager à la croire et à m'y conformer, et plus une chose est de conséquence, plus on demande de convictions, et des plus solides et des plus concluantes [...]

> Si, ayant l'honneur de vous voir, M.R.P., je me plaignais d'avoir trouvé un grand embarras sur le pont Notre-Dame, vous me croiriez. Si je disais qu'il y a eu vingt personnes de blessées, vous pourriez me croire avec étonnement. Si j'ajoutais que, de ces vingt personnes, cinq ont eu l'œil droit crevé, cinq l'œil gauche, cinq le bras cassé et cinq la jambe, vous commenceriez alors à ne me point croire du tout. Mais que serait-ce donc si j'ajoutais que j'ai soufflé sur tous ces gens-là, et qu'ils ont été guéris, que serait-ce si je vous disais que j'ai pris un carosse d'une main et l'ai enlevé pour laisser passer les autres, et si je concluais de là que vous me devez du respect, de la considération et une obéissance aveugle, à moi et à tous ceux qui porteront tel ou tel habit ? Acquiesceriez-vous à mes lois, vous rendriez-vous à mon témoignage sur la belle raison que vous m'avez bien cru lorsque je vous ai parlé de l'embarras que j'avais rencontré ?
>
> Vous me mettriez dehors par les épaules, M.R.P., vous me traiteriez de fol, et si votre patience allait jusqu'à me répondre, vous me diriez que vous avez cru ce qui était croyable, et non une fable, que vous avez cru ce que vous n'aviez aucun intérêt de soupçonner de faux, et non ce qui vous serait à charge sans fondement.
>
> Ceci n'est point une comparaison, c'est absolument la même chose que le fait des religions, il n'y a que les termes à changer. M. le curé, M. le bonze, M. l'iman, M. le Ministre, M. le rabbin et M. le talapoin débitent des fables sans aucune apparence de possibilité et concluent de là qu'il leur faut porter respect, obéissance, argent, qu'il faut les exempter de toutes charges publiques, ne les accuser d'aucuns crimes, et s'ils sont manifestes, n'en point faire de punition, de peur de scandale. » pp. 86-87).

Je crois que l'application se fait d'elle-même, du philosophique au romanesque, à partir de ce riche embarras, et nous entraîne assez loin. Comme *Jean de Paris*, sans être une histoire historienne, les *Illustres Françaises* ne contiennent apparemment rien de surnaturel, et fondent leur crédibilité sur cette ressemblance avec le cours ordinaire des choses : c'est le pôle dit « réaliste » du roman. Mais entre les miracles des contes de fées et des récits religieux, et la forte vraisemblance de l'Histoire, il y a toute une gamme, toute une échelle de possibles plus ou moins crédibles : l'embouteillage au pont Notre-Dame, les vingt blessés, etc. La question est donc de savoir jusqu'où, et comment, Challe s'amuse, dans les *Illustres Françaises*, à jouer avec notre crédulité, notre refus de raisonner et de reconnaître l'irréel : c'est le pôle dit « idéaliste », ou imaginaire. Je dis qu'il joue, parce qu'il feint de nous indiquer lui-même, dans sa Préface, le seul (*sic* !) événement fabuleux de son roman : la tentative de suicide de Dupuis en présence de Mme de Londé, aussitôt justifiée, à la manière de tous les apologètes de toutes les religions, par cet argument péremptoire : difficilement croyable, mais vrai ! Et vrai par l'aveu sincère de sa difficile crédibilité ! Or le roman fourmille évidemment d'autres invraisemblances, de « faits extraordinaires et romanesques » : non seulement le fameux collier de Silvie, la prophétie faite à Gallouin, mais la pure et simple coïncidence de ces sept histoires de passion amoureuse, de ces conversions spectaculaires à l'amour contre l'intérêt ou le libertinage, de ces femmes parfaites, vrais chefs-d'œuvre de la nature, etc. qui sont l'exact équivalent romanesque de cette étonnante nouvelle : il y a eu sur le pont Notre-Dame vingt blessés, dont cinq à l'œil gauche, cinq à l'œil droit, cinq à la jambe, cinq au bras. Aucune main céleste, ici, ne vient enlever un carrosse pour laisser passer les autres ? Peut-être, à part celle du romancier qui, d'entrée de jeu, sauve du désastre le cavalier crotté, son valet et leurs deux chevaux, en misant sur la solidarité humaine. En misant sur la grande loi morale qui substitue l'universalité rationnelle du droit naturel à tous les codes religieux factices : traite autrui comme tu voudrais être traité. Il est d'autres coups de main : par exemple la disparition de M. de Londé « pour laisser passer » le jeune Dupuis.

Si donc la *parabole* de l'embarras au pont Notre-Dame, d'après Challe lui-même, qui sait peut-être de quoi il parle, « est absolument la même chose que le fait des religions », il est tentant de la soumettre à une interprétation. Le pont lie le problème philosophique central de la croyance imaginaire, c'est-à-dire des religions, (traité dans les trois premiers Cahiers des *Difficultés*), et celui de l'illusion romanesque (*Continuation du Don Quichotte* et *Illustres Françaises*). Autrement dit : comment on nous conduit du plus vraisemblable au moins croyable – du début des *Illustres Françaises* à la fin. Est-ce un pur hasard si le « suicide » de Dupuis, donné par Challe comme le symbole du fabuleux, se trouve dans la dernière Histoire, en compagnie d'une conversion miraculeuse, ou plutôt de trois (les libertins Dupuis et Gallouin, la pauvre Silvie), d'un collier magique et d'une prophétie ? On voit où cela nous conduit : à ne pas admettre sans réflexion, tels Don Quichotte, la vérité de ce que nous lisons, c'est-à-dire de simples témoignages humains, figure profane et romanesque des affabulations religieuses. À soupçonner, et pas seulement dans le récit de Dupuis, le rire sardonique du machiniste-philosophe, qui nous met dans la position de croire sans croire, de nier sans nier : celle des croyants, celle des spectateurs du tableau célébrant le secours miraculeux de sainte Geneviève durant le terrible hiver 1709 (*Difficultés*, p. 219). Notre plaisir et nos passions nous portent à croire la fable, notre raison devrait examiner actions et motifs, récits et témoignages des devisants unis dans le même culte de l'amour (ce qui suffit, pour Challe-philosophe, à rendre leurs histoires hautement suspectes). Or nous le pouvons bien mieux, depuis que Challe est devenu l'auteur des *Difficultés*. Alors, pourquoi ne pas lire les *Illustres Françaises* en supposant, *pour commencer*, que son narrateur silencieux est l'agresseur redoutable du père Malebranche, le rationaliste intransigeant, le juriste normant les rapports humains en termes de *justice*, c'est-à-dire de droits évaluables par une réflexion désintéressée ? Avant de projeter nos fantasmes sur ce texte fabriqué pour les exciter, tentons de le lire en militaire philosophe, en philosophe militant. De ce gros programme, dont le roman sort, me semble-t-il, sérieusement décapé, mais non moins fascinant, car travaillé par un discours éloquent de la passion et un renvoi silencieux à la créance religieuse, par la tension entre la révolte et l'ordre social, je ne donnerai ici qu'un seul exemple, dont je ne développe pas, au demeurant, toutes les implications.

Le collier de Gallouin : vrai ? faux ? vraisemblable ?

Il est FAUX pour le lecteur rationaliste, et donc pour l'auteur des *Difficultés*. Il est VRAI pour tous les devisants du roman, sans aucune hésitation ni discussions. Il est VRAISEMBLABLE, aux yeux de la science, pour R. Challe répondant au *Journal Littéraire* de La Haye, qui s'étonnait d'une telle « superstition »[1]. On me dira : le problème n'est-il pas tranché par cette lettre providentielle ? Je constate que cette lettre n'empêche pas F. Deloffre et J. Popin de proposer, à partir des *Difficultés*, une autre interprétation de l'épisode, où le collier devient un mythe de l'âme illustrant la distinction dualiste du corps et de l'esprit (*Difficultés*, note 43, p. 517). Il s'agit d'un problème de méthode : ou bien l'on sépare absolument le roman du traité (ce que j'admets fort bien) : ou bien l'on accepte la possibilité d'un rapport, mais alors il faut tout prendre en compte. Et considérer la lettre de Challe comme un énoncé pris dans la stratégie complexe (et passablement ironique) de ses relations avec les journalistes hollandais. Au demeurant, cette lettre confirme mon hypothèse générale, selon laquelle Challe met bien plus de philosophie qu'il ne semble, et fort précise, derrière son roman !

Quant au problème de fond, avec ou sans lettre, il demeure : pourquoi aucun des devisants n'émet-il le moindre doute sur l'innocence de Silvie ? De quel œil un juriste tel que Challe peut-il considérer cette touchante unanimité, si semblable à celle des témoins de la défense ? Peut-elle faire preuve à ses yeux, sous prétexte que les larmes coulent à flot ? Or les *Difficultés* défient souvent les apologètes du christianisme de soumettre leurs « preuves » à la rigueur qu'on exige dans les procès juridiques, leur reprochent de faire jouer les passions, les préjugés, l'imagination, plutôt que la droite raison, d'accumuler les sophismes et les « mystères » théologiques (que de mystères, précisément, dans la dernière Histoire !)... Le témoignage de Gallouin à Dupuis, rapporté par Dupuis, cru par tous les chantres de l'amour, ne prouve pas plus l'innocence de Silvie que celui des apôtres la vérité du christianisme. Admettons la double véracité de Gallouin et Dupuis. Gallouin a sincèrement cru à l'efficacité de sa concoction : en quoi cela prouve-t-il l'action efficace du collier ? Depuis quand l'aveu fait-il preuve en droit ? C'est précisément sur ce mécanisme d'aveu et de croyance absurde qu'on a brûlé les sorciers. Et si Challe avait réellement voulu rationaliser ce moment crucial, il eût amorcé son explication dans le texte : c'est précisément ce que lui rétorquent les journalistes hollandais, auxquels il se garde bien de répondre ! L'adultère n'est donc pas devenu viol, sinon dans l'imaginaire des devisants et du lecteur crédule. Mais, dira-t-on, Silvie cède avec le collier, et se déteste sans lui ! *Post coïtum*, en effet, que la chair est triste, et l'âme dolente...[2]

De ce fatal collier, on peut tirer une première question : est-il évident, comme on le prétend, que l'espace des devisants soit l'espace public de la raison ? Sur ce fait troublant et décisif du système romanesque (l'histoire la plus pathétique, l'histoire ultime, la seule à opérer un tel renversement de perspective), en quoi y a-t-il l'échange public des raisons dont Kant fera l'emblème des Lumières ? Ce qu'on y voit en revanche, c'est l'orchestration du pathétique, l'effusion sentimentale, le règne absolu du préjugé : *la fusion de la croyance et de l'illusion romanesque* portées à leur comble. On croit à l'innocence de Silvie exactement comme les peuples croient à leurs fables religieuses, ou comme les théologiens discutent entre eux : sans jamais remettre en cause le fondement. Cette formidable ironie cachée est-elle unique dans le roman philosophique des Lumières ? Je ne crois pas, si du moins on accepte de lire comme je voudrais la dernière Lettre persane, celle de Roxane, toujours lue, elle aussi, dans la fascination pathétique (J. Goldzink, *Lettres Persanes*, PUF, p. 111-8).

Roman philosophique ne veut absolument pas dire roman allégorique. Je n'ai soulevé ici quelques embarras qu'autour d'un seul axe, celui de la croyance qui, je me répète, recouvre le rapport à la vérité raisonnable, et l'illusion romanesque dont l'emblème (Challe dirait le *type*) est Don Quichotte[3]. Un second axe, non moins philosophique, et qui touche à la matière même du texte, met en jeu le rapport du droit et de la morale, le rapport de la passion et de la raison. Mais ceci est une autre histoire, à paraître ailleurs.

Reste que tout cela est suspendu à un fil : que Challe ait écrit son traité. Car la métaphysique du *Journal d'un voyage fait aux Indes orientales* n'est pas précisément celle des *Difficultés* ! Challe déiste ? Challe chrétien ? Selon la réponse, la lecture du roman change[4]. En choisissant l'esquive, les spécialistes auraient-ils silencieusement tranché contre l'attribution officielle ?

NOTES

1. Lettre du 30/12/1713 : « Vous traitez encore de superstition le livre de Gallouin pour se faire aimer des femmes. Pourquoi les hommes n'auraient-ils pas eu ce secret, puisque les femmes en ont pour se faire aimer des hommes ? ». Mais *cf.* les *Difficultés*, p. 218 : « personne ne peut être obligé en conscience de croire sur le rapport d'autrui les faits même les plus vraisemblables ».
2. *Cf. Difficultés*, p. 212 : « Quelqu'un a-t-il jamais senti d'autre impression ni d'autre impulsion que celle de son humeur et de son tempérament ? ». Le diable, c'est notre machine...
3. « L'homme cherche partout du merveilleux : il lui faut... » (Challe, *Journal de voyage...*, p. 233) – « Il faut du singulier, en fait de religion » (Challe, *Difficultés*, p. 219). S'il fallait, en plus des multiples rapprochements que fait Challe entre romans religieux et fictions littéraires, entre fables chrétiennes et contes de fées, fournir un autre indice assez troublant de ce qui se joue dans les coulisses des *Illustres Françaises*, on le trouverait chez Catherine Velay-Vallantin, *L'Histoire des contes*, Fayard, 1992, p. 185-245. Son analyse d'un cycle célèbre, l'histoire de Geneviève de Brabant, *L'Épouse injustement accusée d'adultère*, jette une lumière troublante sur le destin de Silvie. Faut-il par exemple rapprocher le traître Golo et Gallouin, Drogan et Garreau, etc. ? Je remercie Christian Biet de ce renseignement. Les lecteurs de Challe ne perdront pas à lire son article sur les rapports du droit et de la littérature : « Les *Illustres Françaises*, exemple d'un romanesque juridique, l'Histoire de Monsieur de Terny et de Mademoiselle de Bernay », in *XVIIe siècle*, oct. 1992.
4. Un seul exemple, que je développe ailleurs. Soit ce passage des *I. F.*, p. 56 : « La sagesse d'une fille n'est rien à moins qu'elle ne vienne de sa propre vertu, sans aucun secours étranger. Tout le monde a cela de propre, particulièrement les femmes, de se porter avec ardeur à tout ce qui est défendu ». Ou bien on commente comme F. Deloffre, à la note 37, en signalant un motif romanesque banal. Ou bien on rapproche des *Difficultés*. La première phrase réfute alors toute la théologie chrétienne de la grâce ; la seconde condamne le péché originel : « Mais c'est une erreur de croire l'homme enclin au mal. [...] On dit que les choses font plaisir parce qu'elles sont crimes. Je le nie : c'est parce qu'il est gracieux d'agir sans contrainte et de secouer le joug que d'autres ont imposé... » (*Difficultés*, p. 248-249). Comme on peut multiplier les exemples, lisons-nous le même texte ?

DROIT CANON, CASUISTIQUE, RELIGION ET ROMAN DANS LES *ILLUSTRES FRANÇAISES*

On ne peut que donner raison à F. Deloffre, qui donne raison à M. Roelens : le droit est une entrée obligée dans le roman de R. Challe. Comment comprendre alors le mutisme des bibliographies, tout juste rompu par C. Biet, qui tente de constituer en discipline l'étude des rapports entre droit et littérature ? Il est vrai que cette étrange aphasie en redouble une autre, non moins spectaculaire, qui fait silence sur la religion ! Peut-on vraiment réfléchir et sur la poétique des *I.F.*, et sur leurs significations, sans passer par le droit et la théologie ? Je ne parviens pas à m'en persuader, et je voudrais tenter de montrer pourquoi, en croisant ces deux disciplines majeures de l'âge classique. Le droit canon, et plus précisément les dictionnaires de cas de conscience, nous en offrent le moyen. Projet qui excède évidemment les limites d'un article, et les forces d'un seul homme, non spécialiste de Challe et pressé par les urgences du concours d'agrégation auquel nous devons l'annonce des premières études sur les thèmes en question. Force sera donc de choisir[1].

Qu'entendre par religion, sous l'Ancien Régime ? Une institution sociale qui quadrille l'espace (églises, chapelles, couvents, paroisses et diocèses : le cadre paroissial est fondamental pour le contrôle des mariages) ; qui quadrille le temps (sonneries des heures, jours fériés, jeûnes, messes, festivités, etc.) ; qui quadrille la vie des individus (baptêmes, mariages, confessions, pénitences, absolutions, direction de conscience, mort) ; qui peuple l'espace social (prêtres, moines, dévots, bons et mauvais chrétiens) : qui structure l'espace mental (valeurs morales, codes de conduites, concepts théologiques). Bref, la religion offre au roman des repères spatiaux et temporels, des types, des codes, des thèmes, des mises en perspective, des lignes de fuite. La prégnance du religieux est si forte dans ces sociétés, la religion prétend régenter si minutieusement toutes les activités humaines, que tout discours ou acte apparemment profane a toujours rapport, fût-il silencieux, à la théologie : c'est l'objet propre de la casuistique que de formuler des arrêts, indissolublement juridiques, théologiques et moraux, sur les cas de conscience. Je me servirai notamment du *Dictionnaire des cas de conscience* de Fromageau (1733), qui rapporte les décisions (rendues essentiellement entre 1675 et 1700) du Conseil de conscience de la Faculté de théologie de Paris. Le cas de conscience, dont la formulation est souvent une espèce de mini-scénario, me paraît un pilotis fondamental de la poétique romanesque de Challe.

* *
*

Que Challe exploite avec gourmandise la surdétermination religieuse des lieux et du temps n'appelle pas une longue démonstration, tant les exemples abondent. La Sainte-Chapelle (p. 229), les Minimes (237), le jardin des Capucins (256), autant de lieux à la fois religieux et parisiens, qui incitent chaque fois, cependant, à un traitement romanesque spécifique, nullement satisfait du seul effet de vraisemblabilisation. Le passage décent de l'église à la librairie (229) dessine le caractère de Des Prez, comme la présence secrète du père dans le jardin fait éclater sa violence et sa toute-puissance quasi policière. L'utilisation la plus dramatique est évidemment celle de l'Hôtel-Dieu, où meurt Marie-Madeleine, de l'église où Terny enlève une épouse à Dieu, des couvents qui enferment Mlle de Bernay et Silvie. À cette dramatisation de l'espace correspond celle du temps (par exemple le mariage forcé du vieux Dupuis, sous injonction religieuse). L'univers religieux fournit aussi son matériel humain : les nonnes du couvent de Mlle de Bernay (c'est le couvent qui se fait personnage ; et c'est donc dans un tel cadre que Gallouin et Silvie sont censés accéder à la sainteté !) ; le prêtre qui marie Des Prez, figure complexe joliment dessinée entre sympathie et satire, et le confesseur de Des Frans à Grenoble, qui le pousse au pardon. Et surtout la princesse de Cologny, objet d'une ironie sourde si l'on songe au modèle réel, mais hautement valorisée dans le roman comme sainte laïque : personnage rare de dévote sincère n'hésitant pas à s'appliquer elle-même les préceptes chrétiens. Décision héroïque qu'elle prend au nom de la justice, et qu'elle prend seule, une fois dûment et prudemment éclairée : alliance des vertus de charité, de justice et de prudence ! Ce personnage inscrit donc efficacement une morale chrétienne authentique (au service de la réputation, dont on sait l'importance pour Challe, pour l'auteur des *Difficultés*, et pour... les théologiens de Paris !), et cela à partir d'une sorte de cas de conscience. Toute faute en effet appelle réparation, et la faute consiste ici dans un jugement sur les apparences, transformé aussitôt en jugement semi-public. Mais la charité peut aussi dégénérer en faiblesse, comme le montre l'exemple de Valeran, dans l'Histoire de Silvie victime du trop de bonté de sa protectrice : cas de conscience classique : *que faire d'un domestique qui en hait un autre* ? Le renvoyer après récidive, dit un arrêt de la Faculté de théologie de Paris (le même problème apparaît dans le *Journal de voyage aux Indes orientales*, à propos de l'excès de bonté du premier capitaine). C'est Challe qui prend en main la rééducation du lieutenant invivable.

À feuilleter tel dictionnaire bien connu de cas de conscience, on constate donc aussitôt qu'il y a beaucoup plus de religion qu'on ne le croirait à la lecture des critiques, et que Challe connaît manifestement fort bien le droit canonique et la casuistique. S'en étonner témoignerait d'une sympathique ingénuité, mais il n'est pas inutile de le vérifier un peu. Car l'amnésie moderne, théorisée et cultivée comme preuve de bon goût, aboutit à toutes les considérations oiseuses sur le conservatisme, le progressisme, le féminisme, le subversisme, etc., etc., de Challe. Questions oiseuses tant qu'on n'a pas pris la peine d'entrer un peu dans les catégories d'époque – ce qui passe notamment ici, selon moi, par la casuistique, à la jointure du droit, de la théologie et de la morale. Est-il aucun roman antérieur qui orchestre avec autant d'ampleur la théologie du baptême, du mariage, de la mort, de la pénitence ?

* *
*

Je passe sur la messe, qui ne semble pas répugner aux héros du roman, et j'en viens au baptême, abordé comme négligemment après d'autres « choses indifférentes », dès la page 26, par la bouche d'un ecclésiastique peu orthodoxe, qui voudrait interdire les mariages entre parrains et marraines sous prétexte de parenté spirituelle. Or le concile de Trente exclut explicitement ce cas d'empêchement. Mais s'il l'exclut, au grand dam de notre rigoureux censeur des relâchements de l'Église moderne, c'est bien parce qu'il y avait eu tendance à assimiler parrains et marraines à des époux spirituels. S'agit-il d'un janséniste ? Le texte ne le dit pas, mais lui prête une théologie de l'alliance spirituelle, confortée par les inévitables malheurs de tels mariages, et une théologie de l'Église. Peut-on deviner la position de Challe sur cette doctrine qui relève de ce qu'on appelle en théologie la *superstition* (terme qu'emploient très exactement les journalistes de La Haye, qui ont peut-être lu sur la question un gros traité de Thiers). 1) Dans sa réponse, Challe adopte, comme sur le collier, une ligne très ambiguë : il a pu vouloir rendre une telle opinion ridicule ; et cependant il l'a entendue dans une bouche peu capable de forger une hérésie. 2) S'il est aussi dualiste que l'auteur des *Difficultés sur la religion proposées au père Malebranche*, comment Challe pourrait-il y croire, puisqu'ici manque même, entre le corps et l'esprit, le lien physiologique du sang qu'on trouve dans l'épisode du collier ? 3) Mais, et c'est là que l'affaire se corse et prend un tour retors, que fait donc l'ecclésiastique superstitieux ? *Il formule en termes théologiques la même théorie que Des Ronais vient d'énoncer quelques lignes plus haut, à propos des qualités de Manon, preuves de la vertu de sa mère, autrement dit la théorie de tous les personnages qui parlent de leur « étoile »* ! Avant de nous moquer d'une telle superstition, au nom du concile de Trente ou de la raison, prenons garde que l'histoire de Silvie et Des Frans, *parrain et marraine du même enfant*, confirme impeccablement la sombre pronostic de l'ecclésiastique ! Tandis que la sage prudence de Manon lui évite ce malheur ! 4) Y a-t-il de l'ironie ? Challe en insinue la possibilité dans sa lettre, mais le texte du roman reste impassible. Au lecteur donc de se déterminer lui-même, en fonction de ses croyances : stricte différence avec le *Journal* et les *Difficultés*, où l'auteur prend chaque fois, sans la moindre hésitation, une position claire et ferme sur toute chose. Le roman est donc traité, sur cet exemple qui me paraît exemplaire, très exactement comme une pièce de théâtre où, l'auteur restant hors-jeu, le spectateur doit prendre parti seul entre les thèses des personnages, dont aucun n'est sans doute dans le vrai. L'ironie, qui enveloppe déjà la théorie de Des Ronais, n'éclate qu'à la page suivante (p. 27), aux dépens du même Des Ronais, incapable de comprendre la délicate et ingénieuse déclaration d'amour que lui fait Manon à travers de la théologie hétérodoxe. Une fois éclairé, notre brave amoureux un peu épais s'extasie : « extraordinaire » ! Et de fait, le coup est joli : une théologie rigoriste de l'empêchement au mariage se met au service d'une déclaration d'amour émanant d'une jeune fille ! Autrement dit, Challe n'a pas plaqué un discours théologique. Il s'en sert, il en joue avec une superbe adresse, puisqu'il tresse ici, au seuil même du roman, le thème de l'opposition au mariage, appelé à dominer le livre, avec celui de la malédiction, qui va frapper Marie-Madeleine et Silvie, préparant ainsi le coup du collier (les journalistes de La Haye ne manquent pas de lier ces deux *superstitions* dans leur compte rendu), et que l'empêchement appelle aussitôt l'infraction à la loi et la violation de l'interdit (ici divin, ailleurs parental). Superstitieuse ou pas, la doctrine théologique de l'alliance spirituelle est donc posée, d'entrée de jeu, comme *figure* de l'interdit qui va peser sur tous les amours du roman, dont chacun posera au lecteur la même question que la doctrine de l'ecclésiastique : raison raisonnable, ou superstition ? Conduite légitime, ou déviance punissable ? S'il en est ainsi, ce passage est donc à lire, comme la Bible, selon une lecture *littérale* (ce que fait Manon, et ce que font les journalistes de La Haye criant à la superstition !), et selon une lecture figurée, allégorique, ce que devrait faire le lecteur. Or cette double lecture, à quoi Challe semble nous conduire, c'est précisément celle que l'auteur des *Difficultés* reproche véhémentement aux théologiens de faire pour se tirer d'affaire dans tous les embarras que leur sème le statut pseudo-divin de la Bible !

Lisons nous aussi le roman selon l'ordre littéral : Manon refuse d'être marraine avec Des Ronais, et finit par l'épouser. Silvie accepte, et meurt tragiquement. On devrait donc, en bon lecteur théologien de la Bible, conclure comme l'ecclésiastique : cette différence fait preuve, elle démontre l'incompatibilité spirituelle, les dangers du laxisme religieux ! Comment faut-il nommer une telle lecture, pourtant rigoureusement conforme à la littéralité du texte ? Une lecture superstitieuse, ou hallucinée ? Non, dirait l'auteur des *Difficultés*, une lecture de croyant des religions factices : si telle chose vous arrive, c'est en punition de telle infraction aux décrets divins ! Que dira d'autre, dans sa célèbre lettre, Sìlvie ? Ce que l'ecclésiastique hétérodoxe met le premier en place, dans l'ordre du roman, c'est bel et bien la lecture de l'Église, la lecture providentialiste qui implique Dieu dans l'Histoire et dans le « commerce ordinaire de la vie ». Lecture violemment dénoncée dans les *Difficultés*, et que l'histoire de Silvie souligne spectaculairement, non sans peut-être quelque ironie grinçante. Et qui nous pousse à le lire comme Bossuet lit l'Histoire, tout en nous incitant, puisqu'il s'agit d'une croyance condamnée par l'Église !, à lui opposer peut-être une lecture rationnelle, historienne, qui ne s'occuperait que des causes secondes, purement humaines, à la façon de l'auteur des *Difficultés*[2].

* *
*

Il y aurait beaucoup à dire sur la confession, l'absolution, la pénitence. Le vieux Dupuis, la mère de Mlle de Bernay, pour ne rien dire de Gallouin, se repentent, et Terny espère que son beau-père fera de même avant de mourrir (car il s'agit d'une condition de salut, que Marie-Madeleine remplit pathétiquement en son dernier message, tandis que Des Prez se livre à une vengeance « implacable »). L'Histoire de Des Prez se révèle fort intéressante d'un point de vue chrétien, puisqu'elle pose la théologie du pardon et celle de l'attachement profane. Des Prez « n'a en tête que sa vengeance » (p. 287-

288), vit dans la haine et le ressentiment, au risque de la damnation. Il veut que Mme de l'Epine vive sur terre l'enfer de son interminable procès, pour « la faire toujours souffrir » ; il s'impose une continence purement profane et passionnelle, qui transforme la femme aimée en idole, dont il porte l'image « en manière de reliquaire » (p. 222) arrosé des larmes d'une « douleur éternelle ». On ne peut alors qu'admirer la superbe ellipse qui touche le père : qu'a pensé Des Ronais de son père ? Lui a-t-il pardonné ? Le père s'est-il repenti devant le fils, comme le vieux Dupuis sur son lit de mort ? L'insistance du récit sur la vengeance de Des Prez (à l'égard du valet, de l'exempt, de la belle-mère) est-elle une manière de dire l'indicible : la haine inexpiable du fils pour le père ? On remarque que le récit s'attache à charger la mère et crédite le père d'un sentiment d'« horreur » (p. 288). Reste que son fils lui refuse absolument la consolation du mariage, qui serait un pardon. Or, après Dieu, en bonne théologie, le premier devoir est bien le respect du père. La parabole de l'enfant prodigue (p. 257) prend alors toute sa portée : Des Prez n'a pas fait retour vers le père trop sévère. La force extrême de cette fin est dans l'ellipse sur le père, et dans une conduite de désespoir et de vengeance implacable qui nie les vertus théologales de charité et d'espérance. Des Prez sera-t-il réintégré, comme Des Frans et le jeune Dupuis ? Ira-t-il vers l'oubli, le pardon, l'espérance que scellerait un mariage ? Rien ne le dit. Des Prez est le seul héros figé dans sa douleur, dans son attachement désespérément profane. S'il persiste dans sa rancune, comme c'est son destin de personnage, on aurait là une superbe figure de damnable par désespoir. Mais Silvie meurt-elle vraiment en adorant Dieu ? Et que penser de Mme d'Ornex maudissant père et époux sur son lit de mort (p. 158), et ne les recevant qu'une heure avant sa mort ? (autre cas de conscience du *Dictionnaire* de Fromageau !). Là encore, bien entendu, le roman ne pose la question de la damnation qu'à ceux (l'auteur des *Difficultés* en est-il ?) qui y croient en ces termes chrétiens.

* *
*

Chaque Histoire tournant autour d'un problème de mariage, on peut considérer les *I.F.* comme une superbe anthologie de cas de conscience, et se demander sous quelle forme la religion s'y trouve impliquée. On notera par exemple, avant mariage, l'intervention du confesseur auprès du vieux Dupuis, celle du capucin qui, à l'inverse du cas précédent, soulage la conscience d'Angélique, celle, décisive, de la princesse de Cologny auprès de la mère de Contamine. L'action de la princesse est tout à fait conforme aux prescriptions des théologiens (et aux pratiques sociales) en cas de différents entre enfants et parents : ils conseillent aux proches d'aider à une décision juste. Ici, Challe raffine, puisque c'est le fils qui craint de blesser la liberté de choix de sa mère !

Le mariage est un acte de droit naturel, de droit civil, de droit canonique, placé sous le contrôle conjoint de l'État et de l'Église : contrat et sacrement. Le roman nous en propose plusieurs types. 1) Le mariage légal ordinaire, en soi, n'appelle pas de commentaire : il concerne un mariage accompli (Contamine-Angélique) et trois mariages à venir (Manon-Des Ronais ; Dupuis-Mme de Londé ; Des Frans-Mme de Mongey). 2) Le mariage légal spécial est spécifié en trois cas : A) Le mariage de Jussy et Babet Fenouil est un mariage discret autorisé par l'Official de Paris (p. 211-212), qui a accordé la dispense des bans et la possibilité de procéder à la bénédiction en n'importe quelle église, alors que le concile de Trente exige, sauf accord, le propre curé de la paroisse sous peine d'annulation. Cette dispense de l'archevêque de Paris doit répondre à des raisons légitimes et urgentes : si on craint un empêchement au mariage (c'est le cas) ; si on veut éviter l'éclat (inégalité d'âge, de condition, de fortune ; c'est encore le cas) ; si celui qui a abusé d'une femme veut l'épouser (il y a même ici un enfant). Mais on remarquera que le *secret* ne porte ici que sur la cérémonie : c'est pourquoi je préfère parler de mariage *discret*. Le ridicule menacerait cette piètre érudition, si elle ne permettait de vérifier en quoi Challe triche ou pas avec la vraisemblance qu'il affiche ; et si elle n'autorisait d'interroger la religion du roman à travers cette simple question : les hommes d'église font-ils fonction d'opposant ou d'adjuvant ? B) Le mariage des Des Frans et Silvie est typiquement un *mariage secret*, puisqu'ils veulent se marier « en trois jours » (p ; 377), ce qui suppose ou infraction ou dispense de bans. L'explication vient peu après (p. 384) : Des Frans a obtenu une dispense de publication mais se marie bien dans la paroisse de Silvie. Il manque une demande d'autorisation à la mère, qui pourrait entraîner exhérédation. Challe semble donc motiver soigneusement en fait, il ne fournit aucune justification de la dispense. Je crois qu'il est conscient de ce flou, et j'en vois la preuve dans l'allusion vague de la page 377 à un état antérieur moins sévère. Cette apparente incohérence dans la temporalité narrative prouve son souci de vraisemblance, et l'impossibilité ici d'y satisfaire : il se défausse sur la distance historique ! Mais là encore, constatons que l'Église n'oppose aucun obstacle. A la différence du mariage de Jussy, le secret est destiné à durer, et ne se justifie pas. Ce mariage répond exactement à la définition du *mariage secret ou caché* dans l'*Encyclopédie* de Diderot : union où l'on observe toutes les formalités, mais où les conjoints veulent en ôter la connaissance au public en gardant entre eux un extérieur contraire à leur état, soit par la non-cohabitation, soit par une cohabitation apparemment non maritale (comme dans *Le Philosophe marié* de Destouches, 1727). Quand le mariage reste secret jusqu'à la mort d'un conjoint, il perd ses effets civils : si Des Francs avait eu un fils, il n'eût pu prétendre hériter de son père ! C) Le mariage de Terny et Mlle de Bernay est appelé par l'*Encyclopédie* (article *Mariage*) « mariage par paroles de présent ». Je renvoie à l'article de C. Biet, me contentant ici de quelques précisions supplémentaires. L'article de l'*Encyclopédie* jette une lumière curieuse sur la manière d'écrire de Challe : il signale en effet que dans l'Assemblée du clergé de 1670 et 1675 (sic !) « on délibéra sur les mariages entre catholiques et huguenots faits par un simple acte, au curé, par lequel, sans son consentement, les deux parties lui déclarent qu'ils se prennent pour mari et femme ; il fut résolu d'écrire une lettre à tous les prélats, pour les exhorter de faire une ordonnance synodale, portant excommunication contre tous ceux qui assisteraient à de pareils mariages, et que l'assemblée demanderait un arrêt faisant défense aux notaires de recevoir de tels actes. Les évêques donnèrent en conséquence des ordonnances synodales conformes à ces délibérations, et le 5 septembre 1680, il intervint un arrêt de règlement, qui défendit à tous notaires, à peine d'interdiction, de passer à l'avenir aucuns actes... ». *Et voilà pourquoi Terny serait protestant.*

Le problème théologique sous-jacent à ce genre de mariage est lié à la nature spéciale du sacrement de mariage : est-ce le prêtre qui est le ministre du sacrement, ou les époux eux-mêmes en simple présence du prêtre témoin ? Les théologiens, divisés au concile de Trente qui fait du sacrement de mariage un article de foi, le sont restés bien longtemps après. L'opinion générale est que l'indispensable présence du prêtre ne le rend pas acteur du sacrement, d'où la réplique de Terny au prêtre qui refuse sa bénédiction nuptiale : « nous nous en passerons » (p. 180). Mais la seule présence physique du prêtre suffit-elle ? Non, répond le droit canon ; il faut qu'il entende clairement ce qui se déroule en sa présence, qu'on ne se marie pas silencieusement dans son dos. On constate une nouvelle fois la précision du romancier : Terny parle haut et continûment, oblige Babet à répéter. C'est aussi pour une raison théologique précise que Terny consomme si brutalement son mariage : pas seulement par ce que l'acte sexuel renforce toute union, mais parce que le droit canon permet aux parties contractantes, avant consommation, et sans même un consentement réciproque, d'embrasser l'état religieux. Une telle profession solennelle rompt un mariage légitime célébré « en face d'église », mais non consommé, et la partie abandonnée peut se remarier. Ainsi Challe s'est amusé à inverser le scénario du droit canon : ce n'est pas le vœu qui rompt le mariage, c'est le mariage qui rompt le vœu ! L'ex-protestant enlève bien une épouse à Dieu. Mais une épouse contrainte et presque vendue, ce qui est contraire au droit canon (péché de simonie et infraction à la liberté des vœux) : la supérieure du couvent aurait dû suivre une procédure financière plus subtile, longuement expliquée, non sans embarras, par la casuistique ! *Et voilà pourquoi Terny fait fermer et garder les portes de l'église* ! Si le père en effet reprenait sa fille avant consommation, il pourrait annuler le mariage en obligeant sa fille à prononcer ses vœux. D'autant qu'il ne s'agit pas, comme on l'a vu, d'un mariage inattaquable.

3) Le mariage de Des Prez et Marie-Madeleine est un de ces *mariages clandestins* qui occupèrent longtemps le concile de Trente. Dès 1556, avant même la fin du concile, la monarchie française intervenait à leur propos pour la première fois dans le droit du mariage. Que manque-t-il à l'union de Des Prez ? L'autorisation parentale ? Il a l'âge requis (30 ans ?), mais la loi royale exige encore une *sommation respectueuse*, dont l'absence, sans annuler la cérémonie, autorise une exhérédation. Marie-Madeleine étant l'aînée, on peut lui supposer 25 ans. Mais il manque (sauf dispense) le curé de la paroisse et la triple publication des bans, conditions essentielles édictées à Trente pour lutter contre les mariages clandestins et les risques de bigamie. Il s'agirait donc d'un mariage devant Dieu, en présence d'un prêtre et de témoins, mais sans effets légaux, *que les deux amants considèrent pourtant nettement comme un sacrement*. Est-ce le cas ? Avant Trente, sans aucun doute. Après, cela ne semble plus possible, comme le dit clairement la logeuse. Or le prêtre lui-même, qui a multiplié les précautions et pratiqué une sorte de bricolage théologico-civil pour pallier les infractions par des promesses signées, affirme avoir conféré un sacrement ! Le concile de Trente et les dictionnaires de cas de conscience sont pourtant formels : ce mariage est nul, clandestin, sans valeur religieuse, et pas seulement donc, comme le croit étrangement le juriste Des Prez, aux yeux du pouvoir royal et du droit civil (p. 254-255). Il n'est ni un contrat ni un sacrement. Des Prez et le prêtre (comme l'ecclésiastique hétérodoxe des alliances spirituelles) se réfèrent à des conceptions d'avant le concile de Trente. Ce qui n'a rien d'étonnant en matière de droit du mariage, qui a mis des siècles à se fixer, et qui hésite sur le statut théologique du prêtre dans le sacrement. Les trois protagonistes estiment avoir respecté l'essence du mariage : le libre accord de deux volontés en présence d'un prêtre. Or celui-ci y ajoute même une bénédiction en église, des témoins, une confession (recommandée à Trente, mais non obligatoire), une promesse solennelle signée devant deux notaires, serment de la respecter et de rectifier par une nouvelle cérémonie ce que celle-ci comporte de défectueux ! Mais rien n'y fait, le mariage n'est pas bon, et le prêtre normand risque gros : d'où le serment d'un secret inviolable. Difficile de croire, devant tant de précision, que le romancier ne sache pas lui-même à quel jeu il joue ! À

partir de là, le lecteur peut interpréter comme il veut : 1) Les trois personnages sont-ils de bonne foi, ou peu au fait des choses ? 2) Challe met-il en cause sourdement, comme dans l'épisode de l'empêchement spirituel (p. 26), la complication théologico-civile du mariage, source de revenus et de pouvoirs pour l'Église (voir les *Difficultés*) ? 3) Est-ce un simple jeu romanesque, mi-sérieux mi ironique ? etc., etc.[3].

* *
*

La dernière Histoire offre un exemple particulièrement intéressant de ce travail sur le droit canon et les cas de conscience, transposés dans le registre de la fiction, qui les pousse à la limite du paradoxe, comme autant de cas de figure déconcertants soumis au jugement perplexe du lecteur. Je songe évidemment à tout ce qui se joue autour de Mme de Londé. Si mystère il y a, je crois qu'il est peut-être moins dans notre ignorance de ce qui se trame en son âme et conscience à l'égard de son amant, que dans sa relation à l'époux ! Après 18 mois de consommation avide, M. de Londé s'aperçoit en effet, son ardeur baissant, que sa femme ne se plie au devoir conjugal que par devoir. Mme de Londé applique strictement les prescriptions religieuses de son état, qui impliquent la docile satisfaction du désir sexuel de son époux, maître et possesseur de son corps. Mais elle le fait sans aucune « complaisance », sans aucune ardeur ni plaisir. Interrogée, elle s'explique aussi clairement qu'elle a d'emblée avoué son amour à Dupuis et révélé aussitôt la vraie nature de son mariage (p. 541) : frigide, son tempérament ne la porte pas au sexe, et transforme le rapport sexuel en « mortification » du corps et de l'âme ! Les cas de conscience ne manquent évidemment pas d'évoquer ce problème crucial de la théologie du mariage, dont la fin essentielle est la conjugaison des sexes, la canalisation ordonnée du désir, la reproduction régulée de l'espèce, la transmission des héritages, la visée du salut dans et par le mariage. Même la promesse, avant mariage, d'éviter tout rapport, ne saurait véritablement engager, car contraire à l'essence même du contrat et du sacrement (exemples fort curieux dans Fromageau, op. cité). Mais Challe de s'amuser : selon son mari, le teint de Mme de Londé a embelli depuis que, voici huit mois, ils ont cessé tout rapport – c'est-à-dire depuis qu'elle a rencontré Dupuis ! Comme quoi le fantasme vaut mieux que la réalité charnelle... Ainsi Mme de Londé pratique suavement la dissuasion du sexe la plus efficace, celle qui, sans refuser les devoirs de son état, manifeste une indifférence polie et une répugnance glacée. Ce faisant, elle pousse évidemment son époux à la faute (liaison extra-conjugale, source de désordres et de péchés, ou consommation forcée, comme un crocheteur « qui baise sa femme à coups de poings »), sans pourtant violer elle-même la moindre règle du mariage, sans se mettre en tort avec son confesseur : elle n'entre pas dans les cas examinés par les théologiens, qui portent sur le refus du devoir conjugal, sur la quantité et pas sur la qualité !

La question serait alors la suivante : Mme de Londé ne soumettrait-elle pas son époux à la même épreuve qualifiante que son amant ? Autrement dit : prouvez-moi votre amour par l'abstinence ! Mais à cette question, inscrite en creux, il n'y a évidemment pas de réponse. Ce qu'on constate, c'est qu'elle neutralise le mari par la frigidité, et l'amant par le mariage. Un tel mariage contrevient-il aux lois chrétiennes ? Non, si les deux époux s'accordent sur une sexualité parcimonieuse. Oui, si le mari se satisfait au-dehors. Mais un confesseur pourrait-il exiger plus de Mme de Londé que sa parfaite et chrétienne résignation aux actes de chair ? Devrait-il lui conseiller plus d'ardeur, plus de de complaisance, plus d'imagination, pour retenir l'époux volage et insatisfait ? C'est la leçon que tire la Comtesse à la fin du *Mariage de Figaro*, et c'est peut-être ce qui se dessine en creux, pour le lecteur narquois, dans la discussion déjà savoureuse du mari et de l'amant sur les qualités féminines de leur femme commune : le discours possible du confesseur bien intentionné, qui voudrait résorber le désordre né d'un mariage où l'un des deux époux aimait passionnément l'autre, tandis que la femme ne manifestait aucun dégoût, à défaut d'enthousiasme. Or nous reconnaissons ce schéma : c'est l'illustration exacte du paradoxe avancé pour convaincre Des Frans de se remarier avec Mme de Mongey : mieux vaut une épouse aimante qu'un homme passionné !

Mais Mme de Londé est-elle une femme frigide (version maritale charitablement avancée par l'épouse), ou une Belle au Bois Dormant en passe de réveil (version dont l'amant et proche mari n'a évidemment aucune raison de démordre) ? Je n'entre pas dans le détail de ce passionnant dossier, je constate simplement que ces deux images se conjuguent pour mettre en relief une inévitable *difficulté du mariage*, déjà engagée par l'Histoire de Silvie. Au demeurant, ce n'est pas seulement dans le registre sexuel que son personnage juxtapose les contrastes. Ses occupations obéissent à la même apparente disjonction : retrait quasi monastique en un gynécée consacré aux travaux de couture, rares sorties pieuses/carnaval rieur en compagnie de ses gens. En fait, un trait commun relie ces deux pôles, et retient sans doute de céder à la tentation séduisante de les opposer comme le conformisme à l'anticonformisme : il s'agit, comme à Clarens, d'activités *exclusivement privées*, fermées sur la *maison*. Les jeux de Mme de Londé valent, conformément aux prescriptions des Dictionnaires de cas de conscience et de tous les traités ou rituels, comme *la version chrétienne du délassement légitime*, par opposition aux divertissements pernicieux que sont les théâtres, les bals, les jeux de hasard où l'on joue gros et souvent. À cet égard, les jeux de hasard organisés par Des Ronais chez Mlle de l'Epine répondent assez bien à la théologie du jeu inlassablement répétée dans les innombrables opuscules suscités par la séculaire querelle du théâtre. Assez bien seulement, car le jeune homme aurait tort, aux yeux d'un théologien, de s'y consacrer tous les soirs. Mme de Londé applique, elle, strictement la fonction délassante du divertissement, non cependant, nul n'est parfait, sans un possible excès de familiarité avec ses domestiques : mais se faire aimer de ses gens n'est-il pas conforme aux préceptes chrétiens ? Le partage entre la sérénité du maître et la douceur de l'épouse, le côté cour et le côté jardin (anglais), sera longuement glosé par Rousseau dans *La Nouvelle Héloïse*. Est-il besoin de rappeler combien la retraite dans la maison, dans le privé, structure puissamment le modèle chrétien de la femme, et combien, laïcisé, il marque Rousseau ou Rétif ? La Veuve aussi, une fois liée à Dupuis, se retire largement du monde. Il serait certes plus difficile d'y rapporter un autre paradoxe de Mme de Londé, celui qui oppose son indifférence affichée aux frasques de son mari, et son voyeurisme oblique et silencieux, deux fois mis en scène ! Reste que son carnaval *privé et innocent* (somme toute conforme à l'*Eutrapélie* post-tridentine) entre bien comme élément constitutif (sérieux/rire) d'une structure de contrastes qui la définit textuellement, au même titre que le vieux Dupuis obéit, en tête du roman, à un schéma de métamorphoses incessantes et déconcertantes[4]. M. de Londé, Mme de Londé, Dupuis : ce triangle donne occasion à Challe de jouer avec les fictions juridico-morales et les frontières de l'imaginaire social. Après le paradoxe de l'union libre qui ressemble à un mariage (la Veuve), on a un mariage qui ressemble à une union libre (M. et Mme de Londé), une sorte de vrai-faux mariage qui ferait pendant aux mariages secrets et clandestins précédents. Mais l'affaire se corse, quand M. de Londé propose ce mariage blanc et libre (liberté sexuelle active pour l'homme, négative pour la femme) comme un modèle. Modèle inimitable, puisqu'il suppose selon lui une femme frigide et donc indifférente, et un époux qui aime assez sa femme pour se priver d'elle et d'héritiers légitimes ! Possibles fictionnels, théorèmes sentimentaux de riche tradition, où s'expérimentent, dans les salons et les romans, certaines formes sociales à venir. Or ce propos de Londé (p. 580) nous rappelle forcément une formule presque identique venue sous la plume de Des Ronais à propos du vieux Dupuis, dont l'imitation garantirait, elle aussi, contre bien des désordres, toute choquante qu'elle paraisse à premier vue (et à lui-même !). Mais le désordre expulsé, selon M. de Londé, de la maison, ne s'étend-il pas au dehors sur les traces de ses aventures ? Constatons que le récit n'en dit rien : au lecteur de méditer. Et constatons aussi qu'après le modèle de la Veuve (liberté sexuelle alliée, hors mariage, à la réputation), Londé propose (bon gré mal gré) une autre combinaison entre honneur, liberté et mariage, qui suppose implicitement la retenue vertueuse de sa femme. Quand à Mme de Londé, elle caresse une relation elle aussi inédite : mariage blanc, honneur, et liaison platonique.

Toutes ces tentatives visent donc à concilier une infraction aux normes du mariage avec la conservation de l'ordre, ou le refus du désordre, à conjuguer une certaine liberté individuelle avec les lois de l'honneur social (p. 580-581). Mais ces trois modèles, aussi curieux soient-ils sur le plan romanesque, aux lisières de l'imaginaire social, butent sur leurs limites : l'exclusion du corps par Mme de Londé compromet la filiation et renvoie Dupuis à un statut d'ange qui débouche sur l'autodestruction ostentatoire. Le modèle de la Veuve, au contraire, n'affronte aucune contradiction interne immédiate de ce type, à la différence des mariages sans accord parental ou sans désir sexuel. Est-ce à dire que l'accord de la nature (plaisir) et de la liberté (pas de mariage) résoud la contradiction entre l'attraction des sexes et leur inégalité sociale (discours de la Veuve) ? Apparemment oui, à condition d'ignorer l'inconstance et la filiation légitime. Il est frappant de constater que Challe refuse énergiquement de compromettre cette liaison par une inconstance, qu'il préfère sauvegarder cet horizon de liberté, de revendication féminine, fût-ce au prix d'une immotivation romanesque de la rupture, qui n'en masque pas l'impasse symbolique. L'union libre garde toute puissance de séduction imaginaire, tout en cédant la scène à une solution plus acceptable : le mariage sentimental. Dans l'union libre, c'est la liberté qui assure la durée. Dans le mariage passionnel, c'est la passion qui adoucit la contrainte, et qui s'adoucit dans le mariage. Le parcours de Dupuis est certainement une socialisation du désir par sa fixation monogamique, libre et clandestine d'abord (avec la Veuve), sacramentelle et publique ensuite. Quant à Mme de Londé, elle passera du refus du désir, du pur rapport social, au plaisir de la nature. « Le contrat sentimental » (F. Ronsin, 1990, Aubier) est le croisement et la résolution de ces deux mouvements inverses, où la femme réforme le libertin anarchique, où l'homme du désir réveille la femme sans corps. Chez l'une, le social menace la nature ; chez l'autre, la nature menace le social.

* *
*

Je sui persuadé qu'il y a dans les *I.F.* des manipulations encore plus retorses du théologique. Je ne peux par exemple me retenir de subodorer une mise en scène secrètement parodique du quiétisme dans certains épisodes du roman. Je songe évidemment à la superbe scène du *repos* (p. 263-265) dans l'Histoire de Des Prez et Marie-Madeleine ! Or Marie-Madeleine de l'Epine (quel beau nom théologique !) est comme par hasard une sorte d'adepte du *pur amour*, de l'abandon entier à la volonté de l'objet aimé, et donne comme une version profane du fameux paradoxe mystique de l'acceptation volontaire de la damnation si Dieu, par impossible, le demandait. Tout lecteur des *Difficultés* sait que l'auteur y prend violemment à partie la tradition mystique : « Tous les béats, tous les mystiques et les extatiques qui [...] croient qu'ils aiment Dieu sans intérêt, pour lui seul et sans aucun retour vers eux-mêmes, qu'ils subiraient les peines de l'enfer si c'était son bon plaisir, et autres pareilles belles choses, sont des hâbleurs ou des gens hors du bon sens, qui prononcent des mots sans pénétrer ce qu'ils signifient » (éd. Deloffre, p. 190). Pour une fois, par rationalisme, le pourfendeur des papes tombe d'accord avec l'encyclique *Pastor Coelis* (1687), et avec Bossuet contre Fénelon et Mme Guyon : tout amour suppose l'amour de soi, il n'est pas d'oraison sans volonté ni réflexion, et de relation à Dieu sans crainte ni espérance. La « simple vérité est qu'il faut tout rapporter à Dieu et n'être même vertueux que pour mériter son approbation ; mais vouloir que cela soit sans intérêt, sans crainte, sans espérance, c'est une pure illusion, un fantôme qui ne peut entrer que dans le cerveau d'un véritable fol » (*Difficultés*, idem). On me dira que Marie-Madeleine vit justement dans la crainte. Mais ai-je prétendu qu'elle avait charge d'incarner la parfaite dévote du pur amour ? Et n'est-ce pas la preuve même de ce que vient d'affirmer le texte des *Difficultés* sur l'impossibilité d'un tel amour ? Il me semble seulement que le texte joue sourdement, et non sans quelque verdeur, avec certains thèmes théologiques qui donnaient lieu à d'étranges débordements d'imagination. Est-ce pur hasard si ce miroitement quiétiste s'accompagne précisément d'une magnifique mise en scène de la sensualité, en chambre et dans les seigles ? Fidèle d'ailleurs à son système rigoureux d'homologies romanesques, Challe s'empresse de reproduire la scène du repos dans un tout autre contexte philosophique, entre la Veuve et Dupuis !

On aborde par là les grands motifs religieux du roman, visibles à l'œil nu et donc repérés, sinon commentés : Providence, prédestination, grâce, sainteté... Parties émergées d'un archipel encore largement inexploré, dont les fonds sous-marins recèlent sans doute bien d'autres floraisons mystérieuses, tant la lecture religieuse de textes profanes semble une spécialité de Challe et de l'auteur des *Difficultés* – qu'ils partagent avec tous leurs contemporains. J'ai d'ailleurs tenté d'en donner un exemple en relisant l'incipit du roman à la lumière des *Difficultés*[5]. J'aimerais terminer ici par un morceau de choix, la lettre de Silvie à Gallouin, ou plutôt son début (p. 431-432), qui me paraît recouper l'hypothèse centrale de cet article, d'un jeu retors et secret, ou tout bonnement délié, avec la théologie.

Je passe sur les roueries proprement épistolaires de ce commerce rétabli pour dire la fin du commerce, sur l'éternel adieu qui pourrait tendre à raviver la blessure du souvenir, sur l'équivalence subtile qui s'établit entre l'amour de Gallouin, qui aime « autant qu'on puisse aimer », et la souffrance de Silvie, qui souffre « tout ce qu'on peut souffrir », bref, sur l'art de dire sans dire, à travers le jeu des temps, des intensifs, des parallélismes implicites et explicites, etc. Même le doux Contamine, singulièrement aiguisé par le mariage, s'en aperçoit. Sans doute a-t-il des lettres. Ce qui me requiert ici, c'est l'irruption massive de la théologie, que les devisants, en personnes convenables qui connaissent leurs classiques, ramènent obstinément sur le strict terrain de la morale et de la psychologie. Au lecteur donc de penser, s'il y tient. Voilà qui confirmerait assez les constatations précédentes sur le statut de la théologie dans ce roman. Après une rafale d'intensifs (*trop, plus, tous, tout...*), la lettre fait place brusquement à une superbe atténuation (*avoir pu prêter une espèce de consentement à ce qui s'est passé*). C'est dans cette faille entre la reconnaissance de la faute et l'intensité de la souffrance, d'une part, et de l'autre le consentement, que va se glisser toute l'orchestration spectaculaire du théologique. Car que signifie une faute si criminelle d'où le consentement se dérobe ? S'il ne vient pas du cœur, qu'il ne peut émaner de la raison, et que le corps, selon Dupuis, « n'avait point de part au péché » (p. 431), Silvie se trouve atrocement punie d'un acte qui n'émane d'aucune instance de l'être ! On tomberait à moins dans la « confusion » – le pire péché de l'esprit selon Descartes. Douleur et confusion sanctionnent l'incapacité de se connaître, de se comprendre, l'opacité d'une conduite que la conscience réprouve sans pouvoir la nier ni l'assumer. Une plainte (*Hélas !*) va insinuer une étrange et pourtant logique sortie de l'aporie : la faute est la conséquence de l'innocence, d'une induration dans l'innocence, et donc d'un défaut d'attention – thème malebranchien en couvent poitevin ! Silvie s'est endormie dans une espèce de quiétisme moral, de quiétude confiante : horrible péché d'orgueil (saint Paul, *Épître aux Romains*), qui ne pouvait que susciter aussitôt l'ire divine. L'adultère est une figure, une allégorie de la faute, sous l'œil d'un Dieu qui, rôdant sans cesse parmi les hommes, n'hésite pas à déchaîner le crime pour punir le mal : on se doute de ce que pense Challe d'une telle vision, s'il vient vraiment d'écrire les *Difficultés* ! Derrière Silvie et Gallouin couchés en un seul lit, il y a Dieu, qui se sert de toutes les *occasions*, ou qui plutôt est la vraie cause des causes occasionnelles : ô Père Malebranche, avec sa vision en Dieu et ses causes occasionnelles ! Mais voilà

Silvie réveillée : elle ne sera plus *trompée*. Trompée par qui ? Par le Dieu trompeur dont Descartes n'évoquait l'hypothèse qu'à titre d'impossible ? Fiction aussi absurde, mais parfaitement chrétienne, selon les *Difficultés*, que l'affirmation par Silvie d'un Dieu *offensé* (p. 431), qui punit l'innocence orgueilleuse par le crime pour provoquer la saine humiliation de sa créature. Ne retombe-t-elle pas pourtant, cette pauvre créature, dans le péché d'orgueil, en affirmant « *Je ne la serai plus* [trompée] » ? Non, car sévèrement éclairée, Silvie ne se fie plus à ses forces, mais aux murs, aux grilles d'un couvent, pour interdire les occasions aux causes occasionnelles : elle va donc fuir... Dieu, vrai moteur des causes occasionnelles, dans un couvent. Nouvelle absurdité pour un lecteur des *Difficultés*, et même pour le vieux Dupuis (p. 56-57) : que devient la vertu sans liberté ? Question si pressante et si centrale depuis si longtemps en théologie chrétienne que la pauvre Silvie, aussi exaltée soit-elle (les exclamations fusent), la pose elle-même, ... en laissant au lecteur la liberté de passer des grilles du couvent au rapport non moins contraint de la créature avec son Créateur. Mais cette touchante interrogation de l'héroïne, douloureusement contradictoire avec sa vision de Dieu, pose une autre question, qui la concerne, elle et Gallouin, appelés tous deux, selon les devisants, à la sainteté : en quoi peut-on parler de la sainteté d'un moine derrière ses grilles ? ! Sans doute s'agit-il, comme disent les *Difficultés*, d'une vertu spécifiquement chrétienne. Un ange passe... Aussitôt après son adresse à Dieu, Silvie apostrophe... Gallouin (*Ne vous glorifiez pas...*) pour le retenir du péché d'orgueil, si funeste, et pour proférer sur un mode pathétique une nouvelle monstruosité philosophique et morale, à en croire du moins les *Difficultés*, qui refusent farouchement toute idée providentialiste, toute idée de grâce, toute intervention de Dieu dans l'Histoire : *C'est Dieu qui l'a voulu* (formule déjà avancée par le vieux Dupuis, p. 33) ; *Il s'est servi de vous*. La sublimation de l'adultère en drame théologique, ou en comédie malebranchienne, transforme les protagonistes en marionnettes (comparaison des *Difficultés*) : Silvie n'a pas aimé ni choisi Gallouin, et Gallouin n'a pas conquis Silvie : Dieu a joué avec lui-même, comme l'histoire, dira Montesquieu, aurait inventé un autre Pompée pour détruire la république romaine. Ce qui reviendrait à dire que le désir préexiste à l'objet qui le fixe, et qu'une fatale dialectique veut que plus on implique Dieu dans le monde, et plus on le dé-divinise, au risque d'en faire ici l'allégorie du désir, comme Vénus dans *Phèdre*. C'est bien pourquoi les déistes, de l'auteur des *Difficultés* à Voltaire, ont une telle horreur de l'incarnation de Dieu, de son humanisation, de son implication dans les moiteurs humaines. Dieu créateur, Dieu juge, sans barbe ni passion, ni fils : entre Création et Jugement, l'homme s'active seul en toute liberté : telle est la vision superbe des *Difficultés*.

La preuve certaine que Silvie s'est abandonnée par désertion de la grâce, elle-même induite par un excès de confiance qui est un manque de foi, c'est l'indifférence de son cœur, qui se serait précipité sur n'importe qui. Laissons le sens libertin d'une telle proposition (le corps a ses raisons que le cœur ignore...), pour en interroger le sens philosophique-théologique. Philosophiquement, le mot renvoie à la fameuse liberté d'indifférence critiquée par Leibniz (*Théodicée*) pour mieux tenter de concilier prescience divine des actes humains et liberté de l'homme. C'est précisément au nom de la liberté d'indifférence (je peux choisir A ou B sans que nul, même Dieu, puisse prévoir mon choix) que les *Difficultés* excluent la prescience de Dieu. L'indifférence est aussi un concept mystique, mais dont l'emploi serait ici plus lâche, plus flottant, non moins ironique, puisqu'il consiste à s'abandonner, tel un enfant, à la pénétration de la lumière divine. Mais peu importe, l'essentiel tient à l'économie du roman, puisque cette grandiose explication théologique de l'adultère, sous la plume d'une sainte à un futur saint, sera contredite par une explication magico-naturaliste que notre émouvante et brillante théologienne ignorera toujours !

Soyons donc philosophes. Trois forces peuvent rendre compte de l'adultère de Silvie : 1. Dieu et ses desseins. C'est l'explication simple de Silvie. 2. La nature et ses secrets. C'est l'explication simple de Gallouin. 3. Le corps et ses désirs. C'est une explication si étrange que personne ne l'opposera aux révélations romanesques de Dupuis ! Mais le roman s'en charge par la bouche de la Veuve. Autrement dit, chacun est bien *certain*, comme Silvie, de sa vérité. Mais la répétition du mot « certain » sous sa plume est-elle vraiment innocente ? Serait-ce aussi *certain* que la religion chrétienne, au cœur des mystères de laquelle cette lettre nous plonge, est certaine ? Aussi *certain* que le comportement de Dieu avec Silvie est *juste*, et *juste* le châtiment que Silvie s'inflige au nom du christianisme, figure de toutes les outrances des religions factices ? Questions extérieures au texte, sur une attribution non certaine des *Difficultés ?* J'entends bien, mais je constate que la question de la justice est posée juste avant la lettre, par les devisants, à propos de Des Frans. Serait-il absurde de la poser aux autres protagonistes convoqués par la lettre, dont Dieu ? Et indécent de prendre quelque distance par rapport à une missive aussi saturée, jusqu'à la parodie, de théologie et de philosophie ?

Si cette lecture des aventures du droit canon et de la théologie en pays romanesque a quelque cohérence, elle invite à revenir sur le surgissement prétendument inattendu d'une écriture autoparodique dans la dernière

Histoire. Ironie et dérision travaillent en permanence le texte, et l'Histoire du vieux Dupuis n'est pas moins ambiguë ni grinçante que celle de son neveu[5].

Novembre 1992

NOTES

1. F. Deloffre – J. Cormier, *Les Illustres Françaises,* 1991, p. 695 ; M. Roelens, *R.H.L.F.*, n° 70, 1970 ; C. Biet et J. Bart, *XVIIe siècle,* oct. 1992.
2. La Veuve et Dupuis sont également marraine et parrain du même enfant ! Sans dommage apparent. Mais l'ecclésiastique rigoriste répliquerait que la parenté spirituelle accable les mariages, pas les unions libres déjà vouées au Diable !
3. Il faudrait aussi rajouter à cette impressionnante typologie le *mariage in extremis* du vieux Dupuis, et le *mariage précipité* du jeune Dupuis et de Mme de Londé !
4. J. Goldzink, *Le vieux Dupuis ou l'indécidable parabole de la paternité, XVIIe siècle*, n° 1, 1993.
5. J. Goldzink, *Croyance et ironie dans les* Illustres Françaises, *op. cit., Revue de littérature française et comparée*, Presses Universitaires de Pau, n° 1, nov. 1992.

SUR LES *ILLUSTRES FRANÇAISES* : LE VIEUX DUPUIS DE ROBERT CHALLE OU L'INDÉCIDABLE PARABOLE DE LA PATERNITÉ

Je me propose tout simplement, à propos du vieux Dupuis, énigmatique héros de la première Histoire, d'exprimer mes doutes et mes *difficultés.* Car je suis persuadé que la compréhension des *Illustres Françaises* passe par une cure raisonnée de doute méthodique.

*

* *

Singularités

La première singularité du personnage concerne la temporalité. Apparemment âgé de 58 ans en 1649, c'est lui qui fait remonter le plus haut dans le temps du roman, et si l'on admet avec F. Gevrey[1] qu'on narre son histoire vers 1672, à peine un an après sa mort, le vieux Dupuis, à près de 80 ans, serait donc le plus vieux personnage du roman. Indication précieuse pour apprécier sa demande de moratoire du mariage et l'affliction des amants ! Y aurait-il une ironie cachée du romancier à l'égard de nos jeunes tourtereaux affamés ? Si cas de conscience il y a, l'âge n'est pas à négliger. Inversement, peut-être complémentairement, la dernière Histoire, celle du neveu, fait commencer ses aventures à moins de 13 ans... D'un autre côté, par Dupuis, blessé au fort de Charenton en 1649, le roman s'encadre entre deux événements historiques : la Fronde et la construction du quai Pelletier (1675). Entre le désordre et l'ordre ? Le plus vieux personnage a donc participé (de quel bord ? il y a peut-être plus d'indices qu'on ne croit) à un désordre historique autrement grave que l'embarras sur le pont Notre-Dame : on pourrait alors faire une discrète lecture politique de l'*incipit*, à côté de celle, philosophique, que j'ai proposée. C'est aussi le seul personnage, avec son neveu, dont le récit couvre l'existence : le jeune Dupuis avant son mariage, le vieil homme surtout après ; et tous deux dressent, par des traits invisibles et précis, un auto-portrait de l'artiste aux deux bouts du livre. Enfin, Dupuis n'est pas seulement la première figure d'opposant au mariage des jeunes ; il est aussi un marié singulier (mariage dit *in extremis,* le seul du roman où la disproportion soit celle, évidemment courante, de l'âge). Qu'il se fatigue si vite de sa jeune compagne, et qu'il la soupçonne aussitôt, n'est sans doute pas sans rapport avec le poids des ans et l'épuisant sacrement du mariage...

La deuxième singularité s'impose d'elle-même : il est le seul héros paternel du roman, le seul personnage qui, volant la vedette aux jeunes amants, installe le narrateur dans un rapport de fascination, dont le mouvement (de la haine à l'admiration) va au rebours de sa relation amoureuse (de l'attraction à la répulsion). Serait-ce qu'une secrète connivence masculine lie peu à peu les deux protagonistes, dont l'un sera à son tour époux et père ? L'Histoire liminaire nous installe donc à notre insu, obliquement, insidieusement, au croisement de deux points de vue : celui des jeunes amants (pas toujours

1. F. Gevrey, *L'Illusion et ses procédés,* Corti, 1988.

unanimes !), celui d'un père. Position particulièrement embrouillée, car à l'évolution de la perspective du narrateur correspondent les changements et métamorphoses d'un personnage imprévisible : c'est sa troisième singularité, qui mérite arrêt sur images.

Métamorphoses

Il me semble que Dupuis passe par au moins sept stations. 1/ le jeune débauché, dont le sommaire elliptique sera développé dans l'Histoire VII. 2/ le vieux mari, qui donne lieu à la scène du bal, du jeu et de la provocation publique ; le personnage apparaît sous un jour particulièrement antipathique et agressif : soupçonneux, calomniateur, cynique, égoïste, prêtant à rire aux spectateurs sur un fond de dérision grinçante. 3/ Le père inflexible, qui oppose aux désirs de sa fille le même cynisme, la même brutalité franche, la même décision nette que dans la scène du bal. Mais il répond aux arguments, se justifie, à l'inverse de M. de Bernay, de Des Prez père. Il prononce même (p. 28 sq) le seul discours de père, cynique et paradoxal, du roman, comme la Veuve, dans l'Histoire VII, tiendra le seul discours cynique et paradoxal de femme. Cette première grande confession est une auto-justification, une auto-absolution où, loin de s'embarrasser d'excuses, le vieillard s'explique et se transforme en victime de la vie, de sa femme, des prêtres, de sa fille. Moment décisif : il suffit donc, dans ces sept récits de jeunes hommes, de laisser parler un père ou une femme (la Veuve) pour que tout vacille : comme si, à côté des *Commentaires* de César, on disposait brusquement des récits gaulois (comparaison que j'emprunte aux *Difficultés sur la religion*). Vu d'abord comme « un brutal et un scélérat » parce qu'il contrarie les amours (p. 25), son long et subtil plaidoyer en faveur des droits paternels interdit (p. 35) de conserver cette seule image, comme le discours de la Veuve, selon d'autres modalités, bouleversera le point de vue du jeune Dupuis sur les femmes. Détail efficace : le récit signale qu'il mourra 18 mois plus tard : est-il alors si tragique d'attendre ? 4/ Le comédien trompeur et sans foi. Des Ronais, qui n'en peut plus tout en calmant ailleurs ses ardeurs, se jette à ses pieds, offre d'épouser sans dot ; le vieillard semble céder à la compassion, promet de lui laisser Manon si elle le préfère publiquement à son rival. A-t-il cédé, comme le croit le narrateur, à la pitié ? C'est possible : il s'est bien abandonné, à la mort de sa femme, à une jubilation vengeresse. Mais il pourrait aussi s'agir de préméditation calculée (voir pp. 41, 45) : il aurait prévu la proposition de Des Ronais, et fait mine de plier pour vider l'abcès ! Préméditée ou improvisée, la comédie le sauve : comédie de la morale (il joue au père outragé) ; comédie de la justice (une promesse extorquée lui a fait oublier une promesse antérieure !). Voilà donc un personnage franc jusqu'au cynisme le plus agressif (bal) ou le plus paradoxal (discours au confesseur), qui devient un maître de la fourbe, un comédien, un Tartuffe de la paternité. 5/ Paradoxe encore plus surprenant, métamorphose inattendue : il prête 12 000 écus sans intérêt ni reçu au jeune homme ! Au calcul du pur intérêt égoïste succèdent l'amitié et la générosité. Retournement si brusque que Manon croit à un « tour » (p. 50) : pas du tout ! Il vend et emprunte pour soutenir la carrière du jeune narrateur. Et s'il s'explique brièvement (p. 51), c'est pour couper court aux remerciements. Auparavant, il avait parlé d'abondance pour ne rien donner ; le voilà qui donne sans vouloir parler. Nouveau renversement de point de vue : Des Ronais exprime son accord et son admiration. L'homme du moi égoïste et cynique devient brusquement, grâce à 12 000 écus, l'incarnation du droit naturel et divin, un modèle de père raisonnable dont l'imitation guérirait des désordres. Reconnaissant et frustré, le narrateur oscille entre rage et admiration. 6/ Encore plus fort ! Après les « intérêts » de son futur gendre, le voilà qui se préoccupe de sa « personne » (p. 52) à propos d'un engrossement fâcheux. Autre facette, autre paradoxe: ce « looser » invétéré est informé de tout (comme plus loin le terrible Des Prez père), et se révèle homme de décision fort habile et énergique. Terrible vieillard de plus en plus sympathique, qui pratique même la justice avec la jeune fille engrossée par Des Ronais. Je dis bien la justice, ou du moins une justice convenable, au risque d'indigner certains lecteurs émotifs ! Mais qu'y peut-on, si le sévère Conseil de conscience de la Faculté de théologie de Paris ne semble pas condamner la conduite du vieux Dupuis ? Je renvoie ceux qui en douteraient au gros *Dictionnaire des cas de conscience* (1733) de Fromageau, section Mariage (les arrêts ont été édictés dans le dernier quart du XVIIe s.). 7/ Reste enfin l'ultime métamorphose, qui ressemble fort à une transfiguration: le vieillard goutteux, paralytique, égoïste, qui bat son lit avec sa canne et menace de déshériter sa fille, qui a raté sa carrière, son mariage, perdu sa fortune, meurt en héros chrétien, en stoïque moderne. Et nous délivre, après confession, une quatrième et dernière explication de soi par soi, qui découvre son coeur, demande le pardon et s'efforce à une réparation immédiate, interdite par l'imprudence du narrateur (p.60).

Du barbon jaloux qui fait rire au mourant stoïque qui fait pleurer, le chemin est beau, et surtout surprenant. Comment comprendre une courbe aussi complexe, aussi valorisée, posée à pans coupés en ouverture du roman?

Hypothèses

Pourquoi se refuser par principe un modèle psychologique, sous le prétexte assez solennellement niais que les personnages- sont-dès-êtres-de-papier ? (comme si les morts de l'Histoire, au teint de papier mâché, étaient autre chose). Au demeurant chacun a le droit de sacrifier sur l'autel des dogmes le plaisir de rêver. Les dogmes sont faits pour cela. F. Deloffre nous en propose donc un, de modèle, avec beaucoup de conviction: « Quoique rien ne l'indique explicitement, on peut assurer qu'il s'agit [dans le refus de Dupuis de marier sa fille de son vivant] d'un phénomène de compensation » (*I.F.*, p. XLI, 1991). S'il faut chercher des raisons cachées dans la « psychologie des profondeurs » qui caractériserait l'art de Challe, c'est que les motifs financiers avancés par Dupuis s'effondrent lorsque Des Ronais s'engage à épouser sans dot, et que nul ne fournirait d'explication de son entêtement obstiné, fondement de la nouvelle.

Je reconnais volontiers que telle attitude paternelle sollicite l'interprétation analytique: aux hommes de l'art d'œuvrer. Je me demande seulement pourquoi il faudrait s'arrêter au traumatisme du mariage, supposé engendrer un mécanisme de compensation. Car le texte de Challe me paraît fournir, dans son ordre propre, une explication fort cohérente et complète (pp. 51, 60 sq). Il origine le comportement de son personnage dans la peur constante du manque, la peur du vide, la peur de la perte : sa fille, par le mariage, se déroberait comme l'argent, le succès, la santé, l'épouse, sans qu'aucune reconnaissance gratifie le sacrifice paternel. Le mariage cumule et symbolise la perte : monétaire et filiale, matérielle et sentimentale. Il figure l'ultime déréliction, le dernier acte d'une vie dont le vieil homme estime qu'elle l'a floué de bout en bout. Que le mariage soit donc l'équivalent symbolique de la mort et du renoncement au monde, il n'est nul besoin d'un divan pour le deviner : le texte l'inscrit en toutes lettres dans la confession finale, qui s'abandonne d'un même mouvement à la mort et au mariage. Ce qui alors mériterait explication, c'est plutôt le sentiment du critique : d'où vient sa frustration ? pourquoi ce que dit le texte, plus ample que sa propre théorie, et d'une telle rigueur (psychologique, morale, religieuse, si ces distinctions ont alors un sens), le laisse-t-il si insatisfait ?

On voit en tout cas sur quoi l'explication du personnage par lui-même (peut-être illusoire, à tout le moins problématique) ouvre dans le système du roman. La jalousie du père, ou, si l'on préfère, son *désir violent de possession* qui ne peut aller sans la hantise de la perte, de l'abandon (chez l'amant, chez l'avare, chez le mystique), va courir, comme tant d'autres motifs récurrents, à travers les Histoires. Et dès la première, avec Des Ronais s'enflammant à la lecture d'une lettre plus rageusement que ne fit Dupuis avec sa femme, et pardonnant moins facilement, sur un indice douteux, que Des Frans témoin d'un adultère avéré (les voyages de Des Frans font écho à ceux de Des Ronais, dans une géographie quasi similaire : Angoumois/Poitiers ; Dauphiné/Grenoble). Or cette définition de l'amour comme désir violent de possession, on la trouve dans les *Difficultés, Quatrième Cahier,* p. 309 : « l'amour, à le bien prendre, est la connaissance de ce qu'il y a de bon dans un objet, mêlé de quelque admiration, avec un violent désir de possession » (c'est pourquoi, au demeurant, il est parfaitement inepte, ou inadéquat, pour l'auteur des *Difficultés,* de dire que Dieu aime les hommes, et d'entretenir avec lui un rapport mystique qui reproduit l'amour-passion dont les *I.F.* nous donnent, comme en une mouvante galerie des glaces, l'image sept fois mirée). Mais est-il indispensable de passer par les *Difficultés* pour inscrire la peur de la tromperie féminine, et la jalousie, dans la passion amoureuse ? Au demeurant, il ne s'agit en rien d'un trait obligé de l'amour, puisque la relation de Des Prez et Marie-Madeleine, celle de Jussy et Babet Fenouil, semblent y échapper. C'est sans doute un trait structurel essentiel des *I.F.*, et l'une des raisons d'être (ou l'un des effets) du système d'Histoires articulées, que de ne jamais permettre une interprétation monovalente. Reste pourtant que la définition des *Difficultés* est sans doute celle qui convient le mieux à la passion amoureuse dans le roman de Challe : que la jalousie tourmente ou pas l'amant, il y a bien toujours violent désir de possession, parfois sublimé en repos angélique du corps, chez Des Ronais sous la coupe du vieillard comme chez le jeune Dupuis en face de Mme de Londé (on feint même de nous laisser croire que Jussy serait resté fidèlement chaste durant... sept ans !).

Mais ne pourrait-on pas unifier sous une autre perspective les facettes de notre déconcertant personnage, en l'envisageant par exemple sous la lumière rasante du libertinage ? Car enfin, cet éternel perdant révèle somme toute une étonnante maîtrise, qu'on dirait volontiers d'ordre machiavélien. Il aura réussi en fin de compte le tour de force peu commun de concilier les inconciliables. Pourquoi ne pas considérer sa conduite comme un chef-d'oeuvre de politique ? On me dira qu'il n'a rien d'un Prince, et que de la scène du monde au lit d'un grabataire, la chaîne est aventureuse. Mais cette objection révèlerait peut-être plus d'étourderie anachronique que de solidité, si j'en juge par exemple sur ce texte attribuable, selon Barbier, à Gabriel Naudé: comment faire de grandes actions politiques, se demande Naudé ou son imitateur, sans quelque espèce d'injustice, qui les rend « sujettes par conséquent au blâme et à la calomnie » ? Il s'agit donc de « faire voir comment dans la monarchie ou gouvernement d'un seul, et dans l'économie d'une famille, qui sont les deux pivots de la politique, il y a de certaines ruses, détours ou stratagèmes, dont bien des gens se sont servis et se servent encore tous les jours pour venir à bout de leurs prétentions » (*Réflexions historiques et politiques sur les moyens dont les plus grands princes et habiles ministres se sont servis pour gouverner et augmenter leurs états* », pp. 19-20, 1739). Comme les princes et ministres de Naudé, Dupuis ordonne sa conduite selon les règles de la raison universelle (pouvoir du père conforme au droit naturel et divin); selon les maximes de la raison d'État, nettement moins morales; et selon ce que Naudé appelle des « coups d'Etat », c'est-à-dire « des actions hardies et extraordinaires, auxquelles les Princes sont contraints d'avoir recours dans les affaires difficiles et désespérées, contre le droit commun, sans garder même aucun ordre, ni forme de justice, hasardant l'intérêt du particulier pour le bien du public » (p. 50). Outre que cela rendrait plus intéressante la référence à la Fronde dans l'Histoire de Dupuis, cette célèbre analyse des « coups d'Etat » induit à lire sous un autre jour, rigoureusement politique, la politique du domestique , les manoeuvres et « coups » de Dupuis (j'entends par « coups » l'invention du rival, le prêt, la solution de la grossesse). En mettant au service de la prudence, vertu cardinale du politique, le droit naturel, les maximes de la raison d'Etat (p. 28 sq) et les stratagèmes hardis, Dupuis allie la surprise qui fait le héros (B. Gracian) et la cohérence inflexible d'un projet ardu: garder sa fille, garder sa maîtrise et sa puissance de séduction, sans rompre la liaison. Typique problème politique, incontestable chef-d'oeuvre de calcul, qui passe par toute la gamme des manoeuvres narrées, et qui croise, en un rapport constamment mouvant, ces deux vertus rectrices de l'action politique: la justice, la prudence. La scène de la mort fait toucher du doigt le tour de force: le père prudent sinon équitable a gardé sa fille et repoussé le mariage, tout en mourant pleuré ! Le vieillard rusé a tenu tous les rôles, porté tous les masques, et *conservé* son pouvoir jusqu'au bout, en le transmettant intact au meilleur héritier possible, qu'il a lui-même formé au métier d'héritier et de père. Loin de rompre la liaison, ne l'aurait-il pas renforcée en différant le mariage, en enseignant le contrôle des pulsions ? En tout cas, il a bien appliqué cette grande maxime qu' « il faut toujours appliquer les moyens les plus doux et les plus faciles » au but le plus juste: conserver l'Etat plutôt que l'agrandir *(idem,* p. 73).

Mais cette lecture libertine, ou politique, ne peut tout à fait satisfaire. Dans sa confession ultime, quand il se découvre, quand il se dépouille enfin de ce qu'il possède, on ne voit plus en Dupuis un modèle de maîtrise, le manipulateur impeccable des âmes, le Prince mû par le pur calcul de l'intérêt (public ou particulier). Ce qu'il met à jour, et que le narrateur reprend à son compte, c'est la délicatesse et la probité, soutenues aux dépens de la richesse et de la réussite, à l'inverse du modèle machiavélien. Bien plus: le mourant enfin détaché du monde souligne sa misère intérieure, sa faiblesse, l'empire de la crainte, la terreur du manque qui a dominé sa vie[2]. S'il meurt en stoïque, enfin apaisé, il avoue ainsi avoir toujours vécu en anti-stoïque. Car nulle vertu stoïcienne ne peut se fonder sur la crainte, ni sur l'espérance, ni sur l'avoir. S'agit-il alors d'un idéal de stoïcisme chrétien ? Ou de dévoiler le leurre d'un véritable stoïcisme, l'imposture d'une existence qui se voudrait hors de la crainte et de l'espérance ? Il est incontestable que les *Difficultés* critiquent durement l'idéal mystique du pur amour, et insistent, (comme Bossuet et la papauté, mais avec une hargne que ne retient nulle tradition spirituelle à ménager), sur l'impossibilité d'échapper, dans le rapport à Dieu, à la dimension de la crainte et de l'espérance, inséparables du jugement moral. Comme quoi ce qu'on appelle psychologie des profondeurs n'est à l'époque jamais loin de la théologie et de la morale, c'est-à-dire de la philosophie !

Faut-il pourtant assimiler fin morale ou religieuse et fin chrétienne ? On rencontre à nouveau, et d'une manière saisissante, la question des *Difficultés.* A lire littéralement le récit de la mort de Dupuis, comment douter de sa fin chrétienne et catholique, ordonnée par la confession, le rassemblement des intimes, la vérité sur soi et le renoncement

2. Infortune perpétuelle et crainte permanente : Dupuis serait-il un tempérament mélancolique ?

aux biens du monde, la demande de pardon, la tentative de réparation (mariage secret immédiat en maison privée, sorte de réplique inversée du mariage in extremis à lui jadis imposé) ? Tous les canons d'une mort catholique sont ici ostensiblement rassemblés, comme si Challe oubliait tout à fait de s'attribuer les *Difficultés sur la religion*. Mais est-ce si sûr ? Car enfin, le rapport à soi et à Dieu, dans le cadre d'un déisme rigoureux, resterait à peu près le même: recherche de la vérité intérieure ; demande de pardon ; réparation équitable des torts causés; attente confiante du jugement d'un Dieu essentiellement juste, dont la justice ne diffère de la justice humaine que par l'infaillibilité de ses jugements sur les actes et les intentions. Mais ce qui changerait, c'est l'appréciation du poème rédigé et récité par Dupuis, qui prend valeur de testament spirituel. Lu à la lumière des *Difficultés,* il ne renverrait plus à un syncrétisme christiano-stoicien fréquent au XVIIe siècle, mais à une profession de foi dualiste et déiste, excluant fermement la résurrection, et même l'éternité des peines, rejetant le péché originel, la Providence et la prédestination, les secours de la grâce, l'intercession du Christ et la Trinité, etc. Le Dieu du déisme laisse l'homme entièrement libre de choisir entre vices et vertus, ne peut aucunement prévoir les actes humains, que les pulsions du corps, prison de l'âme, poussent vers le plaisir plutôt que vers la vertu, vertu essentiellement définie par le rapport social du tien et du mien[3]. Est-il besoin de souligner que le cas de conscience central de la première Histoire tourne précisément autour de cette question de la propriété, des droits et devoirs réciproques du père et de la fille, du père et du beau-fils ? Et de la *justice* respective de chacune des prétentions en présence ?

Je me sens incapable, en l'état actuel, de trancher. Mais une chose demeure, qui me paraît décisive: c'est que Dupuis tend manifestement, par son traitement narratif, à figurer ici la condition humaine, la grandeur et la faiblesse de l'homme, la tension du corps et de l'esprit, tendus entre l'appel du bien et la chaîne des désirs, des passions, des craintes.

Le vieux Dupuis subirait donc une bonification, passerait du désordre à l'ordre, structure qui ordonne aussi la dernière Histoire: l'un monte vers le mariage, l'autre vers la mort. Que certains, telles Marie-Madeleine et Silvie, succombent dans les embarras de la vie, ne change rien, prétend l'auteur des *Difficultés,* à la marche harmonieuse du monde: il faut bien que les pots les plus fragiles cassent en chemin dans la charrette...

L'énigme des *I.F.* ne se laisse pourtant pas si facilement résoudre, pas plus en gros qu'au détail. Car sans même poser la question de l'efficacité, aux yeux d'un Dieu moins bon qu'essentiellement juste, du repentir final, qui irrite passablement l'auteur déiste des *Difficultés,* on quitte le vieux Dupuis sur une ambivalence indécidable, faute de pouvoir clairement statuer sur l'équité de son désir. Sauf, bien entendu, si l'on postule, en bons modernes post-romantiques, l'absolue justice du désir sexuel juvénile, la sacralité de la passion amoureuse ! C'est ce mythe romanesque qui, selon Montesquieu, empêche de voir en Manon Lescaut une pure et simple catin, et la transforme en héroïne bouleversante. Si l'on accepte un instant (pas plus !) de lire avec l'oeil plus froid et plus moqueur d'un Montesquieu, l'Histoire de Dupuis (aussi grinçante que la dernière !) nous place devant un conflit de devoirs bien compliqué, un cas de conscience pas si

3. Faut-il préciser que l'auteur des *Difficultés* ne peut en aucun cas adhérer aux jugements des personnages si, tels le vieux Dupuis ou Silvie, ils supposent réellement une intervention providentielle de Dieu dans leur vie (pp. 33, 431...), ou si, telle Marie-Madeleine, ils croient à la prédestination ?

facile à trancher dans le contexte mental (juridique, théologique et social) de l'âge classique. Puisque Dupuis, si près de la mort, ne demande qu'à différer le mariage, qui relève, par le droit naturel, le droit divin et le droit civil, de sa juridiction d'homme public, tout en laissant une large liberté aux jeunes gens, nul doute que théologiens et moralistes leur conseilleraient l'exercice du *respect* : aussitôt après Dieu, c'est au père, qui en est la figure sur terre, qu'on le doit. Mais il est vrai aussi que les *Difficultés* nient qu'on doive de la reconnaissance au travail nourricier du père ! Vrai que, moralement, Dupuis a tort de tromper, de renier sa parole. Vrai que le pouvoir parental tourne vite à la tyrannie dans les récits suivants, etc. La première Histoire nous installe donc en pleine ambivalence, sans repères ni critères stables et certains qu'on pourrait ensuite appliquer. Dupuis est parfois en-dehors de la moralité, tout en réussissant dans sa politique de père, et sans que pour autant la violence du désir juvénile reçoive une caution morale évidente.

Décidément, quelle belle machine à fabriquer infailliblement de l'indécidable ! Et quelle embarrassante posture pour la passion, encadrée entre deux Histoires où la grimace de la dérision menace toujours les grands sentiments ![4]

4. Les deux Dupuis passent de la bouffonnerie à l'exemplarité. L'interprétation globale de Mme Weil (*Challe romancier*), fondée sur l'idée d'une subversion finale des valeurs passionnelles, appelle donc réexamen. La mise en cause ironique de la passion se fait d'entrée de jeu. Les *I.F.* obéissent à une double structure d'encadrement : par l'Histoire-cadre, par les Histoires I et VII.

LE LIBERTIN ET LA FEMME FRIGIDE
(Essai d'interprétation de la dernière Histoire des *Illustres Françaises*)

Les critiques du *Journal littéraire de La Haye* lisaient trop bien pour s'y tromper : la dernière Histoire des *Illustres Françaises* pose problème. Et somme toute, nous tournons toujours dans le cercle qu'ils ont d'emblée tracé, en suggérant une hypothèse générique, un changement de registre: après la tragédie, la farce, ou la comédie. «L'autoparodie» chère à Michèle Weil rebaptise et explicite cette première et immédiate lecture. Mon propos n'est pas de discuter cette interprétation, qui risque de sous-estimer le travail de l'ironie dans les six autres récits, et d'effacer le *double* encadrement du récit, par les devisants, certes, mais aussi par les Histoires I et VII[1]. Je voudrais ici m'interroger sur une autre hypothèse de Michèle Weil, qui attribue la conversion du libertin Dupuis au silence de Mme de Londé, silence qui, fondé sur une mise en soupçon radicale du langage, désarmerait le pouvoir libertin de parodier toute parole, morale, religieuse, amoureuse[2]. L'idée est brillante. Est-elle vraie? Je ne parviens pas à m'en persuader. Il me semble que le libertin et la femme frigide se réforment mutuellement dans un rapport inversé. La femme moralise le libertin en le soumettant à l'abstinence, en l'arrachant à la loi du pur désir satisfait par la ruse et la violence. L'homme détourne la femme de

[1] Je me permets de renvoyer à un article de *XVIIe Siècle*, n° 1, mars 1993, *Le vieux Dupuis ou l'indécidable parabole de la paternité* ; et à *Droit canon, casuistique, religion et roman dans Les Illustres Françaises*, Actes du colloque Challe de Montpellier, organisé par M. Weil, 1993.

[2] Michèle Weil, *Robert Challe romancier*, 1991, Droz, pp. 249-271. Cet article, écrit en décembre 1992, ne peut prendre en compte le livre annoncé de l'auteur sur la dialogie des *Illustres Françaises*.

l'abstinence en lui révélant le désir. Le croisement et la résolution de ces deux mouvements s'accomplissent dans le mariage passionnel, dans «le contrat sentimental» (F. Ronsin, Aubier, 1990). Les six premières Histoires tournent autour de cette double question : que faire du désir passionnel et des parents ? La septième déplace nettement l'interrogation sur le désir, des parents vers le couple. Il apparaît assez clairement que ce déplacement s'agence dans l'Histoire de Des Frans et Silvie, qui combine les deux problématiques. Et la première Histoire confirme bien alors sa fonction de programmation et d'encadrement[3], puisqu'elle juxtapose elle aussi les deux structures fondamentales du roman : l'opposition à la puissance parentale (I-VI), et les contradictions du couple (VI-VII).

LES VOIX DU SILENCE

La parole trompeuse du libertin se briserait donc, comme un flot impuissant, sur le silence de la femme vertueuse. Comment en effet parodier le silence, comment le convertir en arme de la séduction? Le séducteur «enrage d'avoir trouvé plus fort et plus cynique, en matière de langage, que lui»; «contrairement aux héroïnes précédentes», Mme de Londé «se refuse à toute démarche amoureuse, verbe ou geste» (M. Weil, *Robert Challe romancier*, Droz, 1991, p. 263), etc. J'avoue que cette interprétation m'étonne, si son brio m'attache. Car enfin, où voit-on que Mme de Londé se refuse au verbe ? Et même au geste ? Moins pudique et retenue que certaines héroïnes antérieures, elle n'hésite pas, *bien que mariée*, à déclarer longuement son amour, sur près de trois pages (562-565), à l'homme qu'elle rencontre pour la première fois depuis six ans ! Pas plus qu'elle n'hésite à lui avouer aussitôt qu'elle refuse sa couche à son mari volage, sans en souffrir, faute d'appétit sensuel ! Curieuse retenue du verbe, qu'une «confession générale» si franche et si immédiate, et qui définit si parfaitement sa

[3] Voir note n°1

conduite : Mme de Londé, sûre d'aimer et d'être aimée, satisfaite du mariage blanc qui l'unit à M. de Londé, devenu un ami ou un frère, entend entretenir avec son amant une liaison platonique, limitée aux déclarations amoureuses *réciproques*. Rien là donc que de très clair, et sans mystère apparent, si la situation ne manque pas de sel : ce n'est pas non plus par le mystère de son intériorité, contrairement à ce que croit Michèle Weil, que Mme de Londé se distingue vraiment des autres héroïnes.

S'agirait-il d'une scène unique ? Nullement. Dès leur premier tête-à-tête, la jeune soeur de Gallouin, à peine âgée de dix-sept ans, n'hésite pas à parler (542-543) ; et si elle ne peut répondre à une déclaration d'amour, c'est parce que sa mère revient : «Elle allait me répondre pourtant» («pourtant», c'est-à-dire malgré son trouble). Et le «plaisir» que Dupuis lit alors dans ses yeux est plus que vérifié par l'aveu qu'elle lui fait six ans plus tard. Comment comprendre que de ce premier entretien, si lourd de conséquences, Mme Weil tire une nouvelle preuve que Dupuis «n'obtient pas un mot de réponse, pas un geste non plus»? (op. cit., 263). Il n'y a donc chez elle nul mutisme ontologique, nul silence métaphysique, nulle philosophie soupçonneuse du langage. Dans sa «confession générale» (selon le mot du narrateur), elle explique très clairement pourquoi elle n'avait pu lui répondre lors de cette scène inaugurale qui n'a cessé de la hanter : on n'y voit que des motifs précis, sans aucune propension au silence. Je confesse ne pas reconnaître en elle un «radicalisme» «pire que l'ironie généralisée de Dupuis» (idem, 263). Si elle laisse Dupuis s'épuiser en discours amoureux, elle ne lui refuse elle-même, quoique mariée, aucune déclaration d'amour. Serait-ce précisément la preuve même d'une dévalorisation extrême des mots ? J'y vois bien plus une conduite que nous connaissons, celle d'Angélique : aveu d'amour, oui ; union charnelle, non. Mme de Londé défend farouchement sa vertu, sans douter de l'amour de celui qui la presse, et donc en refusant, comme Angélique, tout tête-à-tête avec son amant. Ce qui désarme le libertin, ce n'est pas la métaphysique du silence, mais la présence permanente d'un tiers, et, quand il pénètre dans sa chambre, les cris perçants qu'elle pousse ! Loin d'inciter le libertin «à désirer une coïncidence entre les mots et les choses» (op. cit., 264), elle refuse d'accorder la chose avec les mots d'amour qu'elle écoute et délivre complaisamment (*I.F.*, 567). Cette dissociation des mots et du corps - l'amour des anges - définit exactement le rapport de Manon et de Des Ronais, de Contamine et d'Angélique, de Jussy et de Babet Fenouil en leur sept ans d'exil (sept ans de carême !). La retenue du corps est donc commune à quatre couples, dans quatre rapports différents, et n'a par conséquent rien à voir avec une ontologie du silence. C'est d'abord un fait de structure, apparemment essentiel, qu'il convient d'interroger. Le silence de Mme de Londé n'est pas un fait de nature ou un code de conduite, mais un fait de situation, lié aux circonstances : sa jeunesse et sa mère, lors de leur premier entretien en tête-à-tête ; la violation de leur contrat quand Dupuis fait irruption dans sa chambre, comme Valeran avait forcé l'intimité de Silvie. C'est seulement à partir de cette tentative de viol qu'elle refuse de lui adresser la parole et de l'écouter en privé (573). Et c'est cette réaction violente, et pourtant annoncée dès leurs retrouvailles (562-565), qui déclenche la conversion du libertin, la conversion du désir en amour, au bout de deux mois dont le libertin sort métamorphosé (573). Mais entré si tard en pays de passion, le loup devenu agneau explose dans son enveloppe mystique, et se précipite une seconde fois dans l'appartement de son idole : pour se tuer ! L'arme de la nature, à défaut de violer, se retourne contre soi... Caché, soigné, caressé, immergé dans le verbe et le geste amoureux, l'amant blessé aurait même entendu la promesse d'un bonheur plus fort, sans oser le certifier ! Heureusement, l'inutile mais encombrant mari peut mourir de pleurésie, puisque le libertin est guéri.

LE SECRET DE MME DE LONDÉ

Ainsi le désir trompeur du libertin, avant sa conversion violente, ne laisse aucun doute à Mme de Londé sur l'authenticité de cet amour :

la mystification de Dupuis, en leur premières retrouvailles, renoue avec ses tartufferies d'antan. Mme de Londé croit épouser un amant aussi pieux que pudique, qui promet de lui faire à son tour, en riant et après la cérémonie nuptiale, «sa confession générale». La retenue du corps sous le contrôle de l'âme, imposée par la prudence de Mme de Londé, se distingue donc des précédentes par le passé libertin du narrateur. Elle est en effet bien plus problématique : alors que Des Ronais, soumis au même régime, a cédé à l'appel des sens, comment admettre que Dupuis, ex-spécialiste des bordels parisiens, ne revienne pas à ses vieilles habitudes, lui qui sort depuis à peine huit jours des bras voluptueux de la Veuve et ne désire d'abord en Mme de Londé qu'une proie sensuelle ? On constate ici que, au rebours du schéma habituel de la critique, c'est la première Histoire qui jette en l'occurrence dérision et suspicion sur cette étrange virginité du libertin ! C'est évidemment que le symbolique l'emporte alors dans le traitement romanesque sur le vraisemblable : il faut absolument que Dupuis passe par une ascèse. Ascèse qui désigne la véritable nature du procès de transformation : non pas une économie de la parole, absente du texte, mais une économie de la jouissance, inscrite et réinscrite dans le récit. Et c'est cette économie du désir qui fait une liaison possible entre *Les Illustres Françaises* et les *Difficultés*, puisque le dualisme de la nature humaine assimile la vertu au contrôle du corps par l'âme. Différer le désir, le maîtriser, fût-ce en rageant, revient bien à soumettre le corps et ses pulsions à la raison, autrement dit, à affirmer la spiritualité de l'homme. Ne serait-ce pas pourquoi l'auto-contrôle prend un telle valeur dans le roman, positivement ou a contrario ? Et ne serait-ce pas aussi une des raisons pour lesquelles M. de Londé se voit si sèchement éliminé ? Confronté à la froideur du rapport conjugal, pourtant parfaitement conforme aux prescriptions chrétiennes, qui interdisent de traiter sa femme comme une maîtresse, de confondre mariage et volupté, il s'abandonne immédiatement aux pulsions libertines. Or les vraies valeurs ne sont pas là, comme le dit si fortement la Veuve: «chacun ne cherche uniquement que son plaisir dans le monde ; et j'aurais peut-être fait pis que lui, si comme lui je m'étais abandonné à mon penchant» (509). Impossible d'en douter: le penchant, c'est le corps.

Mais il n'est pas inutile de regarder de plus près les motivations de Dupuis, si l'on veut bien admettre que ces motivations sont l'explication la plus apparente que le texte donne de cette conversion du libertin qu'il met en scène avec tant d'énergie. Conversion non pas à Dieu, comme Don Juan, mais à l'amour et au mariage, donc à la société. Avec Dupuis, la conversion du libertin est une inversion, qui reste inflexiblement dans le cercle mondain, social. A aucun moment, dans ses parodies et tours de scélérat, Dupuis n'a le sentiment d'offusquer une transcendance, d'affronter un Dieu «offensé», pour reprendre l'expression de Silvie dans sa lettre à Gallouin, évidemment inacceptable pour l'auteur des *Difficultés* (1). S'il le fait, c'est sans le vouloir...

Comment le texte explique-t-il donc ce retournement à partir duquel, comme dans le roman picaresque, le narrateur revient sur ses égarements passés ? Si l'on se reporte à la page 541, §1, on constate à nouveau qu'il n'est fait aucune mention du fameux silence ni de la moindre suspicion à l'égard des mots. Le narrateur évoque la vertu (réelle ou exhibée, peu importe) de Mme de Londé, le secret qu'elle a trouvé pour le forcer à aimer malgré lui, pour le désespérer et l'exaspérer, etc. Ces propos éveillent aussitôt des échos. La *vertu* appelle le souvenir de Manon, d'Angélique... Le *secret* ne renvoie pas à un collier magique, ou à ces secrets de femme qui forcent à aimer, dont parle la lettre de Challe aux journalistes de La Haye pour justifier l'épisode du collier ; il s'agit d'un mécanisme psychologique, qui défait les stratagèmes du libertin et le transforme à son insu. Cette explication apparemment complexe, et celle qui évoque aussitôt après la nature à la fois tendre et forte de Mme de Londé, se ramènent en fait à un seul et même point : la vertu. Mme de Londé a vaincu le libertin parce qu'elle a su *résister*, montrer «plus de constance et de force sur elle-même qu'elle n'aurait dû en avoir» (étant donné sa nature de femme). Bien entendu, le lecteur irrespectueux sussurera qu'il manque peut-être du mérite à une vertu frigide ! Comme à une vertu protégée par grilles et murs de couvent (lettre de Silvie à Gallouin). Mais Dupuis ne veut pas, ne peut pas accepter cette version sardonique, il est vrai assez inquiétante pour le proche avenir ! Il est tout prêt à admettre qu'elle a pu jouer la vertu, donc le battre sur le terrain du théâtre («du moins m'a-t-elle si bien fait voir qu'elle l'était [vertueuse]», 541), mais pas qu'elle a résisté faute de désir. Car le libertin serait alors entré dans un piège diabolique : fondant par définition toutes ses entreprises sur le présupposé de la faiblesse féminine, de la concupiscence sensuelle, du penchant universel au plaisir (théorisé par la Veuve), il ne pouvait, logiquement et structuralement, que s'enflammer pour une femme glacée ! Autrement dit, le texte de Challe, en cette dernière histoire de la dernière Histoire, joue en permanence le pour et le contre, la double face : femme vertueuse ou femme frigide ?

Ne l'oublions pas : Crébillon se plaira à souligner combien la plupart des femmes donnent dans le libertinage sans goût ni plaisir véritable, combien peu d'entre elles sont véritablement sensuelles, mais combien toutes sont prises par l'amour-propre dans le système de la mode. La double face de Mme de Londé tient donc dans ce tissage sournois du texte : tendre, et pourtant vertueuse au-delà de toute attente ; vertueuse, car frigide. Pour trancher, il faudrait un récit du mariage, hélas reporté dans l'après-roman. Ou plutôt, comme Dupuis aime fougueusement, à la façon de M. de Londé, il faudrait attendre qu'il se dégrise, et cela n'a pas pris moins de dix-huit mois au défunt époux. Mais en vérité, que faut-il à un libertin, pour l'exciter et le rendre «fou», sinon reculer indéfiniment la satisfaction ? Mme de Londé, car mariée, car vertueuse, car prudente, car frigide, etc., a trouvé sans le savoir le secret qui captive le libertin. Ce secret appartient à la logique marchande : rendre sans prix son capital. Pour conserver le désir de qui vous aime, il faut et il suffit de se faire désirer. Au risque de me répéter, je suis bien obligé de constater à nouveau que cette logique du désir est explicitement formulée dans la première Histoire, par la bouche du vieux Dupuis, oncle de notre héros ! Et que démontre d'autre l'aventure d'Angélique, Angélique qui accomplit l'autre grand exploit des *Illustres Françaises* ? Comprimé, exaspéré, «enragé», le désir sensuel se porte au cerveau et produit de l'amour, de la passion, se sublime en morale individuelle et sociale : le libertin menteur et destructeur réintègre le cercle des honnêtes gens. L'âme n'a pas nié le corps, elle ne l'a pas martyrisé à vie dans un couvent, elle l'a mis à son service, elle a transformé la pulsion sensuelle en principe moral.

Mme de Londé a su et pu «faire enrager» (541) le libertin : indication significative ! Car si l'on se souvient des épisodes du Pont-Neuf, de Célénie, du duel avec le frère, etc., on constate que l'enragement est un ressort fondamental du caractère de Dupuis, le signe qu'au fond de lui, il y avait bien cette preuve de la spiritualité de l'âme que donne l'auteur des *Difficultés* - la capacité de s'indigner, de souffrir quand l'honneur est blessé. Dupuis marche à l'amour-propre, et sans le savoir, ou par calcul, Mme de Londé a fait jouer ce mécanisme essentiel. Autrement dit, le vrai désir durable passe par *l'admiration*, qui est le signe psychologique de la valeur de l'objet qu'on désire. La différence entre l'amour pour la Veuve et la folie pour Mme de Londé est bien dans le prix : moins on donne, et plus on vaut. Quel lecteur (masculin ?) pourrait s'y tromper ? La Veuve est évidemment plus intelligente, plus mûre, plus délicate, plus sensuelle, etc., que Mme de Londé. Mais elle donne et se donne. Elle vit dans l'échange, dans la franchise de l'échange égalitaire et de la volupté partagée. Tandis que Mme de Londé travaille dans une économie de la rétraction monétaire : elle laisse voir l'objet (scène de l'aveu), mais il n'y a pas de prix pour le posséder. On ne peut que l'approcher, sans le toucher. Mme de Londé travaille donc aussi dans l'économie du regard. Elle aime voir - voir le désir qu'elle suscite et retient (Dupuis, son mari), et voir le désir des autres, interposer sa présence et son regard dans les rapports amoureux de son mari, qui sont sa chose par le détour qu'elle lui impose. A cet égard, les scènes de carnaval domestique renversent dans l'ordre du rire cet intense plaisir voyeuriste, ce plaisir de spectateur qui serait aussi un invisible et roué metteur en scène (577). Maîtresse du retrait, du caché, du vu et caché, Mme de

Londé se donne le spectacle de ses gens de maison comme celui de son mari et de Dupuis.

Or cette possession d'autrui passe impérativement par le refus de se donner. Gouverner, c'est susciter l'admiration et le désir ; c'est prendre plus qu'on ne donne ; c'est se dérober sans cesse à la prise pour mieux prendre l'autre ; c'est avoir la patience et le secret des longs desseins ; c'est maîtriser les contradictions ; c'est savoir donner et retenir, dire et cacher... Or ici, quelle superbe maîtrise du mariage sans sexe et de l'adultère sans faute ! Seul le vieux Dupuis a su aussi superbement gérer son difficile problème. On ne peut qu'admirer comment Challe applique toute sa subtilité juridico-morale à ces noeuds enchevêtrés, où se nouent droits et devoirs, normes et désirs, règles et infractions, convenances sociales, prescripions religieuses et rêves individuels.

Bref, Mme de Londé fascine le libertin, comme le Prince, ou le Héros de B. Gracian, fascinent les acteurs du jeu politique. Tant qu'elle se dérobera à la prise et maintiendra son prix, Mme de Londé tiendra Dupuis, comme le père de Manon a tenu sa fille et son amant. Or il y a toute chance qu'elle saura mettre du prix à ses jouissances. Elle n'est pas femme à galvauder bêtement ses cris de volupté ! Mais on peut aussi rêver sur un autre scénario, moins sarcastique : la rencontre du libertin moralisé et de la femme réchauffée. Faut-il s'étonner que ce scénario emporte la préférence du héros-narrateur ?

Cette théorie politique de l'admiration, qui est une économie du désir, propre à la postérité de Machiavel et si superbement commentée par B. Gracian, on me demandera sans doute par quel coup de force idéologique je me donne le droit d'en appliquer le forceps au texte challien. Il n'y a hélas nul coup de force, et donc nul mérite de l'invention. Je démarque tout simplement, tout bêtement, ce que le vieux Dupuis explique à Des Ronais, éperdu de reconnaissance ... et d'admiration, sur l'art de conserver son prix. Il suffit de lire ce qui est écrit, et de ne pas l'oublier. Et peut-être aussi de se souvenir que la politique, à l'âge classique, n'est pas toujours où l'on croit[4].

[4] Voir note n° 1

190

LA PARABOLE DU LIBERTIN

On peut alors jeter un regard sur la courbe du parcours libertin dans la dernière Histoire, tel que le récit la scande lui-même. Il apparaît que le libertin passe par cinq stations et trois conversions. 1/ La première étape (*Plaisir et Fierté*) noue dans l'enfance l'initiation au sexe et l'opposition au frère injustement préféré. 2/La mort du père ouvre l'ère de la débauche ouverte, ou enragée ; c'est l'ère des *coups de fou*, pour calquer l'expression du texte («coups de fourbe»), qu'on pourra définir comme l'époque de *L'Excès et l'Eclat*, celle du défi ouvert aux normes et convenances. 3/ La scène du Pont-Neuf et celle du marchand d'oublies, c'est-à-dire le risque de mort d'homme et de sanction judiciaire, provoquent la première réforme, au croisement de plusieurs déterminations (456). En quoi consiste cette réforme (457,§1) ? Elle consiste d'abord à nouer des relations (masculines) plus honnêtes et à substituer les voisines aux prostituées ; ensuite à substituer à «l'éclat et l'excès» (456) l'hypocrisie, la dissimulation. Donc à remplacer les coups de fou par les coups de fourbe. C'est évidemment le parcours du Dom Juan de Molière : concilier l'«attache au plaisir» (456) et la pression sociale, *Le Plaisir et la Loi.* 4/ La deuxième conversion, au contact de la Veuve, le retire définitivement des mauvaises compagnies, lui montre le bon chemin, fait de lui, dit-il, un honnête homme (506, § 3). A chaque fois, donc, il y a élévation conjointe des relations sociales et de l'objet de désir : le mouvement conduit des bas-fonds (crapule et bordels) vers la classe d'origine, en étapes fermement scandées. La remontée vers l'ordre passe clairement par une maîtrise sur soi-même, une maîtrise des impulsions, dont l'hypocrisie est une manifestation éclatante. L'hypocrisie est en effet une reconnaissance de la vertu par le vice, un hommage à la fois trompeur et vrai au règne de la loi. Passer de la débauche ouverte, du coup de fou au coup de fourbe, c'est intégrer la reconnaissance de la loi, le sens du danger, la mesure des obstacles, c'est apprendre le contrôle de soi et le rapport aux autres ; c'est maîtriser la socialité, commencer à se penser en citoyen[5]. La Veuve parachève, selon la

[5] Marmontel expliquera plus tard que la comédie ne vise pas à réformer le dedans de l'homme, mais à policer le dehors, car les hommes, dans le commerce social, ne se frottent que par ce

même logique, la première réforme, en suscitant d'abord *l'admiration* (à l'écoute de ce qu'elle révèle à sa soeur), puis le *désir* (quand il la dévisage) : la surprenante *vérité* entendue précède symboliquement le voir, et déclenche le désir parce que l'admiration de l'esprit est confirmée par le corps.

La première conversion vient de soi-même, c'est-à-dire de la crainte de ses propres débordements - autrement dit de l'amour de soi, *de la crainte et de l'intérêt*, fondement de toute morale et de tout rapport à Dieu, contrairement aux divagations mystiques du pur amour (*Difficultés*...). La deuxième semble venir du dehors, de la Veuve rencontrée par hasard. Mais c'est aussi bien entendu un mouvement qui capitalise la remontée vers l'ordre : il ne la trouverait pas s'il ne la cherchait déjà sans le savoir, à travers cette progression qui mène des prostituées à Sophie, à Célénie... Le rapport à la Veuve est lui-même double : il débute par l'hypocrisie (pour séduire et rassurer) et finit sur plusieurs années d'union libre sans nuages et sur un désir de mariage refusé. 5/ La troisième conversion le fait accéder à la passion. Mais il n'a nullement renoncé aux coups de fourbe, comme le prouvent la scène du masque et l'intrusion dans la chambre. C'est l'éclat de Mme de Londé, refusant de lui parler, qui le soumet sincèrement à la loi de la passion, du service amoureux. Mais attention ! On voit alors renaître, dans la folie passionnelle, *l'éclat et l'excès* des premières débauches, avec le même risque d'auto-destruction (scène du suicide). L'auto-destruction initiale était liée à la débauche enragée (Pont-Neuf, marchand d'oublies, bordels, scène de carnaval) et à la rivalité fratricide. Il est décisif de la voir reparaître dans l'ordre même de la passion, sous une forme encore plus spectaculaire. Qu'est-ce à dire ? Sans doute que l'auto-destruction - forme du désordre absolu - est liée 1/ au rapport social - les autres ; 2/au rapport familial - les siens ; 3/au rapport sexuel - les femmes. Il y aurait donc en tout rapport existentiel risque de l'excès, de la folie, de la destruction, bref, du désordre. Ce qui a conduit à la conversion du

dehors. Voir J. Goldzink, *Les Lumières et l'idée du comique*, Cahiers de Fontenay, Hors-Collection, 1992.

libertin peut aussi le perdre. Si le roman s'arrêtait là, avant la mort de M. de Londé, il laisserait le lecteur dans une impasse. Dupuis continuera-t-il à brûler en vain dans un rêve d'ange ? Mme de Londé cédera-t-elle ? etc.

Il est clair que Challe n'a pas sacrifié la belle Veuve pour cela. Il veut parachever l'ascèse et socialiser la passion. La passion non maîtrisée mène au désordre : défi aux parents ; défi à l'honnêteté (Gallouin). Le mariage tente de conjuguer dans la fiction passion et loi sociale. Il est la forme d'ordre social la plus convenable, la plus juste, mais évidemment pas parfaite. D'où viennent ses imperfections essentielles ? Des parents ; des convenances sociales ; des incompatibilités et de l'inconstance du désir. Où est l'ordre ? Ni dans la soumission aux parents, ni dans la soummission aux passions : dans un juste équilibre, toujours délicat et toujours singulier, entre devoirs et désirs, pulsions et raison. Il n'y a manifestement pas de règle simple ni de devoir catégorique, pas d'alternative tranchée. C'est justement parce que tout est instable, délicat, singulier, parce que tout rapport humain est un cas de conscience, que Dieu peut enfin, avec la création de l'homme, exercer infiniment son infinie et infaillible justice, sur des millions d'êtres libres et responsables de leurs actes, exempts de corruption naturelle et du péché originel. Mais nous, lecteurs, nous ne pouvons avoir idée de ce pouvoir infini qu'en exerçant notre pouvoir de justice, nullement infaillible, sur l'univers réduit des *Illustres Françaises*, où son créateur s'est ostensiblement et ironiquement retiré le droit de juger pour mieux libérer et éprouver le nôtre.

MARIVAUX

LE MASQUE

Le Prince travesti (1724), *L'Île des esclaves* (1725), *Le Triomphe de l'amour* (1732) : une comédie héroïque, une utopie sociale, une fable du désir tiomphant et masqué, trois comédies pour les Comédiens Italiens, chassés par Louis XIV en 1697, rappelés par le Régent en 1716. On ne cherchera pas à ce choix d'explications péremptoires. Comme tout choix, il obéit à des raisons embrouillées, qui préfèrent l'ombre. Mais on jouera, sur ces trois partitions du large répertoire marivaudien, le jeu des correspondances et des écarts. Pour faire apparaître la complexité des formes et l'inventivité du dramaturge. Quoi qu'on en ait dit.

I. MASQUE ET SECRET : UNE DYNAMIQUE THÉÂTRALE

Qu'il agisse comme travestissement ou comme mensonge, le masque frappe avant tout par son omniprésence. Mais il est réellement abusif de prétendre que Marivaux transporterait de pièce en pièce une sorte d'idiolecte du masque, code dramaturgique ou métaphysique fermé sur lui-même. Car le masque ne remplit pas les mêmes fonctions, ou les accomplit différemment, dans l'économie des trois comédies.

Dans *Le Triomphe de l'amour*, il s'agit d'une donnée initiale fondamentale, sans laquelle la pièce ne peut se

8

concevoir. Le conflit politique, en effet, oblige Léonide à choisir entre une démarche ouverte (la réduction par la force du clan légitimiste) et une stratégie oblique (la séduction de son charmant rival). La guerre ou la paix, la violence ou l'amour, bref, la reconduction des déchirements anciens ou l'instauration d'un ordre nouveau, tel est l'enjeu du masque dans la fondation de la pièce. Pour se combler comme Femme (amoureuse) et comme Princesse (généreuse), Léonide doit masquer son sexe et son identité, déguiser la femme et la souveraine.

Le déguisement du *Prince travesti* en jeune homme de bonne famille voyageant incognito — en possible aventurier, donc — obéit à des motifs tout aussi chargés de sens symbolique : émule du voyageur du *Monde vrai*[1], il lui faut effacer provisoirement le Prince pour mieux se préparer à régner, en apprenant à connaître les hommes dans tous les États et tous leurs états. Ce qui implique qu'on ne puisse le faire lorsqu'ils ont intérêt à vous tromper : quel prince peut se vanter d'avoir accès au visage sous le masque, à la vérité diverse des hommes dans le cercle de sa cour ? La Princesse en fait assez la cruelle expérience sur sa meilleure amie.

Analogie frappante des motivations. Elles confèrent aux deux comédies, par le déguisement qui les fonde, une portée philosophique et politique que *L'Île des esclaves*, fidèle à la tradition utopique, exhibe sans détour. Le déguisement, sur l'île utopique et thérapeutique, ne prétend pas tromper. Les protagonistes expérimentent, sous la contrainte publique, l'échange des rôles sociaux et des identités, l'inversion des statuts. Est-ce encore un masque ? On dira plutôt que l'épreuve vise à faire éprouver l'artificialité et la dureté des rapports sociaux figés, à y faire surgir, comme un chant oublié, la voix du cœur ; mais que, dans l'échange croisé du maître et de l'esclave, chacun se sent comme déguisé, acteur d'un rôle qui ne lui

1. *Journaux et œuvres diverses,* édition Deloffre-Gilot, Garnier.

convient pas, renvoyant ainsi à l'autre l'image d'un visage qui s'est durci en masque ridicule ou odieux.

Doubles secrets

Il n'en reste pas moins que le travestissement du Prince en Lélio ne suffit pas à engendrer la pièce : sans la venue d'Hortense, Lélio se déciderait en effet à épouser la Princesse, flatteusement éprise de lui. Son masque n'est donc pas le tremplin de l'intrigue. En fait, Lélio porte deux masques, possède deux secrets : celui qu'il garde le plus longtemps (son nom) n'est pas le plus important dans l'économie de la pièce. Ce qui menace de le perdre, c'est son amour secret pour Hortense. La sécurité que confère le premier masque est menacée par le second. Et c'est bien sur celui-ci que tombe Arlequin, payé pour enquêter sur l'origine mystérieuse de son maître (*Le Prince travesti,* I, 10). Bien plus, on constate que le secret originel a besoin de se prolonger, moins par nécessité interne que pour maintenir le suspens et permettre le dénouement. Car enfin, il semble difficile de croire avec Hortense que la Princesse puisse vraiment assassiner le Prince de Léon ; ou plutôt, on entrerait alors dans un conflit de la passion et de la politique, de la fureur amoureuse et de la politique, d'ordre tragique, que Marivaux ne tient pas à jouer dans ces termes. Le pardon final, en effet, en cas de révélation non retardée de l'identité de Lélio, en serait profondément obscurci : plus qu'un sursaut sublime, il apparaîtrait inévitablement comme le seul fruit d'un calcul rationnel, d'une pesée des intérêts politiques.

Le cœur de la pièce, ce qui la fait battre et séduit Marivaux, c'est manifestement le rapport douloureux, d'amitié et de soupçon, de jalousie et de terreur, entre deux femmes, fondé sur l'amour secret de Lélio et d'Hortense. C'est ce masque-là qu'Hortense tente désespérément de protéger, par une dénégation obstinée, aussi subtile qu'impossible. Et c'est pour lui qu'elle exige de Lélio le silence sur son identité.

10

Silence qui a pour conséquence et pour fonction de laisser jouer jusqu'au bout les rapports de force originels ; c'est-à-dire de soumettre chacun des protagonistes (Arlequin, Frédéric, l'Ambassadeur, la Princesse...) à des choix qui sont autant d'épreuves morales où se décide la trajectoire dramatique des personnages.

Ainsi, la décision ultime de la Princesse est savamment située entre les dévoilements des deux secrets : l'économie dramaturgique et thématique de la pièce exige que le plus important, en soi, susceptible de bloquer ou d'infléchir le procès dramatique (l'identité de Lélio), apparaisse comme le plus facile, le plus tentant à lever, et en fait le moins négociable.

Deux secrets également dans *Le Triomphe de l'amour :* l'identité de Léonide et son amour pour Agis. Mais ici, plus de dissociation possible. De plus, le deuxième secret, celui qui motive le masque du rang et du sexe, est lui-même masqué par deux faux amours. D'où des rapports de simulacre complexes : Léonide, déguisée en homme, séduit Hermocrate, qui la sait femme, entreprend la séduction d'Agis, qui la croit d'abord un homme, et celle de Léontine, qui ne le croit pas moins et veut l'épouser ! Tous les possibles du secret initial sont ici développés avec une rigueur quasi géométrique, expansion triomphale qui donne son sens plein, spécifique, et somme toute allégorique, au titre (la pièce pourrait certes s'intituler *La Princesse travestie*, mais l'intrigue du *Prince travesti* ne donnerait qu'un contenu banal et convenu au titre retenu pour *Le Triomphe de l'amour*).

Percer le mystère

Une des fonctions dynamiques fondamentales du secret est évidemment de susciter l'envie (peur et désir réunis) de le percer : chez le spectateur comme dans l'univers de la pièce. Pour apprécier la violence des investissements que suscite le secret, il suffit — expérience inoubliable — d'assister à un spectacle destiné aux enfants ! Dans *Le Prince travesti*, la levée du secret de l'identité de Lélio, qui lui brûle les lèvres, se fait en deux étapes : devant Hortense, d'abord, qui euphémise et somme toute esquive la révélation (II, 6) ; puis, après le renoncement de la Princesse, parallèlement à l'aveu du Roi de Castille, qui seul produit un effet de relance dramatique (III, 10). Dans *Le Triomphe de l'amour*, la révélation du nom propre est réservée d'abord au seul Agis, comme preuve suprême d'amour et gage d'extase, qui débouche sur le silence de l'émotion portée à son comble : c'est l'acmé du dénouement, qui liquide ensuite sèchement les victimes du masque.

Deux agencements, pour une même fonction. Dans un cas, la révélation est d'abord refusée, puis, par deux fois (pour des raisons différentes), atténuée, ombrée, ou ironisée par le double dévoilement des Princes déguisés. Dans l'autre, au contraire, elle rayonne comme l'extase du parcours amoureux : le regard ébloui d'Agis découvre qu'il reçoit l'amour de celle qui aurait dû, selon la logique politique ordinaire, désirer sa mort ou sa captivité. C'est parce que le renoncement de la Princesse de Barcelone enveloppe la même valeur, que son geste reçoit l'auréole dramatique qui relègue dans l'ombre l'aveu de Lélio, redoublé et éclipsé par celui du Roi de Castille.

Identités fictives

Mais la levée du secret, subtilement négociée selon la ligne singulière de chaque pièce, n'épuise pas le dynamisme du nom masqué, manquant. Car celui-ci suscite des identités fictives (ou, dans *L'Île des esclaves*, des identités permutées), sorte d'équivalent dramaturgique des itinéraires picaresques, qui inscrit dans l'univers du théâtre la flexibilité sociale propre au roman. Coupé (fictivement, ou temporairement dans l'île utopique) de son origine, de son nom, le personnage masqué entre en effet dans le jeu de la mobilité sociale, génératrice d'effets dramatiques. Dans *Le*

12

Prince travesti, le masque du déclassement provoque par exemple autour de Lélio ce qu'il n'est peut-être pas excessif d'appeler la peur collective de l'ascension sociale. Le personnage qui n'a pas de statut préétabli, stable (d'où la recherche éperdue, chez Frédéric, chez Arlequin, de l'origine) devient une personne *déplacée*. Déplacée dans son langage et ses aspirations. Il entre en conflit avec l'ordre normal des choses, qu'il dérange. Comment se conduire avec lui ? Qu'en faire ? Qu'en penser ? Chaque personnage se trouve appelé à inventer une réponse, inscrivant par là même dans la pièce une trajectoire idéologique qu'il est sans doute possible d'interpréter sur la trame des mutations de la société française, et/ou de ses représentations au tournant des XVIIe et XVIIIe siècles (on aura reconnu le sujet de *La Vie de Marianne*, 1731-1741). Il faudrait ainsi analyser la réponse de la Princesse, d'Hortense, de Frédéric, de l'Ambassadeur, et... d'Arlequin. La réponse, ou plutôt les réponses (voir par exemple Frédéric), qui engendrent des schémas d'intrigue, des scènes, des dialogues.

Mêmes dédoublements dans *Le Triomphe de l'amour*, mais obéissant à une logique différente, convoquant d'autres motifs. Phocion scande les étapes de sa séduction en inventant des masques exactement ajustés aux désirs de chacune de ses proies. Les simulacres ne mobilisent pas, ici, un imaginaire social travaillé par la hantise de l'ascension, mais ce qu'il est commode d'appeler les fantasmes du Cœur. Les identités fictives que Léonide, alias Phocion, alias Aspasie, exhibe et escamote dans le cours de ses manœuvres sont autant de projections de sa science des cœurs, de sa fulgurante intuition des désirs secrets et de leur incessante agitation. Mais la structure de la pièce est telle, le triomphe de la séduction si total, si inflexible, que ces masques n'engendrent guère de contre-attaque, ne provoquent quasiment aucune tentative, dramatiquement productive, de percer le secret, de déchirer le voile. Certes, Hermocrate reconnaît en Phocion une femme rencontrée à l'ombre des forêts, et la fait surveiller par Dimas. Mais l'espion est aussitôt retourné, et le problème de l'identité de Phocion-Aspasie ne resurgit qu'à la fin, quand tout est joué.

L'amour caché

Bien entendu, le nom n'est pas le seul, ni même le principal secret autour duquel se nouent les conflits et s'engendrent les schèmes dramatiques. Dans les deux grandes comédies, il s'agit avant tout de masquer l'amour. Ce trait commun évident ne saurait cependant dissimuler un traitement fort différent. Dans *Le Triomphe de l'amour*, le masque que revêt Léonide lui assure une impunité presque absolue, renforcée, s'il était besoin, des troupes massées au château voisin. Certes, Léontine et Hermocrate ont quelques sursauts, qui animent la pièce et déclenchent des contre-attaques foudroyantes et magnifiques. Mais le propre de la séduction implacablement savante que la pièce déploie, c'est d'enfermer chacun dans le trouble et la jouissance solitaires de son désir vierge. Tel est en effet le calcul secret — non formulé, mais décisif — qui fonde en dernière analyse la stratégie de la jeune et redoutable Princesse de Sparte : ce qu'elle partage, ce qu'elle prodigue à chacun, c'est précisément le secret, la solitude du secret non divulgable, le secret amoureux. Paradoxalement, la prêtresse masquée (et casquée) du Désir introduit, dans cette demeure fermée sur elle-même, coupée du monde et en tout cas des femmes, un radical cloisonnement des individus, la quasi-impossibilité d'une communication latérale qui échapperait à son emprise absolue sur les canaux de la parole. Hermocrate, Léontine (et Agis davantage encore) ne peuvent commencer à se parler que lorsqu'ils ont assumé leur passion. C'est-à-dire trop tard. D'où la structure si étrange et si géométriquement rigoureuse de cette pièce fondée sur un pacte implicite : l'obligation pour les victimes du masque de collaborer au maintien du secret. Le triomphe du langage — qu'exalte magnifiquement la pièce — passe par cette solitude paradoxale et malheureuse qui accompagne toujours, chez Marivaux, la naissance de l'amour. Mais la caractéristique propre du *Triomphe de l'amour*, ce qui fait sa spécificité dramaturgique, c'est qu'il ne s'agit plus ici d'un motif psychologique, d'ailleurs plein de charme (irritabilité, colère, refus de parler : voir *Le Jeu de l'amour et du hasard*, *Les Fausses confidences*, etc.). Cette réécriture du secret contribue dans *Le Triomphe de l'amour* à la structuration même de l'œuvre, à son organisation formelle essentielle, je veux dire à cette extraordinaire focalisation sur un seul personnage, qui la distingue de toutes les autres pièces de Marivaux.

Dans *Le Prince travesti*, au contraire, c'est la fragilité, la périlleuse instabilité du masque, la difficulté douloureuse, toujours défaillante, du secret, qui constitue le schème dynamique de la pièce, sa marque propre. On serait assez porté à en dire autant de *L'Île des esclaves :* le secret de Trivelin, le sens de cette inversion expérimentale, de ce carnaval prudemment raisonnable et soigneusement contrôlé, n'est-ce pas l'impossibilité, pour les « esclaves », de supporter leur maîtrise, d'adhérer, sans rire et sans larmes, à leur masque et à leurs singeries de nouveaux maîtres ? Mais si, dans *Le Prince travesti*, les masques vacillent sans cesse, c'est que Marivaux s'y attache aux affres de la communication surveillée, épiée, soumise à l'obsession du regard royal. Tout y fait peur, tout y fait signe : les mots, les yeux, le silence. Tout cerne le secret, qui fuit de partout. Saturation et sur-signification caractéristiques de l'espace tragique, notamment racinien, auquel la comédie héroïque fait évidemment référence.

Les poches percées d'Arlequin

Parole agressive, directe, effrontée, dans *Le Triomphe* ; parole oblique, tourmentée, insidieuse ou dilatoire dans *Le Prince*. D'où, par exemple, la fonction différente d'Arlequin dans ces deux comédies — toute considération biographique mise à part (je pense au déclin de Thomassin, titulaire du rôle, à l'époque du *Triomphe*). Si Arlequin est bien celui par lequel la vérité fuit, on comprend que la structuration du secret dans *Le Triomphe* réduise son rôle. A preuve : Dimas, pourtant plus retors, n'a pas plus d'espace pour la trahison.

Dans *Le Prince travesti*, au contraire, parce que, loin d'être fascinés par la parole voilée génératrice de secret, les personnages cherchent sans relâche à lever les masques, nouent des alliances, ou défendent désespérément un secret qui s'échappe, Arlequin se déploie comme le vivant symbole de la précarité du masque : il perce les mystères, et par ses poches trouées, la vérité se disperse dans une anarchie ravageuse. Il occupe ainsi, en quelque sorte, une position symétrique de celle de la Princesse : surveillé par en haut, le secret convoité est aussi épié par en bas, des cuisines et des antichambres. Et de même que la Princesse, dans la rage et l'humiliation, décode les discours retors d'Hortense, Arlequin traduit et travestit, dans sa langue inoubliable, les propos qu'il rapporte et qu'il vend. Au demeurant, lui-même, comme tous les autres, est soumis aux périls qu'implique le masque dans l'univers politique de la Cour : il n'est pas moins dangereux de prétendre lever le masque que de le porter, parce qu'il touche au pouvoir ; d'où, là aussi, des schèmes dramatiques productifs (voir les scènes entre Arlequin, la Princesse, Hortense, Frédéric). *L'Île des esclaves* montre assez que l'échange des masques (de valet, de maître) ne se fait pas sans affects violents.

Ainsi, dans *Le Triomphe,* le secret est un moyen et un effet. Moyen de la séduction parallèle et méthodique de trois cœurs, dont un seul est désiré. Mais le secret — c'est le mécanisme dissimulé de la machine séductrice — y produit le secret qui le garantit. Le secret ne peut être percé que par son triomphe — le

16

triomphe de l'amour, qui libère l'aveu et dénonce la mascarade.

Le Prince travesti repose sur un tout autre dispositif. Bien plus qu'un moyen et un effet, il devient l'enjeu central et convoité de la fabrique théâtrale : c'est le secret qui mobilise toutes les énergies en lutte, toutes les stratégies. Impossible donc de le laisser dans l'ombre : il faut au contraire le mettre à découvert, au centre d'un champ de forces croisées qui l'épient ardemment.

On est alors tenté de parler de la fécondité du masque (entendu ici comme secret) dans la dramaturgie marivaudienne. Il faut résister à cette facilité. Ce n'est pas le masque qui est fécond. Mais le travail, exceptionnellement inventif, et souvent oblitéré par la hâte des formules générales, que le dramaturge lui fait faire dans le parcours singulier de chaque pièce.

II. MASQUES ET VISAGES : LA DYNAMIQUE DU DÉVOILEMENT

Si le masque excite à ce point l'invention marivaudienne, c'est qu'il participe d'une autre sphère, sociale et éthique, sur laquelle Marivaux s'est explicitement et abondamment exprimé [1]. Cette nouvelle perspective lui laisse tout son dynamisme, car il entre dans une thématique du dévoilement, qui met en rapport masque et visage, pour reprendre un couple cher à Marivaux lui-même, et qu'il prête à certains de ses personnages (dont Lélio ; *L'Île des esclaves* y puise aussi une bonne part de sa substance). C'est que le masque mobilise des valeurs, et par là même marque les personnages et les discrimine. Autrement dit, il est en rapport avec un problème central : comment guider le spectateur dans la réception des valeurs qui s'affrontent sur la scène — guidage qui, dans la comédie, a partie liée avec le comique (qu'on ne

1. Voir *Journaux et œuvres diverses*, édition citée.

confondra pas avec le rire). Le paradoxe central du masque marivaudien se devine aisément : si personne, apparemment, n'échappe à sa sphère, si, presque toujours — mais pas dans *L'Île des esclaves* ! —, c'est l'amour qui se masque, comment peut s'opérer une discrimination des personnages dont on sait bien qu'elle est quasi consubstantielle à l'univers comique ? Y a-t-il un bon et un mauvais usage du masque ? On entre ainsi dans une dialectique du mensonge et de la vérité, de l'apparence et de la transparence, dont Marivaux a fixé très tôt l'enjeu et l'emblème dans le mythe personnel de la jeune fille au miroir [1], monté en épingle par d'Alembert. Bref, l'omniprésence du masque dans le théâtre marivaudien ne consiste pas à exhiber l'universelle mascarade qui peuple la scène comique à partir de 1680. Le masque appelle chez lui un démasquage, le mensonge un dévoilement, le secret un aveu. Pour ne pas figer en métaphysique trop abstraite la dynamique changeante des personnages, sans cependant se perdre dans la singularité de chaque rôle, on se laissera guider par le dramaturge lui-même, en tant qu'il est tenu de, ou qu'il tient à organiser la réception de ses pièces, c'est-à-dire une relation différenciée, valorisée, aux personnages. On pourra donc postuler que le rapport au masque constitue l'une des épreuves fondamentales qu'affrontent les personnages marivaudiens dans l'existence éphémère des pièces : cette même épreuve dont chacun de nous, selon Marivaux (et plus que d'autres, les princes et les riches, disons les maîtres), est appelé à rendre compte devant le Spectateur et Juge suprême. Du moins s'agit-il là d'une hypothèse de lecture, inspirée par les *Journaux et œuvres diverses*, qui nous incite à distinguer trois sortes de rapports entre masques et visages.

1. Voir *Journaux et œuvres diverses*, édition citée.

18

Le visage sans masque

On ne peut guère s'y tromper (du moins à la lecture) : Hermocrate et Léontine, Frédéric, Cléanthis et Euphrosine dans leur rôle de maître, sont des personnages pour lesquels Marivaux ne cherche pas à susciter notre sympathie. L'agressivité dont ils sont l'objet surprendrait, si l'on sacrifiait à l'idée autrefois convenue du tendre et indulgent Marivaux (*être un peu trop bon pour l'être assez...*). Nos trois pièces, mais surtout *Le Triomphe de l'amour,* où elle croît d'acte en acte avec une brutalité déconcertante, se caractérisent au contraire par une cruauté comique qui signale inévitablement des enjeux importants.

Ont-ils rapport avec le masque ? D'après *Le Prince travesti,* incontestablement : « Ah ! vous voilà dans votre figure naturelle, je vous vois le visage à présent, il n'est pas joli ; mais cela vaut toujours mieux que le masque que vous portiez tout à l'heure » (I, 7). Tout est dit là en quelques mots. Ce qui n'est pas beau à voir, c'est le mensonge de l'homme de cour déguisé en honnête homme, l'absence de toute conscience morale, de tout sens de l'honneur, bref, la soumission absolue à la catégorie de l'intérêt, détachée de toute fin morale. On reconnaît la critique marivaudienne de la politique machiavélienne, entendue ici comme absolutisation de la raison d'État et de l'intérêt personnel, évidemment confondus en fait, sinon en paroles, dans le cas de Frédéric. Mais quel point commun trouver avec Hermocrate et Léontine ? Sans doute le port du masque : comme Frédéric, Hermocrate n'est pas ce qu'il prétend être. Le sage philosophe retiré du monde est en fait un agitateur politique, qui tend vers un fanatisme légitimiste : au lieu d'instaurer, il ne songe qu'à restaurer. Comme Frédéric, il subordonne en somme la fin transcendante (l'ordre, la paix, la réconciliation) aux fins particulières (l'État légitimé par le sang, soit, en dernière analyse, l'intérêt privé, égoïste et sectaire). Comme Frédéric lors de sa dernière entrevue avec Hortense, il est soumis par Phocion à une épreuve qui révèle en lui le pur politique, habitué à étouffer tout élan du cœur, toute impulsion généreuse. Frédéric et Hermocrate ont ceci de commun : le sublime leur est barré, leur paraît pure déraison (on n'aura pas de mal à faire le lien avec *L'Île des esclaves*, où Trivelin est chargé par la République de guetter et d'accélérer la relève de l'intérêt par le sentiment). Mais ce n'est pas tout : ils partagent également (avec Léontine) une même exclusion fondamentale : si l'héroïque leur est étranger, le monde du désir amoureux l'est également (le jardin philosophique fait peser sur le sexe un véritable interdit, qui confère à la pièce une portée allégorique). Hasard ? Sans doute pas, si l'on songe que l'héroïque et l'amour relèvent du Cœur (*Rodrigue, as-tu du cœur ?*). Cette double exclusion, que tout l'univers marivaudien repousse avec dégoût, signifie un terrorisme de la raison auquel Marivaux se refuse nettement [1]. Tout se passe comme si la volonté de domination sur les autres appelait une domination mutilante sur soi-même (dans *L'Île des esclaves*, les maîtres se soumettent par définition à l'empire de la mode, d'une coquetterie évaporée et froidement manipulatrice). Unilatéralité qui est une sorte de castration : *l'amour apparaît donc comme une limite à la volonté de puissance, au règne de l'intérêt calculateur*. C'est que la raison est de l'ordre du calcul, mais du cœur jaillissent des intuitions fulgurantes, qui dépassent les raisons ordinaires : ce qui relie les deux décisions des deux Princesses, l'une à l'ouverture du *Triomphe*, l'autre au dénouement du *Prince travesti*. Elles ont toutes deux rapport au sublime, à la sphère du Cœur, en ce qu'elles s'opposent à la mort et font confiance à l'amour de l'homme. Car le masque de Frédéric, d'Hermocrate, de Léontine, de Cléanthis et d'Euphrosine — la métaphore s'impose irrésistiblement — c'est le racornissement du visage, la pétrification du

1. Voir *Journaux et œuvres diverses*, édition citée.

20

cœur, bref, la déshumanisation. Nul hasard sans doute si la première scène du *Prince travesti* tourne au fond autour de la question : qu'est-ce qu'un homme ? C'est aussi la question lancinante des *Journaux et œuvres diverses*, qui multiplient les appels à l'homme en l'homme. Ces appels, nos pièces les font aussi entendre : il est offert aux visages pétrifiés en masques de s'adoucir, de laisser monter le sang du cœur. On rencontre à nouveau cette catégorie de l'épreuve, si active dans le théâtre de Marivaux, et son paradoxe : l'épreuve chargée de révéler le masque ou de le transpercer prend elle-même la forme du masque : Frédéric devrait pardonner sans savoir qui est Lélio (III, 6) ; Hermocrate et Léontine sont éveillées à l'amour par un simulacre saccageur, etc. Ce sont des masques qui dénoncent des masques. On y reviendra.

Ce qu'il faut d'abord marquer ici, c'est la divergence des pièces. Hermocrate et sa sœur, Cléanthis et Euphrosine, d'un côté, Frédéric de l'autre, suivent des trajectoires presque opposées. Les premiers, en effet, sont bel et bien convertis ; ils renient leurs erreurs : triomphe de l'amour, triomphe de l'humanité. L'épreuve du démasquage tourne à l'autocritique, à la conversion spectaculaire des valeurs. Rien de tel chez Frédéric. Il n'y a pas d'apprentissage du personnage, d'épreuve qui l'ébranle. On ne peut que l'exclure de la scène (III, 8) : mais cette dénégation dramaturgique, qui redouble le défi désespéré d'Hortense (« vous êtes trop méchant pour être à craindre, votre méchanceté vous met hors d'état de nuire à d'autres qu'à vous-même », III, 6), n'empêche évidemment pas le personnage d'occuper la scène du monde, comme il le dit lui-même à Lélio (« vous m'accusez d'un plaisant crime, d'aimer la fortune ! Qui est-ce qui n'aimerait pas à gouverner ? », I, 7). Manifestation éloquente du statut du politique chez Marivaux : la scène comme rêve d'une politique absente au monde, au monde où règnent évidemment les Frédéric, où les tempêtes jettent rarement les maîtres sur des îles humanisantes. Hermocrate et

Léontine, eux, restent en scène : bénéfice de leur conversion frénétique ? En réalité, le dramaturge ne les ménage pas : le dévoilement brutal et sec de la Princesse les abandonne, sans voix ni visage ni masque : vides, vidés, dévastés par la tempête qui les a submergés et littéralement *retournés*. Ce dénouement déconcerte notre sensibilité (notre sensiblerie ?). Il signale et confirme en tout cas la vivacité des valeurs et des affects attachés au masque, ou plutôt au visage devenu masque. Car voilà bien le paradoxe de ces masques : ils ne sont devenus tels qu'en un sens métaphorique, désigné par Marivaux lui-même. C'est leur visage qui est faux — faux par rapport à une sphère de valeurs que leur châtiment manifeste et que le parcours dramatique déploie. La comédie marivaudienne apparaît bien orientée par un horizon de vérité, ou d'authenticité. Rien ne le montre mieux que le rapprochement de Frédéric et des deux philosophes du *Triomphe :* si Frédéric essaie de tromper (usage actif et cynique du masque), le frère et la sœur se trompent, et le reconnaissent. Ils subissent pourtant la même sanction, encore plus cinglante. J'avoue aimer cette dureté : c'est la dureté même des temps classiques, au seuil ultime de la sensiblerie moderne. C'est le rire cruel de la jeunesse, qui nous moquera tous, l'orage dévastateur de l'ultime désir, et peut-être une certaine image de la Femme dans l'imaginaire masculin (cynique et tendre, menteuse et sincère, amoureuse et rouée...).

Masque et amour : le masque pour le visage

Ainsi, la faute de certains personnages serait moins de mentir que de se tromper sur la destinée de l'homme, en somme, si l'on osait, sur... Dieu (de bons esprits estiment cependant, à tort selon moi, que le théâtre de Marivaux ignore résolument toute transcendance). La violence du dévoilement est à la mesure de l'erreur. On a vu également se profiler la signification morale, et presque métaphysique, de l'amour. On est donc peut-être mieux à même de comprendre qu'il puisse exister un bon usage du mensonge. Ou plutôt deux bons usages : le masque dévoilant le masque, dont on vient d'analyser quelques enjeux, vecteur du comique le plus agressif, celui qui dénonce et dénude ; le masque au service de l'amour.

Les masques pervers sont collés au visage, incorporés. A les arracher, le personnage reste littéralement sans visage : c'est le cas de Léontine et d'Hermocrate, et là réside toute la violence du dévoilement dans cette pièce stridente. Les seconds sont des masques provisoires, des stratagèmes justifiés et purifiés par leur fin. C'est donc bien une polarisation des pièces par deux sphères fondamentales de valeurs qui légitime une division des simulacres dont on peut discuter la validité, mais non la réalité : effet inscrit d'un guidage de la réception par le dramaturge (que nul homme de théâtre, bien entendu, n'est tenu de suivre sur scène). Redisons-le : pour saisir la portée réelle de l'enjeu amoureux dans nos pièces, il faut impérativement mesurer ce qu'implique son exclusion des sphères habitées par Frédéric et Hermocrate.

Les mensonges amoureux tendent non pas à épaissir les voiles, mais à instaurer une transparence plus grande de soi à soi, de soi aux autres. On vise une éthique de la sincérité par des chemins détournés, les fameux détours marivaudiens (que la fable utopique réduit à leur plus simple expression, car l'utopie classique est brouillée, on le sait, avec la narration). On donnera, comme exemple le plus net, le rapport de Léonide et d'Agis, où l'amour se fait initiation, éducation, apprentissage de soi et des autres. Fable de la Femme et du Puceau (qu'on peut évidemment tourner vers une rêverie tendrement romanesque, ou bien vers des effets comiques plus grinçants). On constate alors que les données initiales se trouvent contredites, ou oblitérées, par le parcours dramatique : Léonide est bien un rôle de femme, dans une fonction d'initiation au monde et au sexe (dont le roman libertin des Lumières fait ses délices), qui transforme clairement la pièce en parabole de l'éducation. L'histoire d'Agis est celle d'une émancipation (civile, idéologique, politique). On ne perdra pas son temps à comparer *Le Triomphe* avec *L'École des mères* et *Les Acteurs de bonne foi !*

Mais cela ne joue pas que dans l'ordre purement amoureux. Le Roi de Castille, lui aussi, est soumis à l'épreuve dévoilante du travestissement. Au lieu de s'y dégrader comme Frédéric, son masque d'ambassadeur l'oblige, malgré qu'il en ait, à jouer le jeu vrai et pour lui inconnu du rapport personnel, de l'affrontement héroïsant des mérites personnels, que pointe la réécriture, si caractéristique du *Prince travesti,* du duel cornélien. Il se trouve en effet obligé, par son masque (revêtu pour connaître la femme, comme Lélio voulait connaître les hommes), de renoncer aux facilités et tentations mortelles du pouvoir : réduire l'autre au silence. Si Lélio possède comme par nature les vertus (c'est ce qui définit le héros et en fait tout le charme), le Roi, lui, est conduit par l'épreuve du masque galant sinon à les conquérir, du moins à les retrouver en lui. Il ne dévoile sa générosité, son fonds héroïque, qu'en masquant (provisoirement) le Roi. Ou plutôt, en se dépossédant lui-même des marques et insignes de la royauté, il peut enfin accéder au langage vrai qui fait coïncider nature royale et fonction royale, le sceptre et la main (on devine le rapport avec *L'Île des esclaves* qui, en somme, transpose cette fable du pouvoir relégitimé en utopie sociale fondée sur l'inversion ludique des positions de pouvoir).

Le masque sans visage

Cette polarité séduisante est pourtant troublée, pour notre plaisir, par le seul masque non métaphorique du théâtre marivaudien : le bondissant, l'agile, l'inquiétant Arlequin. Arlequin qui promène son masque noir, son vêtement à losanges et sa batte de bois de Sparte à Barcelone, de jardin philosophique en

24

île utopique, des cuisines aux salles princières (Antoine Vitez, dans sa mise en scène du *Triomphe* à Milan, logeait Arlequin et Dimas dans des caves ténébreuses). Le seul vrai masque, c'est-à-dire le masque sans visage, le masque qui ne cache rien car, incarnation du théâtre, il est son rôle et rien que son rôle. Il échappe à la polarisation des sphères de valeurs, au dynamisme orienté du dévoilement. Autant qu'un personnage, en effet, il est un type. Comme le dit fort bien D. Soulié, qui l'interpréta dans *Le Prince travesti* mis en scène par Antoine Vitez, s'il a peur, c'est qu'il est peureux, car rien ne peut lui arriver, il est indestructible. Indestructible, toujours rebondissant, il ne donne prise ni à la dégradation comique ni à la valorisation sentimentale. Il glisse, fort de sa ruse candide, de sa candeur cynique. Il s'en sert et elle le sert. Que demande-t-on à Arlequin ? De rester ce qu'il est. Lui ôter son masque, c'est le tuer : plusieurs interprètes contemporains en ont fait la confidence étrange : à jouer sans masque, ils ont l'impression honteuse d'être nus. On ne saurait mieux dire. C'est parce qu'il est le masque qu'Arlequin peut faire entendre directement, sur scène, sans détour, le pur désir du corps, du sexe, de l'argent, la voix sans fard de la peur, de la trahison, du triomphe, du désespoir... Figure du Peuple, à la fois obséquieusement docile et joyeusement despotique ? Les *Lettres sur les habitants de Paris*[1] incitent à rêver sur cette hypothèse... Antoine Vitez y pressent plutôt l'âme du Diable : on serait assez tenté de le croire, au moins pour ce qui regarde *Le Prince travesti,* où Arlequin se surpasse. Mais pourquoi le Diable ne serait-il pas peuple ? Quoi qu'il en soit, le propre d'Arlequin, c'est d'échapper à la dialectique du masque et du visage, par une sorte d'innocence brute et énigmatique : celle de l'enfant, du sauvage, de l'animal — autant de métaphores classiques de cet Autre insaisissable, le... Peuple. Qu'on appelle, au théâtre, le Valet.

1. *Journaux et œuvres diverses,* édition citée.

III. DYNAMISME DE L'AMBIGUÏTÉ

L'ubiquité virevoltante d'Arlequin, ce mixte étrange mais indestructible de rouerie et d'ingénuité, de vice et de pureté, nous met sur la trace d'une autre dynamique. Malgré, en effet, la polarisation énergique des valeurs, malgré le guidage comique, parfois si agressivement orienté, malgré enfin la trajectoire du dévoilement, la prolifération spectaculaire des masques ne peut manquer d'installer une logique de l'ambiguïté. Si le théâtre de Marivaux a fini par rejoindre le panthéon des grands classiques, c'est aussi parce que l'aspiration à la transparence qui l'anime obstinément se heurte toujours à l'opacité irréductible des mensonges et des simulacres, à l'ambivalence du sens.

L'impossible transparence

L'emprise des subterfuges, des secrets, des trucages, des dérobades, est évidemment trop forte pour s'évanouir dans la fugacité des dénouements marivaudiens en forme d'aveux murmurés. Force est d'admettre qu'elle représente l'insupportable opacité du Monde, dénoncée depuis le XVIe siècle (Du Bellay, *Les Regrets*), mais aussi exaltée (Gracián, *Le Héros* ; Machiavel) : le théâtre de Marivaux pourrait se lire comme une dénégation par le rire. On ne saurait oublier par exemple que *Le Triomphe de l'amour* repose plus sur Hermocrate et Léontine que sur Agis : d'un simple point de vue quantitatif, le faux l'emporte sur le vrai, l'inauthentique sur l'authentique. Mais là n'est sans doute pas l'essentiel. La résistance du masque, l'obstacle à la transparence ne se situe pas seulement du côté du Monde, et notamment de cette figure perverse par excellence du commerce social qu'est la politique, c'est-à-dire la Cour, « monde perpétuellement masqué » (Saint-Simon). Car ce qui se joue dans le rapport politique, dans le rapport du pur calcul, se

26

joue également dans la liaison amoureuse, dans le commerce sexuel ; rapprochement d'autant plus inévitable que nos pièces se caractérisent par le croisement des deux axes, politique et sexuel. Paradoxalement, c'est peut-être dans le rapport du désir que l'ambiguïté serait la plus forte. Mais on ne saurait évidemment épuiser ici toutes les figures de cette ambiguïté de l'amour.

Il faut d'abord faire sa place à l'inconstance, car le désir est inscrit dans le temps. Il a un début, un milieu et une fin, comme toute bonne pièce de théâtre (voir le récit d'Hortense dès la scène première du *Prince travesti*). C'est bien sous la hantise de l'inconstance que la Princesse vit le commerce d'Hortense et de Lélio, avant d'apprendre la vérité (soulageante) de leur rencontre antérieure. On dira qu'on n'a pas à rêver sur l'au-delà du dénouement : curieuse censure... Mais ici, c'est bien le début qui nous oblige à rêver sur la fin ! Bien plus, l'amour peut surgir en coup de foudre (réciproque dans *Le Prince,* solitaire pour Léonide), se conquérir par machination (Agis, Hermocrate, Léontine) ou avorter sous nos yeux (Arlequin et Lisette dans *L'Île des esclaves*), et même s'acheter, désir sexuel et envie monétaire confondus (Arlequin et Lisette dans *Le Prince*). Si l'amour se fabrique, il peut donc se défaire. Il n'y a pas d'absolu, pas de vérité stable, dure et compacte, de la passion. Mais cette perspective ne peut pas non plus se constituer en vérité unique. Il y a en fait balancement dynamique entre la critique du sentiment et le rêve romanesque, entre le masque et la transparence. *Le Prince travesti* ouvre clairement l'espace d'une transparence des cœurs aimants, exaltée comme rarement chez Marivaux, et laisse s'éteindre le chant d'un amour non partagé, mais qui a manqué se nouer. Notre gêne moderne devant le mariage de la Princesse avec le Roi de Castille ne doit pas nous faire oublier qu'elle se nourrit d'un romantisme implicite de la passion, que la comédie du XVIIe siècle raillait (voir Corneille) et que l'Église condamnait formellement au fondement du mariage. D'où aussi une interprétation possible de la fin du *Triomphe de l'amour* : l'amour flambant neuf d'Hermocrate et de Léontine s'éteindra, non parce qu'il est né d'un leurre, mais parce qu'il y a toujours, dans l'amour, du leurre, de l'illusion. De la chimère et du calcul.

Les détours de l'amour

Aimer, c'est s'aliéner. La Princesse le sent, Hortense le sait (*Le Prince travesti*, I, 1), Agis l'a appris par l'Histoire et par son maître à penser, *Le Triomphe de l'amour* le montre avec une violence presque effrayante (mais le comique a rapport avec la peur) que le dénouement n'affaiblit pas. L'amour produit la peur, qui suscite le masque. Comme protection, comme défense de soi. C'est pourquoi la Princesse (celle qui ment le moins dans *Le Prince travesti* !) cherche à communiquer sans prendre les risques de l'échange (c'est le schéma même du *Jeu de l'amour et du hasard*, autrement dessiné...). Elle s'installe dans la parole oblique, le rapport ombrageux et médiat, l'intercession ambiguë (Hortense, messagère duplice), puis le message à double entente (dois-je épouser le Roi de Castille ?). Mais cette peur est encore plus trouble, et le sondage plus ambivalent : en envoyant Hortense auprès de Lélio, elle les expose l'un et l'autre à la tentation de l'inconstance, qui est une de ses hantises — et dont le seul tort est d'être vraie ! La fausse lettre porte à son comble cette extraordinaire délégation de la communication, qui est évidemment une des trouvailles les plus étonnantes de Marivaux dans son travail incessant sur les masques.

Bien entendu, on est tenté de dire qu'il s'agit là du délire jaloux d'un personnage tyrannique, jouant constamment et perversement de son pouvoir et de sa féminité. Ce serait méconnaître un paradoxe fondamental du théâtre de Marivaux : il y a une impossibilité intrinsèque de la transparence absolue. La vérité passe par le détour et le méandre. Si la transparence

28

justifie le masque, il n'y a peut-être pas, inversement, de transparence sans médiation et persistance du voile. C'est ce que suggère le rapport d'Hortense et de Lélio. Contrairement, en effet, à la plupart des personnages marivaudiens, ils s'aiment d'emblée et n'aspirent qu'à jouir de l'échange amoureux, troublé seulement par la menace extérieure. De quoi rêvent-ils ? *De tout se dire sans se gêner : Le Prince travesti* inscrit dans l'aire de la pièce ce qui, ailleurs, dans le théâtre de Marivaux, est renvoyé dans le hors-scène et l'après-coup. Or, y compris dans cette situation exceptionnelle, masques et détours s'installent et se répandent : on voit même Hortense, chantre prétendu de la communication directe et de l'unisson amoureux, pousser obstinément Lélio à l'esquive et au mensonge. Mais *Le Triomphe de l'amour* nous propose un parcours encore plus extraordinaire, lui aussi exceptionnel dans le système marivaudien.

Ici, la parole, loin de ruser constamment avec la vérité, la crée de toutes pièces (comme la pièce crée son propre univers). Alors qu'Hortense se réfugie dans la réticence et le langage dilatoire, Léonide donne libre cours à l'expansion triomphale de la parole séductrice, effrontée, sans retenue ni pudeur. Elle pratique, avec une brutalité inouïe dont nous avons évidemment perdu la mesure, l'aveu direct, la déclaration d'amour enflammée, véhémente (je laisse de côté le système de masques seconds qui en scandent le cours). Y a-t-il, dans notre langue, avec Racine, plus beaux chants d'amour que ces tirades mensongères ? Mais tournons-nous maintenant, avec elle, vers Agis, qu'elle veut aussi séduire, *et qu'elle aime :* méandres, médiations, masques et détours réapparaissent dans le discours amoureux ! Comme si la forme la plus effrayante du mensonge transitait par la forme la plus nue, la plus directe, la plus pathétique, de l'aveu !

Le dévoilement brutal, immédiat, n'apparaît possible que comme leurre absolu. Et ce n'est sans doute pas un hasard s'il est contraint d'emprunter la forme de la tirade, la forme rhétorique, la forme d'un langage dramatique emprunté, importé (tragédies, opéras, *Lettres d'une religieuse portugaise...*), qu'on ne retrouve dans aucune comédie de Marivaux, et qu'on est tenté alors de rapprocher de la grande harangue de Frédéric, morceau de rhétorique dénoncé comme tel par Arlequin : « Il n'y aura donc que moi qui resterai un fripon, faute de savoir faire une harangue » (*Le Prince travesti,* II, 12). Est-ce à dire que la communication qui vise la transparence la plus limpide suppose la médiation de la réticence, de la litote, du non-dit, suscite la tentation du silence ou le relais d'autres signes, plus menus, plus furtifs ?

On serait tenté de dire, ce qui cadrerait assez bien avec le reste de l'œuvre, que cette dialectique du masque et du dévoilement aboutit à la dissolution de la Passion, un des fondements de la dramaturgie classique. L'originalité unique du *Triomphe de l'amour* est de nous donner à *entendre* la fausseté sublime, la rhétorique pathétique du discours passionnel — hystérie de la parole directe, de la communication compacte, véhémente. On se trouve peut-être là devant le travail le plus original de Marivaux dans cette pièce : une sorte de versant comique des *Liaisons dangereuses* ! Non pas que la comédie se moque de la passion en la parodiant ; mais en éliminant le pathos par le contexte comique, elle nous permet de jeter un regard froid et amusé sur la *méthode* de la passion. Nous en lisons sans effort toute la rhétorique, tout simplement parce que la structure de la pièce (le simulacre) autorise de faire tourner *à vide* le discours passionnel. Tel serait au fond le vrai sujet du *Triomphe :* écoutez, en riant, écoutez enfin, pour la première fois, ce que la passion nous dit et nous fait dire... Loin donc qu'il y ait des effets tragiques méconnus dans la pièce, la fonction du comique est ici d'exhiber, de dénuder l'essence du discours passionnel : son éloquence.

On peut aussi présenter les choses un peu autrement, et dire que ce discours est déjà comique en lui-même précisément parce qu'il est discours, tirade, concentré de figures, mais qu'il s'agit d'un comique invisible ailleurs que dans *Le Monde vrai*[1] de la comédie. Cette langue de la passion ne peut pas être la langue de l'amour, car la vraie langue du cœur est toujours en passe d'expirer au bord de l'aphasie, car elle fuit d'instinct la redondance et l'explicite. La tirade est une forme comique : le théâtre de l'hystérie. Léontine et Hermocrate prennent pour le langage du cœur ce qui n'en est que la rhétorique : ils sont donc aussi de mauvais lecteurs, saturés de mauvaises lectures. En les faisant passer des voluptés de l'Esprit absolutisé à l'hystérie passionnelle, Marivaux les fait transiter d'une folie à une autre, d'un mensonge à un autre mensonge, et le comique sanctionne ce voyage donquichottesque.

Les clivages de la personne

Ce que le masque met aussi en cause, on l'a compris, c'est, notamment dans *Le Triomphe*, la cohérence du Caractère, autre pilier de la dramaturgie classique, que Diderot voudra remplacer par la représentation des Conditions. La mascarade aboutit à un étonnant clivage des personnages. Qui est qui ? C'est évidemment Léonide-Phocion-Aspasie qui pousse le plus loin l'éclatement de la personne en rôles, où le caractère classique tend à se dissoudre. De Léonide et de Phocion, de l'amante timide et séduite à la virtuose de la séduction, qui est la vraie ? Il apparaît alors on ne peut plus clairement que le masque ne peut pas s'opposer au visage, ou servir d'instrument qu'on rejette après usage. Il ne se distingue que malaisément de la personne ; plus exactement, il en manifeste une des potentialités énergiques. Pas tant celles d'un individu que celles de la nature humaine. La séduction, le calcul, la tromperie, etc., apparaissent alors comme une composante obligée de toute relation amoureuse, et sans doute sociale (donc politique).

1. *Journaux et œuvres diverses*, édition citée.

Est-ce une vue pessimiste ? Pas forcément. Car nos trois pièces valorisent incontestablement le simulacre, en le chargeant de valeurs profondes. Pas seulement parce qu'il dévoilerait les faux visages pervers. Mais aussi, et c'est décisif, parce que la mascarade est jeu, libération, expérimentation, invention, et que par là, elle rejoint le théâtre lui-même.

Cette notion de jeu est essentielle, car elle a rapport à la joie, à la liberté que l'homme peut conquérir contre les engluements dans le social ; on renverra sur ce point à la fois à *L'Indigent philosophe* [1], texte indispensable à qui veut réfléchir sur le théâtre de Marivaux, et aux *Acteurs de bonne foi*, où la jonction du théâtre et des valeurs constitue la fable même de la pièce : le refus du théâtre y recoupe en effet exactement le refus de l'amour, de la jeunesse, du plaisir (il est significatif que Frédéric, dans *Le Prince travesti*, I, 8, s'exclame : « Madame, les fêtes ne me conviennent plus »). Jeu et Joie : vous êtes Prince ? jouez à l'Homme, voilà somme toute ce que nous dit *Le Prince travesti*. Vous êtes Princesse ? jouez à faire triompher l'amour. Il ne s'agit pas de renverser, ni même toujours d'inverser ; mais de jouer avec les rôles sociaux et de susciter le rêve d'un monde plus clair et plus joyeux, où le rire a la vertu de se rire des vertus composées et compassées. Un rêve aussi peu sérieux et aussi grave que le théâtre.

1. *Journaux et œuvres diverses*, édition citée.

LE PRINCE TRAVESTI

On cherchera les sources d'inspiration de cette pièce étrange dans la tradition romanesque, et chez Corneille et Racine. Mais pour que cette histoire devienne pièce, il fallait une *forme* théâtrale (tragi-comédie ou pièce de cape et d'épée) et surtout une *troupe*, c'est-à-dire des acteurs, une tradition originale de jeu sérieux (que le public parisien refusait pour l'essentiel), un code comique. Marivaux rencontra la troupe (ses chers Italiens), joua avec la forme, et en resta là. *Le Triomphe de l'amour* signera l'avortement de l'écriture héroïque chez Marivaux.

La composition mêle trois sphères : une sphère sentimentale (la Princesse, Hortense, Lélio), une sphère politique et éthique (Lélio, l'Ambassadeur, Frédéric), la sphère des valets (Arlequin et Lisette). C'est leur imbrication qui fait la singularité du *Prince travesti* dans le théâtre de Marivaux. Ce qui disparaît significativement dans *Le Triomphe,* c'est la seconde sphère, c'est-à-dire la dimension cornélienne, l'idéologie aristocratique flamboyante. Les valets ne s'évanouissent que dans des comédies tardives et secondaires (*Félicie,* 1757 ; *La Colonie,* 1750 ; *La Dispute,* 1744 ; *La Commère,* 1741 ; ou dans *L'Île de la raison,* 1727, pièce allégorique). Mais on n'oubliera pas que les première et dernière sphères, constitutives du système marivaudien, peuvent coïncider (*Arlequin poli*

36

par l'amour, La Double inconstance, voire *L'Île des esclaves*).

L'originalité du *Prince travesti,* par rapport aux pièces précédentes, est de laisser dominer la jalousie et la peur. Lélio a donc, dans la sphère du sentiment, un rôle nettement en retrait, puisque sa conduite, dictée par Hortense, contredit son éthique et sa position royale. La logique de l'action exige parfois de lui des dépits amoureux qui frôlent l'aveuglement, pour ne pas dire plus : il sert en fait de faire-valoir aux magnifiques élans d'Hortense, quitte à se rattraper dans son rôle propre de Généreux. D'où un contraste qui donne à penser : si arrogant dans son idéologie de condition, dans sa morale d'état, si terne en amour ! Rodrigue de pacotille, comme si le discours cornélien s'était vidé, creusé... Le rôle ne vaut en réalité que par son manque, son porte-à-faux, son boitement, si bien vu par Antoine Vitez. L'avenir de Marivaux n'était sans doute pas dans ce travail, pourtant fascinant, sur la structure racinienne et l'idéologie cornélienne...

Cette sphère sentimentale produit deux sortes de scènes : entre Hortense et Lélio, entre Hortense et la Princesse. Car l'originalité de la pièce tient aussi à l'absence (obligée) de face-à-face entre la Princesse et Lélio, et à la disparition de celui-ci au dernier acte. Ces scènes sont de grandes scènes brillantes, qu'on ne peut donc multiplier : Frédéric et Arlequin ont charge de remplir l'action.

Le développement de la seconde sphère est fonction des impasses de la précédente, et l'on peut remarquer que si Marivaux s'efforce évidemment de les lier, les tentatives de Frédéric demeurent presque constamment sans effet. C'est dire qu'il vaut moins comme élément de l'intrigue que comme caractère : il a pour fonction essentielle de faire contraste, de permettre le déploiement du sublime politique. Opposition si violente, si tranchée qu'elle n'a pas non plus de véritable postérité dans l'œuvre de Marivaux. Marivaux sait parfaitement que les monstres et les méchants existent (comme en témoignent *Journaux et œuvres diverses* et

La Vie de Marianne), mais son théâtre ne fonctionne pas sur ces schémas. C'est pourquoi la première scène du *Prince travesti* ne laisse pas deviner ce duel cornélien chauffé à blanc : deux super-généreux contre un super-méchant. Ce qui mènerait au soupçon que Marivaux n'accède, sur scène, à l'héroïque qu'en frôlant la parodie. Et de fait, Frédéric tient du traître de comédie : étrange dénégation du mal. Marivaux n'est véritablement inquiétant que dans l'ambiguïté, entre la pure méchanceté et la générosité sublime. Mais c'est le prix à payer pour cette formule théâtrale qu'il tente pour la première et la dernière fois. Les trois vraies grandes figures de la pièce sont la Princesse, Hortense et Arlequin : elles nous donnent notre compte d'ambiguïté !

Celle de la Princesse est évidente, et soulignée tout au long de la pièce. Elle passe constamment du discours de l'amitié au discours de la menace, de la confidence à l'interrogatoire, et constitue son palais en vaste prison, en labyrinthe périlleux. Toute parole, auprès d'elle, compromet et trahit. L'approcher, c'est risquer la mort. Mais la sublime Hortense n'est pas si simple qu'elle le croit et qu'elle le dit. Qu'on y prenne garde : à aucun moment elle n'est tentée par une politique *généreuse*. Elle ne se contente pas de comprendre sans effort la logique secrète de son amie, elle la partage. Quand on tient un Lélio, dit-elle, on ne le lâche pas, on ne recule devant rien pour le garder ! Mais, dira-t-on, vous oubliez qu'elle l'aime d'avant : et alors ? On pourrait au demeurant faire l'économie de ce scénario : la Princesse imagine spontanément que sa meilleure amie lui vole Lélio. Ce que *La Dispute* (1744) met en scène aux origines du monde, à la source même du moi : Je désire passionnément ce que l'Autre désire...

Quant à Arlequin, il est entièrement construit sur cette ambivalence d'autant plus retorse qu'elle se pare des oripeaux à losanges de la naïveté. Or, si Frédéric ne joue somme toute aucun rôle, sinon celui de pousser Arlequin à la trahison, il n'en va pas de même

38

pour ce dernier. Paradoxe donc d'une tragi-comédie qui fonctionne selon le schéma comique : deux Rois hors jeu par excès de générosité, un Ministre hors du coup par excès de méchanceté ; n'agissent que les femmes (dont Lisette) et Arlequin. D'où une curieuse structure : entre la première et la dernière sphère, diaboliquement symétriques et ambivalentes, la couche molle de l'idéologie aristocratique (qui va pourtant produire le seul dénouement possible) et de son envers caricatural. Molle, car exhibée pompeusement et à peu près inefficace... Comme si la pièce mettait elle-même en cause ce qu'elle exalte avec ostentation. Mais on peut aussi renverser la perspective et se dire que cette réactivation inattendue et apparemment non parodique de l'idéologie aristocratique nous intéresse précisément par son relatif non-fonctionnement ; comme si elle tenait Marivaux entre la fascination et l'embarras : qu'en faire ? Je tiendrais volontiers *Le Prince travesti* pour une sorte de rêve, de fiction : un voyage au monde où les princes sont princes, les valets valets, et les femmes féminines. Le dénouement s'impose quand la Princesse sacrifie la femme à la souveraine.

Ce qui est donc devenu, pour nous, énigmatique dans *Le Prince travesti*, c'est sa spécificité : cette sphère héroïque et aristocratique que nous ne savons comment interpréter, faute de pouvoir la relier à d'autres pièces de Marivaux.

Après une première tumultueuse (5 février 1724) la pièce passe bien la seconde fois, et connaît 17 représentations jusqu'au 17 avril, date de fermeture des théâtres, avec 650 spectateurs par représentation (la plus forte moyenne de Marivaux aux Italiens avant *L'Île des esclaves* et *Le Jeu de l'amour et du hasard*), atteignant même le record de 1 246 spectateurs à la quatrième, le dimanche 13 février. Avec environ 37 représentations attestées jusqu'à 1750, *Le Prince* occupe selon H. Lagrave le trente et unième rang

39

parmi les « grandes pièces » françaises (en trois et cinq actes) jouées au Théâtre-Italien depuis 1716, le vingt-deuxième pour le nombre des spectateurs : 15 000 (*Le Théâtre et le public à Paris de 1715 à 1750*, Klincksieck, 1972). Marivaux a sans doute réécrit le troisième acte, qui avait déplu.

Abandonné après 1733, repris en 1759, *Le Prince travesti* disparaît apparemment de la scène jusqu'en 1897, et n'entre au répertoire de la Comédie-Française qu'en 1949. D. Mesguich, marqué par *La Dispute* de Chéreau, monte la pièce en 1974, et A. Vitez lui offre en 1983 le cadre de Chaillot et un superbe décor de Yannis Kokkos.

L'ILE DES ESCLAVES

L'Île des esclaves fait du plateau une île utopique. Qu'est-ce que l'utopie ? La représentation d'une société meilleure conforme à la raison, un contre-modèle imaginaire où une sage législation efface les tares et les injustices des sociétés réelles. Le genre s'est lentement répandu en Occident, dans le sillage de l'*Utopia* de Thomas More (1516), et sa vogue ne cesse de croître du XVIe au XVIIIe siècle. La Bruyère, dans le dernier chapitre des *Caractères*, y dénonce les périls de l'esprit d'examen et de révolte contre l'ordre éternel de la Providence ; mais Fénelon incarne son idéal social et moral dans la célèbre description de la Bétique (*Les Aventures de Télémaque*, 1699), qui marquera tout le siècle des Lumières, à commencer par le jeune Marivaux, dès son premier roman (*Les Effets surprenants de la sympathie*, 1712-1713).

Une île, une tempête, un naufrage : ingrédients classiques du voyage utopique. Marivaux choisit ici d'y ajouter la distance du temps, en reportant l'action dans l'Antiquité. La pièce combine ainsi le genre utopique (une société réformée à valeur exemplaire), des éléments antiques, des mœurs contemporaines (le petit-maître, la coquette), et la tradition du théâtre italien (Arlequin, Trivelin) : délicat dosage de dépaysement et de reconnaissance, de fantaisie et de mimésis.

L'utopie d'avant 1789 est essentiellement descriptive. Brouillée avec l'événement (sauf chez Prévost), elle se complaît dans le discours didactique (que de bons vieillards bavards !), dans l'arpentage émerveillé d'une société figée sur son ordre immobile : vertus peu dramaturgiques. Le traitement thérapeutique de l'utopie par Marivaux passe donc par une cure d'action. Sa société utopique n'a rien à dire sur elle-même : les voyageurs, de voyeurs d'un monde transformé, deviennent les acteurs de leur propre transformation, qui les renvoie aussitôt dans le monde. Nulle fascination ici d'un monde idéal organisé par la pure raison, acharné à se protéger des miasmes extérieurs pour perdurer dans sa perfection. Le voyage consiste à descendre en soi-même, à percer les voiles et les masques pour atteindre l'Homme : le salut ne vient pas de la raison législatrice, mais des mouvements du cœur, par quoi des hommes se traitent en hommes en dépit de leur inévitable inégalité.

Il est trop clair alors qu'à chercher ici un programme de réformes, ou à en regretter la timidité, on erre à l'aventure. Au cœur de *L'Île des esclaves,* il y a l'expérience de l'humiliation, déshumanisante quand elle traite l'être humain en esclave, féconde quand elle permet de faire retour sur soi, car elle suscite alors la *pitié* (la pitié étreint Lélio dans *Le Prince,* et même Léontine-Phocion dans *Le Triomphe*). Que cette guérison passe par l'échange fictif des rôles n'est évidemment pas un hasard : *L'Île des esclaves* n'est pas seulement une utopie au théâtre, c'est très exactement une utopie du théâtre, où le spectateur, naufragé volontaire, doit apprendre à devenir un peu plus pur en jouant à faire semblant. Arlequin est bien à sa place dans cette *épreuve* inventée par les dieux. Ou par les Grecs, qui imaginèrent aussi la purgation des passions, dont cette pièce serait peut-être bien la représentation à l'italienne. Peut-on en vouloir à Marivaux de trop croire aux pouvoirs du théâtre ? Il n'aura sans doute vu, chez le Rousseau de la *Lettre à d'Alembert sur les spectacles* (1758), qu'un acteur de mauvaise foi.

L'Île des esclaves a connu d'entrée de jeu (5 mars 1725) un vif succès, préparé sans doute par le goût des utopies (qu'on distinguait mal des récits de voyage) et des pièces sociales (dont témoigne la réussite de Delisle de La Drévetière avec *Arlequin sauvage*, 1721, et *Timon le Misanthrope*, 1722), par la faveur aussi, auprès du public, des petites pièces en un acte. Avec 17 représentations en 1725, 8 en 1732 et 1736, 11 en 1754, 8 en 1757, on aboutit, entre 1725 et 1762 (date de la fusion des Italiens et de l'Opéra-Comique) à un total de 121 représentations attestées, ce qui place *L'Île des esclaves* au dixième rang des pièces de Marivaux les plus jouées durant cette période (le septième si l'on prend en compte les représentations probables : 172 pour tout le siècle). À titre de comparaison, *Le Prince travesti*, avec 44 séances attestées, 66 probables, vient en treizième et douzième position. *L'Île* est entrée à la Comédie-Française en 1939. Il revient sans doute à G. Strehler (1989) de marquer l'histoire de cette pièce, comme J. Vilar l'a fait pour *Le Triomphe de l'amour* (1955) et P. Chéreau pour *La Dispute* (1973).

LE TRIOMPHE DE L'AMOUR

Le titre indique assez qu'il s'agit d'une fable de la séduction. Mais la structure de la pièce, centrée sur un personnage omniprésent et fabulateur, est si exceptionnelle qu'elle invite d'abord à des considérations formelles.

L'art du montage

Peut-on, dans cette construction en courbe (un grand deuxième acte encadré par un premier moins long et un troisième expédié à toute allure), déceler une ou plusieurs logiques de succession des scènes ? Si l'on considère le peuplement de la scène, on constate, entre le début de l'acte I et la fin du troisième, une logique du resserrement, de l'isolement, de la relation duelle et quasi obsessionnelle à l'intrus énigmatique dont les discours provoquent trouble, désir, solitude. Les personnages s'évitent, se fuient, se surveillent, ne peuvent plus pratiquer les relations normales d'un univers homogène. Il y aurait donc généralisation d'un modèle qui se dessine dès l'acte I : après le remplissage progressif de la scène (I, 1-5), la dissociation, l'isolement, la fascination de la relation duelle (I, 6 et 8) autour d'un secret non partageable. De sorte qu'un des moyens de pression les plus efficaces pour obliger un interlocuteur à faire ce qu'il prétend ne pas vouloir faire, c'est de le menacer de remplir la scène, d'élargir le dialogue (de socialiser l'échange). Ce qui revient à dire que l'*énonciation* joue un rôle décisif dans la stucturation de la pièce (droit de parler, de couper court...)

L'ordre d'entrée en scène relève aussi d'un travail raffiné. A l'acte I, Phocion rencontre successivement tous les personnages, selon un ordre de difficulté croissante (dynamisme ascendant de l'obstacle, qui est le schéma de base du système de la pièce). L'acte II reconduit ce schéma (sc. 1 à 7), mais le module savamment (effet de retardement : sc. 8-9-10 ; effet de redoublement : sc. 3 et 11 entre Agis et Phocion, etc.), pour donner son maximum de relief à l'affrontement d'Hermocrate et de Phocion. Pour jouer aussi sur les symétries, sur les attentes, sur les inversions. Comparons I,5-6 ; I,7-8 avec II,5/6-7 ; II,12/13-14. Dans l'acte I, on passe de la scène de groupe au tête-à-tête ; dans l'acte II, du tête-à-tête à l'intrusion : mais il n'y a plus contradiction entre le duo et la position publique, les intervenants arrachent ce que le tête-à-tête n'a pu entièrement gagner. Loin de dissimuler les symétries formelles qui modèlent l'attente du spectateur, Marivaux les manipule d'une main experte : plaisir des détours et retours de formes, redondances, inversions, harmonies...

Mais qu'inventer pour l'acte III ? Jusqu'ici, pour séduire Agis, Phocion devait gagner le droit de lui parler, et donc séduire ses tuteurs. Chose faite à la fin de l'acte II : plus d'obstacles, plus de scènes. C'est là que Marivaux nous attend : l'obstacle qui va permettre d'écrire l'acte, sinon de le faire durer très longtemps, c'est la difficulté d'un tête-à-tête entre Agis et Phocion, née du triomphe même de la séduction qui devait y conduire ! Dans les actes I et II, Léontine et Hermocrate étaient des obstacles parce qu'ils se dérobaient au dialogue : ils le sont maintenant parce qu'ils veulent trop parler ! Le nouvel ordre de succession des scènes obéit donc à une nécessité logique, où le volume du texte va de pair avec l'importance de l'obstacle, puisque l'obstacle, c'est précisément le temps de la parole vaine ! Ce qui dynamise l'acte, c'est une structure paradoxale, mais comiquement inépuisable : la parole qui empêche la parole (ô Alceste !).

Le sexe et la gloire

Le Triomphe de l'amour repose sur une gageure évidente dont rêvent tous les acteurs : un rôle qui écrase tous les autres, une occupation frénétique de la scène : la moitié du texte dans l'acte I, le tiers dans les deux suivants ! Gageure d'autant plus forte que les masques de Léonide l'engagent tous dans un seul et même rapport : de séduction. En face d'elle, un contrepoids de cinq personnages : trois maîtres, deux valets. Marivaux vise manifestement un effet d'équilibre (entre valets, entre Léontine et Agis, Hermocrate conservant une nette primauté dynamique) et un effet de redoublement (deux valets, deux philosophes) générateur de variations : Léontine ne fait jeu égal avec son frère que dans l'acte I ; Arlequin domine en I, Dimas en II, et ils s'équilibrent en III ; Agis, dernier en I, arrive en tête en II, et égale Léontine en III, où il participe aux sept dernières scènes (inscription scénique de son émancipation...).

Trois femmes, quatre hommes : vain dénombrement, puisque les masques installent des transgressions majeures et nombreuses, dont on sait qu'elles fascinaient le siècle et qu'elles sont une des raisons d'être du théâtre. Amours interdites, amours scabreuses, refus du sexe, sentiments ambivalents : le sexe est une composante fondamentale de la pièce, et le travestissement son support. Reste que ce nombre impair suppose un blocage, que le triomphe de l'amour fait déboucher sur un vide saisissant. Léontine est censée perdre son désir sans tracas, Hermocrate est invité à prendre son cœur dans... les mains de sa raison (III,11), et les valets sans doute à mettre leur cœur dans les mains de leur argent ! L'amour est ici un char qui écrase tout sur son passage. A moins qu'Hermidas et Arlequin ne décident de partir main dans la main... (cette décision relève des choix de mise en scène, car le texte s'en lave les mains).

Au service de l'impitoyable désir, les prestiges de la parole, les attraits de la corruption, la sécurité de la force : l'amour flirte avec la politique qu'il prolonge par d'autres moyens. Mais *Le Triomphe* renoue avec *La Double inconstance* plutôt qu'avec *Le Prince travesti*, car Marivaux y renonce pratiquement à toute réécriture héroïque.

La tentation de l'héroïque accompagne l'épanouissement du tragique (voir Corneille, *Don Sanche d'Aragon*, 1649), et l'on sait combien les grands romans aristocratiques du XVIIe siècle ont fasciné le jeune Marivaux. Cette réécriture du tragique devient une ambition radicale avec le drame bourgeois, qui vise à substituer à la tragédie aristocratique l'héroïsme bourgeois fondé sur des conflits pathétiques d'ordre privé : excluant donc les Grands, la Cour et la politique. Il s'agit alors d'héroïser la comédie, ou de dépolitiser la tragédie. Mais cette voie est barrée à Marivaux, par son indécision idéologique sur les valeurs aristocratiques et bourgeoises, par sa réticence fondamentale à l'égard de la tentation héroïque, par son esthétique non illusionniste et anti-pathétique.

Du *Prince travesti* au *Triomphe*, on constate en effet une chute irrécusable du potentiel héroïque (personnages, valeurs, schèmes dramatiques). L'héroïsme y est privé de son espace vital, car il suppose des enjeux politiques clairs et des valeurs aristocratiques (bravoure, fierté, émulation, etc.) : il n'apparaît plus que comme un vestige, le décor d'une fable fondée sur les rapports de la séduction et de la politique. Il n'est ni parodié par un héroïsme comique, ni remplacé par un héroïsme bourgeois : il se dissout dans le code spécifiquement marivaudien de la *séduction*. *Le Triomphe de l'amour* est donc la contre-épreuve décisive du *Prince travesti :* si Marivaux a été incontestablement tenté par une réécriture de l'héroïque (couplé au comique et à la tradition italienne), il ne peut pas lui redonner vie, ni le tourner vers le drame diderotien, car c'est le cœur même de l'héroïsme qui lui pose problème.

Les chiffres dont nous disposons ne vont pas tout à fait dans le sens de l'*Avertissement,* puisque la première représentation, le 12 mars 1732, attira, chiffre fort honorable, 598 spectateurs, puis 200, 404, 230, 272, et enfin 137 lors d'une reprise en juillet qui mit fin à sa carrière. Il est possible, mais non prouvé, que la pièce ait mieux répondu au goût de la Cour, bien que *Le Mercure de France* estime « que cette intrigue aurait mieux convenu à une simple bourgeoise qu'à une princesse de Sparte ».

Le Triomphe de l'amour disparaît donc, après six représentations, pendant cent quatre-vingts ans, jusqu'à la réhabilitation de Xavier de Courville (1912). Jean Vilar en fait une mise en scène mémorable au Palais de Chaillot, avec Maria Casarès dans le rôle de Léonide, en 1955. Le texte de présentation de Jean Vilar, qui fait date, a été republié dans *Théâtre en Europe,* n° 6, avril 1985, p. 53 : « Les jeux du cœur, on le sait bien, sont toujours cruels. Il est un “ divin marquis ” à sa façon. Il blesse et nous blesse. Sans pitié. Est-ce que Justine souffre plus ? Et pas une larme, me semble-t-il, ne brille en ce théâtre où tout pourtant est combat, désirs mortifiés, défaites absolues, amours violentes, insensées même [...] Songe d'une nuit d'été à la française [...] Tendre, Marivaux ? Allons donc. Cruel, implacable Marivaux. »

La Comédie-Française s'est décidée à adopter la pièce en 1978, mais il faut surtout signaler la mise en scène d'Antoine Vitez au Piccolo Teatro de Milan, en novembre 1985, dans une traduction en italien, tandis que Luc Bondy montait la pièce en allemand, le 5 mai 1985, à Berlin...

L'ÉCONOMIE DE L'ÉPREUVE

Ce volume du Théâtre choisi de Marivaux contient trois pièces en un acte. Si *L'Épreuve* est très célèbre, les deux autres sont moins jouées. Mais cela ne préjuge pas de leur intérêt : à preuve l'extraordinaire écho que P. Chéreau a su tirer de *La Dispute*. C'est au demeurant un autre metteur en scène, G. Penchenat, qui, pour le tricentenaire de sa naissance, a eu l'idée heureuse, l'idée originale, de monter (en partie sous forme de « lectures » qui sont bien plus que des lectures) le cycle intégral des pièces en un acte.

C'était devenu, au XVIIIe siècle, une habitude (plus : une exigence bruyante du public) d'accompagner les grandes pièces (tragédies et comédies en cinq actes, qui datent de la Renaissance) par une petite (en un acte, voire en trois). Les premiers historiens du théâtre, au XVIIIe (siècle qui voit naître cette discipline), font de Scarron le père de la comédie en un acte, pour ses *Boutades du Capitan Matamore* (publiées en 1647). Mais c'est Molière qui, selon eux, imposa vraiment cette innovation : n'a-t-il pas écrit neuf pièces en trois actes, sept en un acte, soit seize petites comédies (selon les critères d'alors) sur vingt-sept ? Les chiffres parlent d'eux-mêmes[1] : le pourcentage des représentations avec petite pièce, au Théâtre-

1. J'emprunte ces renseignements historiques au livre magistral d'Henri Lagrave (voir la Bibliographie, p. 271).

8

Français, passe, entre 1680 et 1700, de 43 % à 83 % ! Et, sauf entre 1720-1730 (où il dépasse de peu... 70 %), il se maintient toujours, au XVIIIe, au-dessus de 80 % (98 % entre 1745 et 1750, lorsque la Comédie-Française obtint la fermeture du Théâtre de la Foire ; plus de 90 % de 1730 à 1750).

S'il en allait ainsi chez les Comédiens du Roi, on s'imagine bien que les Italiens et le Théâtre de la Foire (Foires de Saint-Germain et de Saint-Laurent), dit Opéra-Comique depuis 1715, faisaient encore plus gourmande consommation de petites pièces. Jouées séparément (par trois ou quatre), ou réunies par un prologue, agrémentées ou non de ballets, de feux d'artifice (ceux des Italiens étaient réputés), elles pouvaient même composer, sous le nom d'ambigu-comique, un spectacle à part entière : l'idée en revient apparemment à Lesage, passé avec armes et bagages de la scène officielle à la Foire. La Comédie-Française s'y essaya elle aussi, entre 1725 et 1747, mais sans grande conviction : la petite pièce, ici, et souvent même chez les Italiens, accompagne la grande pièce et la soutient (Voltaire, poète ombrageux, qui allait jusqu'à rêver de débarrasser la tragédie de son intrigue amoureuse, refusa le concours d'une petite pièce comique lors de la création de *Zaïre*, le 13 août 1732 !).

Friands, comme les théâtres privés de la Foire, de pièces en un acte vite troussées, accordées à l'actualité, les Italiens, rappelés en France dès 1716 pour jouer leur répertoire national, ont pu ainsi réaliser ce tour de force paradoxal : créer plus de pièces en français que la Comédie-Française ! (234 pièces en un acte, sur 348 créations, contre 111 ; 114 grandes pièces contre 155).

Si les auteurs y trouvent leur compte (avec 1/18 des recettes pour un acte et 1/9 pour cinq, deux petites pièces rapportent autant qu'une grande), comment s'expliquer l'engouement séculaire et tapageur du public, notamment du public populaire ? C'est que la petite pièce en fin de spectacle répond au désir du comique, d'un comique franc qui choque le goût des spectateurs délicats et des critiques. Car rien n'est plus funeste que de confondre rire et comique. Le XVIIIe siècle cherche de toutes ses forces à purifier le comique, à le délester de ses pulsions farcesques, fâcheusement populaires, à adoucir le rire en sourire. Le comique, le rire : question esthétique, question sociale. Il suffit, pour s'en convaincre, de lire l'article « Farce » des *Éléments de littérature* de Marmontel (1787). D'où la valeur provocatrice de la fameuse Préface du *Mariage de Figaro* : « J'ai tenté [...] de ramener au théâtre l'ancienne et franche gaieté ». Or, « qu'il s'agisse de satire de mœurs, de " dancourades ", de pièces " à tiroirs ", de prologues, de pièces critiques ou polémiques, de petits opéras comiques ou de parodies, la farce s'y insinue toujours, sauf de rares exceptions » (H. Lagrave, ouv. cité, p. 359).

On peut donc poser aux pièces en un acte de Marivaux une première question : lui offrent-elles l'occasion de libérer une veine comique que briderait le prétendu « marivaudage » des grandes comédies ? La réponse ne fait aucun doute : non, les petites pièces de Marivaux ne sont ni plus ni moins comiques que les grandes. Les recherches historiques l'ont bien montré, c'est du côté de Destouches, fournisseur attitré du Français, et nullement de Marivaux, qu'il faut chercher cet idéal de comique épuré, tamisé, feutré, dont semble rêver l'élite des Lumières. Le « marivaudage », cet élégant badinage qui a si longtemps pesé sur l'interprétation de Marivaux, appartient de plein droit à l'héritage de la Comédie-Française. De l'autre côté du Rhin, au XVIIIe siècle, les Allemands en quête de modèles français ne s'y sont pas trompés (voir J. Lacant). À la différence de Beaumarchais, qui change de style lorsqu'il passe des parades privées aux comédies publiques, et du drame à la comédie, Marivaux maintient inflexiblement, des petites pièces aux grandes, une même tonalité, une même écriture. Les variations de longueur ne modifient en rien sa manière d'écrire pour le théâtre : aussi rigoureuse, aussi incisive, aussi raffinée, aussi comique.

10

Est-ce à dire alors que la pièce en un acte résulte d'un travail d'amputation portant par exemple sur le nombre de personnages, leurs rapports, sur l'intrigue ? On se convaincra sans peine du contraire. Qu'on examine *L'Épreuve* : pas moins de rôles que dans *Le Jeu de l'amour et du hasard* (six) et, tout au contraire, une structuration sociale bien plus complexe : un roturier millionnaire, la concierge du château et sa fille, deux valets (de la ville et des champs), un riche fermier trop riche pour Lisette, pas assez pour Angélique. *Les Acteurs de bonne foi* mêlent également maîtres, valets et paysans, *La Dispute* la Cour, les serviteurs et les six adolescents. Ainsi se dessine, dans nos trois pièces, l'opposition de deux mondes : la ville et la campagne dans *L'Épreuve* et *Les Acteurs,* la Cour et la Nature dans *La Dispute.* Marivaux parvient même à glisser des indications discrètes mais subtiles sur les rapports de certains personnages (Éraste et Mme Amelin, Mme Amelin et Mme Argante dans *Les Acteurs,* Angélique et sa mère, Frontin et Lisette dans *L'Épreuve*). Quant à l'intrigue, il est clair que Marivaux peut en tirer à volonté un acte ou trois : question d'inspiration, non de structure. Constatons qu'à partir de 1737 (année des *Fausses Confidences*), il n'écrit plus que des pièces en un acte [1]. Au demeurant, la brièveté n'est pas gage de simplicité, comme le prouve le dispositif redoublé, voire un peu embarrassé, des *Acteurs de bonne foi.* Ce n'est pas du côté de la machine intrigante et des péripéties motorisées que Marivaux avait jamais tourné ses efforts ni puisé ses ressources.

Plutôt donc que de simplification (par soustraction), on parlera plus volontiers d'un procès de condensation. La pièce en un acte condense la dramaturgie marivaudienne, sans rien détruire de ses prestigieuses qualités et de leur exact équilibre. D'où la fascination que peut exercer cette concentration, cette mise à nu des structures essentielles de son théâtre.

1. De longueur inégale, comme on peut le voir sur *L'Épreuve* et *La Dispute.*

Car la petite pièce parvient même, ce n'est pas le moins émouvant, à se servir de l'épuisement créateur, qui pousse Marivaux, dans *La Dispute*, à dramatiser et allégoriser son anthropologie, à fictionnaliser, dans *Les Acteurs*, sa dramaturgie. Ces deux petits actes se font alors miroirs grossissants, mais non déformants, du système marivaudien : épures dénudées, où le théâtre veut se dire directement sans renier son langage propre (sans refaire *L'Impromptu de Versailles)* ; où il ne peut s'écrire qu'en faisant retour sur lui-même.

Qu'il y ait, chez Marivaux, à partir des années 1740, affaiblissement de l'énergie créatrice, ce n'est guère douteux, et somme toute compréhensible après un tel effort. L'entrée à l'Académie, en 1742 (contre Voltaire !), sert de caution à ce retrait discret, mais pas forcément serein. N'empêche que *L'Épreuve, La Dispute* et le début des *Acteurs* témoignent, chez le vieil artiste fatigué, d'une incroyable virtuosité, et de ce souci, propre aux grands créateurs, à Marivaux en tout cas, de ne pas se répéter. Aucune de nos trois pièces n'a en effet la même structure. *La Dispute,* allégorie anthropologique, s'organise comme une leçon d'histoire naturelle sur cobayes humains, et met en scène, presque à l'état pur, la structure du double registre naguère décrite par Jean Rousset : personnages-spectateurs (Le Prince, Hermiane), personnages acteurs et observés (les adolescents). Reste que les deux serviteurs au service de la philosophie expérimentale et princière interviennent, par leurs commentaires et leurs conseils, dans l'expérience et compliquent ce schéma idéal. On sera assez tenté de définir *L'Épreuve*, ce pur chef-d'œuvre, comme une pièce en trois actes pour le prix d'un : d'où, peut-être, une première explication, à l'évidence trop simple, et sans doute impertinente, de son immense succès. *Les Acteurs de bonne foi,* quant à eux, proposent une structure dédoublée (comédie des valets, comédie des maîtres), dont le deuxième moment, plus convenu, ne tient pas tout à fait les promesses éblouissantes du départ. Si la pièce en un acte demande moins d'efforts, elle n'implique, par elle-même, aucune contrainte esthétique qui la ramènerait à un moule uniforme.

Mais nos pièces révèlent aussi, dans leur diversité si frappante, l'importance de cette figure dramaturgique qui donne son titre à la plus célèbre. Toutes trois peuvent se lire comme des épreuves, comme trois parcours de l'épreuve. Qu'est-ce qu'une épreuve ? Le *Dictionnaire de Trévoux* nous propose cette définition : « Nous confondons tous les jours ces trois mots, *épreuve, essai, expérience,* et dans tous les dictionnaires on les définit l'un par l'autre quoiqu'ils [...] expriment trois manières différentes dont nous acquérons la connaissance des objets. *L'épreuve* est proprement la manière de s'assurer si une chose a les qualités qu'on lui attribue [...]. *L'épreuve* [...] a plus de rapport à la qualité des choses, elle instruit de ce qui est bon ou mauvais [...]. Elle est le remède contre l'erreur et la fourberie. *L'expérience* regarde proprement la vérité des choses, et *l'essai* leur usage » (cité d'après le *Robert*). Voilà, on l'avouera, une définition qui a le mauvais goût de ne pas trop s'accorder à l'interprétation sadienne de Marivaux ! Car on ne sache pas que les bourreaux sadiens se soucient d'éprouver la qualité profonde de leurs victimes...

L'enjeu commun de toutes ces épreuves ne se dissimule pas : il s'agit, chaque fois, de tester sur le mode comique l'inconstance humaine. Cette inconstance dont l'Ancien Testament nous dit, avec quelle véhémence, qu'elle met Dieu en colère, mais que les Lumières, et Marivaux, préféreraient envisager comme un fait plutôt que comme une faute. Est-il même impossible de deviner, derrière les fluctuations du désir, la main invisible d'une secourable Providence, soucieuse du peuplement de la Terre et de la conservation de l'espèce ? Rousseau lui-même n'hésite pas à considérer la naturelle pudeur des femmes comme une invention de la nature pour enflammer le désir masculin sans choquer la morale ! (*Émile,* livre V).

La morale en moins, voici ce qu'en pense apparemment Marivaux : « Si l'amour se menait bien, on n'aurait qu'un amant ou qu'une maîtresse en dix ans ; et il est de l'intérêt de la nature qu'on en ait vingt, et davantage » (*J.O.D.*, Garnier, p. 344). Mais attention ! Marivaux se garde bien de parasiter son théâtre de telles considérations philosophiques, dont il estime manifestement qu'elles n'y ont rien à faire. Ce moraliste a horreur des tirades morales débitées aux feux de la rampe. Tout se passe comme si la réflexion morale ne pouvait toucher l'âme que dans l'acte intime et singulier de la lecture solitaire : c'est l'affaire des journaux, des romans. On s'imagine assez bien ce qu'il a pu penser des *Entretiens sur le Fils naturel* (1757), où Diderot ne propose pas moins, pour obtenir la délicieuse contagion de la vertu par les larmes, que de substituer la scène à la chaire, l'acteur (régénéré) au prédicateur discrédité ! C'est tout juste s'il se permet, par la bouche d'Hermiane, de conclure *La Dispute* sur ces quelques mots frémissants, et qui ne sauraient donc servir d'épigraphe à son théâtre, sauf à assombrir délibérément (pour quel profit ?) une des plus belles entreprises comiques de la littérature universelle : « Croyez-moi, nous n'avons pas lieu de plaisanter. Partons. » Rien n'empêche évidemment le spectateur, surtout s'il est porté à la morosité en fin de soirée, de se faire à son tour cette réflexion furtive après la tombée du rideau sur une pièce de Marivaux ; mais tout lecteur des *Journaux et œuvres diverses* ou des romans de la maturité devra convenir que Marivaux, en bon professionnel du théâtre (comique), et par égard précisément pour la morale, se garde strictement d'une telle confusion des genres. Qu'on relise au besoin sa critique des *Lettres persanes,* et qu'on se souvienne qu'il voulut répondre aux *Lettres philosophiques,* deux ouvrages typiques du nouvel esprit philosophique, coupables à ses yeux d'irresponsabilité dans leur satire railleuse et facile de l'Église et de la religion.

Je ne prétends nullement délester l'œuvre théâtrale

14

de tout enjeu. Mais qui veut bien faire l'essai de la lire en oubliant un instant Sade, Marx et Freud (c'est beaucoup demander, j'en conviens), admettra peut-être que Marivaux pratique une très rigoureuse distinction des genres. Comment ne pas voir que des journaux aux romans, des romans aux pièces, l'énoncé moral, si explicite dans les *Journaux et œuvres diverses*, se dilue et s'ambiguïse dans des stratégies d'écriture manifestement spécifiques ? Et que donc l'enjeu moral des pièces de théâtre ne se livre pas directement (sauf en quelques rares pièces comme *L'Île des esclaves*), qu'il passe par des figurations proprement théâtrales, souvent indécidables en termes de morale (et donc de philosophie). Rien peut-être ne le montre mieux que *Les Acteurs de bonne foi*.

L'inconstance s'y joue d'abord entre valets, à l'initiative délibérée (et sans enjeu exprimé) de Merlin, sous couvert d'une répétition à l'impromptu qui inscrit le théâtre dans le théâtre. La gratuité affichée de la décision (Marivaux se garde, à l'inverse de *L'Épreuve*, de la moindre motivation), renvoie alors au plaisir de jouer, au plaisir donc du spectateur, et, en sous-main, à l'inconstance « naturelle » de l'être humain, dont *La Dispute* nous donne l'illustration directe, allégorique. Merlin est-il bon, est-il méchant ? La question n'a évidemment à peu près aucun sens, et ne sert qu'à éteindre le bonheur du spectateur sans aucun profit pour la morale, dont Marivaux se fait sans doute une plus haute idée. Cette étourdissante répétition nous ôte-t-elle un seul instant l'envie de plaisanter, nous donne-t-elle l'envie de partir qui saisit Hermiane ? La singularité du théâtre comique tel que Marivaux le conçoit, c'est précisément d'en expulser presque radicalement les interrogations morales, ces interrogations si brûlantes, si éloquentes dans les *Journaux et œuvres diverses*, et qui vont faire un retour si violent dans le drame bourgeois.

Mais en va-t-il tout à fait de même pour l'inconstance des maîtres, mise en branle par Mme Amelin ? Il s'agit cette fois de mettre à l'épreuve Mme Argante, qui prétend, sous prétexte de... morale, condamner... le théâtre! Cette deuxième manigance fait donc la leçon à une rigueur, à une raideur puritaine, fondée sur le préjugé et la convention, nullement sur la délicatesse de cœur et l'ouverture à autrui. Mme Argante réjoint la cohorte des mères marivaudiennes, autoritaires et égoïstes; derrière Mme Amelin, qui n'en a évidemment pas le rayonnement, se profilent, très ombrées, les figures de Mme de Miran et de Mme Dorsin, dans *La Vie de Marianne.*

Voilà donc l'épreuve et la feinte de l'inconstance au service de valeurs très profondes, très essentielles, discrètement dissimulées, à peine perceptibles, derrière l'enjeu proprement dramaturgique d'un divertissement à jouer ou à ne pas jouer.

Mais pourquoi ne parlerait-on pas aussi d'une « perversité », d'une « cruauté » de Mme Amelin, qui se vengerait sur son neveu de l'amour qu'il porte à Angélique, sur Araminte des ravages de l'âge mal acceptés, sur Mme Argante de la disproportion des fortunes mal masquée par l'amical projet de vivre ensemble? Ces sous-motifs se devinent sans trop d'effort; ils dessinent les rapports spécifiques de chaque pièce, et incitent parfois le metteur en scène à les imaginer quand le texte se tait (P. Chéreau dans sa mise en scène de *La Dispute*, à propos d'Hermiane et du Prince); ils donnent à chaque épreuve sa coloration singulière. Il ne suffit pourtant pas de dire qu'ils n'ont aucun rapport, sinon imaginaire et de chic, avec l'univers sadien, ses configurations tragico-comiques et ses provocations philosophiques boursouflées. La question est de savoir comment accorder une vision noire de l'épreuve, si à la mode dans la critique et la mise en scène, et ce double visage de Mme Amelin, chargée de défendre le théâtre et une morale de générosité par le mensonge. Force est bien d'admettre qu'à vouloir aborder l'épreuve (et le théâtre de Marivaux) en moraliste (quelque masque prétendûment « moderne » dont on s'affuble), on aboutit à des apories stériles; on court sans cesse le risque d'exté-

16

nuer le comique, sans bénéfice visible pour la morale et la philosophie — précisément parce que ce théâtre refuse avec une force et une aisance incroyables la tentation, qui fera le drame bourgeois, de nouer le théâtre et la morale. Parce que le comique y transmue en pur plaisir esthétique, en fête du langage et de l'esprit, les petites vilenies et les petites douleurs, toujours renaissantes, toujours passagères, de nos cœurs amoureux. Marivaux et Sade ? Allons donc ! Quelle dérision pour les rages, les frustrations et les revanches sadiennes ! Quelle chape de plomb sur les rêves de Marivaux — de Marivaux homme de théâtre !

Mais Marivaux et Mozart, oui ! Qui nous font entendre la langue des dieux, si les dieux rient encore, et s'enchantent, si haut, si loin, de nos manèges transfigurés dans leur prunelle céleste.

C'est cette distance, ce qui s'allège et se dissout en elle, que le sérieux moderne supporte mal. Bonté, cruauté, noirceur, sensualité, Freud, Marx, Sade, l'optique et la machine, etc., tout est bon pour ramener Marivaux parmi nous, pour convertir le comique en gravité, le jeu en enjeu. Oui, le travail de P. Chéreau sur *La Dispute* est bien l'emblème de l'esprit moderne et de ce qui, chez Marivaux écrivain de théâtre, nous fascine et nous trouble : mieux vaut Sade, mille fois, que le sourire de Bouddha.

L'ÉPREUVE

« Tortionnaire », « bourreau », « abominable » machinateur d'une « odieuse violence », « mufle ou goujat », etc. : est-ce bien une comédie en un acte de Marivaux qui excite, chez tant de commentateurs, de si vifs émois ? *L'Épreuve* est à la fois la pièce la plus jouée après *Le Jeu de l'amour et du hasard*, et celle qui semble le mieux titiller le goût moderne d'un théâtre de la cruauté (comme s'il existait un théâtre tendre !). Les détours de la création théâtrale veulent pourtant qu'elle n'ait pas suscité jusqu'ici de mise en scène mémorable. Quelque chose, dans le texte, résisterait-il à tant de bonnes intentions ? On se gardera d'une conclusion à coup sûr hâtive. Mieux vaut souligner que cette pièce célèbre et discutée est aussi une des plus comiques : rarement Marivaux se sera autant amusé qu'avec Maître Blaise. Mais comme rien n'interdit de supposer que le comique se charge de compenser la violence de la situation, et que donc il pourrait bien la mesurer, il faut commencer par le fameux Lucidor.

Les délicatesses d'un bourreau

Pourquoi le jeune roturier riche à millions [1], tout fraîchement installé dans son nouveau château de la

1. Un revenu annuel d'environ 2 000 000 F actuels !

région parisienne, oisif comme il convient dans une société aristocratique, promis au sang pur des belles aristocrates désargentées, soumet-il la fille de sa concierge à l'épreuve qui indigne notre siècle délicat ? Parce que la convention et le système dramaturgique marivaudien veulent qu'il l'aime, et que l'amour porte bague. Mais Frontin ne manque pas d'inscrire, dès la scène 1, la trajectoire d'un tel désir ancillaire en société réelle : « Nous serons donc trois [vous, elle et moi], vous traitez cette affaire-ci comme une partie de piquet » / « le minois dont vous parlez là est-il fait pour vous appartenir en légitime mariage ? Riche comme vous êtes, on peut se tirer de là à meilleur marché, ce me semble. » Pour plus de détails sur ces marchés, on peut lire *Monsieur Nicolas,* de Rétif de la Bretonne (Bibliothèque de la Pléiade, t. 1, le séjour à Auxerre).

Notre jeune millionnaire vertueux ignore-t-il, comme tant de héros marivaudiens, qu'il aime et/ou qu'on l'aime ? En aucune façon : *L'Épreuve* ne couve nullement une naissance, une surprise de l'amour. Si l'aveu ne s'en est pas fait, le corps a déjà parlé sa langue silencieuse, éloquente. Plus instruit, Lucidor retient encore son secret ; le « cœur simple, honnête et vrai » d'Angélique se tait aussi, « sans vouloir cependant en faire un secret ; [il] n'en sait pas davantage ». Lucidor veut donc voir et savoir, non pas si on l'aime, il n'en doute pas, mais si l'amour, non dit bien que signifié, résisterait à la tentation d'une fortune équivalente par un mariage assuré. L'épreuve est bien celle de l'inconstance, mais d'une inconstance fondée sur l'attrait de l'argent, de l'ambition sociale, nullement sur les fluctuations du désir amoureux (comme par exemple dans *La Dispute*). Qu'on se garde de minimiser cette figure de l'inconstance par ambition, dans *L'Épreuve* pas plus que dans le théâtre marivaudien : Blaise, Lisette, Mme Argante en disent assez, drôlement, perfidement, ou tyranniquement, la séduction. On sait que cet attrait de l'argent signale, chez Marivaux, l'être-valet, la conscience servile fascinée par les concupiscences mondaines. La convention de la comédie convertit donc la structure libertine, référée par Frontin au hors-scène, en épreuve de qualification à finalité morale : Angélique cédera-t-elle aux pulsions troubles de l'intérêt, qui trahirait en elle une âme médiocre — l'âme d'une petite concierge ?

La rétention de l'aveu, chez Lucidor, ne tient pas à la difficulté habituelle de démêler ses sentiments, à la timidité, à la peur d'affronter l'amour. C'est une précaution, un calcul de la défiance, un enfant du soupçon. L'homme riche veut être aimé pour lui-même. Serait-ce alors qu'il doute de l'amour d'Angélique, quoi qu'il dise ? Non. Il la sait sincère. Mais comment pourrait-il être sûr qu'Angélique sache elle-même pourquoi elle l'aime ? qu'elle soit en mesure de pénétrer son propre cœur, ce cœur qui, faute d'expérience, « n'en sait pas davantage » ? Écoutons-le : « Tout sûr que je suis de son cœur, je veux savoir à quoi je le dois. » Ne l'aimerait-elle pas, très sincèrement, très profondément, par pitié (il est tombé malade), par fascination, par ambition inconsciente... ? Il n'est pas question ici de traquer à l'aventure les pensées secrètes d'un être de papier. C'est le texte explicite de Marivaux que je suis, dans son souci manifeste de motiver clairement la décision de Lucidor sans qu'elle le dégrade ni qu'elle témoigne d'une incompréhension d'Angélique qui le dégraderait tout autant. Les motifs que nous donne Lucidor se situent en ce point exact, subtil et paradoxal, où peuvent se conjuguer la sincérité d'Angélique, l'évidence de son amour et la défiance tout aussi fondée et délicate de Lucidor (comme on a l'estomac délicat). Car il sait apparemment, comme Marivaux, que la bonne foi n'est pas gage de vérité. Que le cœur a ses détours et ses replis.

Autre chose est de se demander si la conscience inquisitrice ne devrait pas avoir le bon sens de se faire la dupe du cœur ; s'il est bien raisonnable, quand on possède un hôtel parisien, un château et au moins

24

100 000 livres de rentes, de sonder si vivement les cœurs simples qui vous aiment sans en savoir davantage [1] ; si un homme riche, si un prince, ne devraient pas soupçonner que leur pouvoir de séduction s'incorpore l'argent et le pouvoir. Et qu'à vouloir être aimés pour eux-mêmes, ils dépouillent les pauvres d'un de leurs rares privilèges ! L'homme paré veut qu'on désire l'homme nu : comble de la distinction, luxe des êtres comblés par la vie. Sentimental, donc, le riche Lucidor ; sentimental, parce qu'il a les moyens de cette délicatesse interdite aux valets. Mais telle est l'inflexible nécessité du système marivaudien que l'aspiration sentimentale, avide de prouver la pureté désintéressée de l'être aimé, n'a d'autre recours que l'argent. C'est par l'argent (soigneusement chiffré !) qu'on va tenter de se garantir des effets obscurs et pervers de l'argent. Annuler l'insidieux attrait de l'argent, c'est aussitôt en multiplier l'usage, comme le montre admirablement la scène 2 : Lucidor y estime apparemment à 7 000 livres [2] le prix de la différence, pour un riche fermier, entre Lisette et Angélique, soit le *pretium doloris* si Blaise perdait Angélique. S'assurer (pour combien de temps ?) d'être aimé, c'est multiplier les simulacres de l'amour (Frontin, Blaise, le portrait d'une Parisienne distinguée). Sonder la sincérité, c'est propager la feinte : fût-ce à la campagne, la vérité ne sort pas toute nue du puits.

Avant de s'émouvoir et même de s'emporter, ne devrait-on pas, au moins au seuil de la fable, s'égayer de cette réjouissante logique ? Pourquoi au fond se

1. « Pourquoi les gens qui paient pour être aimés (et il y en a tant de ces gens-là) aiment-ils plus longtemps que ceux que l'on aime gratis ?

C'est qu'ils ne sont jamais bien sûrs qu'on les aime ; c'est qu'ils se méfient toujours un peu d'un cœur qu'ils achètent, ils ne savent pas s'il est livré, ils se flattent pourtant qu'ils l'ont ; mais ils se doutent en même temps qu'ils pourraient bien se tromper ; et ce doute, qui ne les quitte pas, fait durer le goût qu'ils ont pour la personne qu'ils aiment » ; Marivaux, *Journaux et Œuvres diverses*, Garnier, p. 345.

2. Un peu plus de 10 % de ses revenus annuels...

refuser si obstinément à concevoir que Lucidor, plutôt qu'odieux, pourrait bien être d'abord sympathiquement comique ? Non que son désir de vérité (chez autrui...) soit dérisoire : les héros marivaudiens se jugent à cette exigence ombrageuse, sinon raisonnable. Mais comme nous ne sommes plus, depuis la Chute, au Monde vrai où langage et sentiments coïncident, toute quête du vrai aux feux de la rampe a chance de tourner vinaigre, installe la mascarade, prend l'allure d'équipée don quichottesque. Marivaux croirait-il naïvement qu'il est de l'intérêt d'une comédie d'être comique ?

De l'épreuve aux épreuves

Lucidor installe donc Frontin en rival de son maître. N'est-il pas plaisant (pour notre bonheur de spectateur friand de travestissements) de le voir convoquer, au lieu d'un ami qui ferait bien mieux l'affaire, son valet — auquel il ne promet, en cas de succès, qu'une piteuse déconfiture ? De le voir, sous prétexte de juste comptabilité des gains et pertes, pousser Blaise dans les bras de Lisette au moment même qu'il l'enrôle à l'improviste dans son scénario ? De le voir se fabriquer sous nos yeux un rival burlesque si peu crédible, pour le démotiver aussitôt en lui promettant 12 000 livres pour Lisette contre 5 000 avec Angélique — que ne fait-il l'inverse ? Paradoxe savoureux : dans cette vieille rivalité du valet urbain et du paysan simplet, c'est ce dernier qui écope d'une mission impossible, riche de promesses comiques : prétendre à la main d'Angélique, tout en s'activant auprès de Lisette, mais sans permission de s'expliquer et, enfin, comme si ce n'était pas assez, songer à faire à Angélique, le moment venu, en présence de Lucidor, le « petit reproche » d'aimer Lucidor !

Faut-il alors, devant tant d'inconséquences, supputer de sombres désirs, d'obscurs vertiges : un manque de confiance en soi (F. Deloffre) ; le vœu de se voir, de

26

« se sentir divinisé » (G. Marcel, cité dans Deloffre) ; pourquoi pas, après tout, le voyeurisme de l'impuissance, le désir et la crainte de livrer l'objet aimé à la meurtrissure et au viol, etc. ? Je ne dis nullement que de telles supputations nuisent au travail de l'acteur et du metteur en scène. Je me demande seulement ici s'il appartient au travail propre du critique d'entasser du papier dans les trous du texte théâtral. S'il ne devrait pas, plutôt que d'assener ses certitudes, cerner ces vides. Reprenons notre exemple : tel acteur peut fort bien tirer un type de jeu de l'hypothèse qui ferait de Lucidor un riche malade de sa richesse ; un anxieux ; un voyeur ; un impuissant ; un pervers, inquiet ou détendu ; un tortionnaire ; un mufle, etc. Mais le critique peut seulement constater qu'à l'instar de tant de personnages de Marivaux, Lucidor voudrait savoir ce qu'éprouve, ce qu'est réellement l'objet à aimer ; que ce désir s'alimente d'une vision du monde comme monde masqué, aux autres et à soi-même ; que l'épreuve, c'est-à-dire le détour par le mensonge, finit par rapprocher d'une vérité mieux assumée, mieux partagée, à défaut d'être durable. Au-delà commencent les suppositions, les constructions psychologiques, sans doute inévitables, mais qu'on devrait peut-être tenter de subordonner, dans l'analyse des pièces, à des considérations plus fonctionnelles. On se demanderait alors non pas pour quels obscurs mobiles Lucidor redouble Frontin par Blaise et l'engage dans des exercices de corde raide si comiquement périlleux (et si comiquement cyniques), mais pour quels bénéfices dramaturgiques. Ne serait-ce pas parce que ces bénéfices sont hautement profitables, que la scène 2 se révèle être la plus longue de la pièce ? Car, enfin, l'épreuve d'Angélique n'a nul besoin de Blaise : Frontin y suffit. Mais Frontin ne suffit pas pour écrire la pièce brillamment comique, et pleinement structurée (échos, contrastes...), que Marivaux se propose d'écrire.

Mais, bien entendu, tout fait retour dans une œuvre d'art réussie. La nécessité de motiver (sous forme d'un scénario improvisé) l'entrée en jeu de Blaise (sc. 2) ne peut manquer de modifier notre image de Lucidor. L'épreuve du cœur d'Angélique, si conforme aux manèges marivaudiens, peut alors prendre, par ce redoublement à finalité d'abord comique, comme une allure de persécution [1], d'acharnement pervers ou cruel, qu'on retrouve au demeurant dans bien des pièces de Marivaux, quand il s'agit de forcer les cœurs réticents à l'aveu qui fera (généralement) leur bonheur. Impression ici d'autant plus sensible qu'on ne peut douter de l'amour d'Angélique ; qu'à la différence d'Hermocrate et Léontine dans *Le Triomphe de l'Amour*, victimes d'une traque impitoyable qui les laisse exsangues et floués, ou d'Araminte dans *Les Fausses Confidences*, riche veuve un peu lasse, Angélique n'a d'autre défaut que la naïveté et la pauvreté, d'autre recours que les forces inconnues d'un cœur tout neuf ; et qu'enfin, la question d'argent nous chiffonne.

Le génie de Marivaux est justement là : d'avoir tiré un parti magnifiquement inattendu d'un redoublement des épreuves dont le spectateur n'espère (et n'obtient) d'abord qu'un intense plaisir comique. En revient-on alors, de gré ou de force, et comme malgré soi, au thème rebattu de l' « odieux » Lucidor ? Pas forcément, si l'on veut bien cesser de se polariser sur ce personnage somme toute assez banal dans l'univers marivaudien, et de peu de relief dans la pièce ; si l'on veut bien consentir à envisager les épreuves d'Angélique du point de vue du spectateur, qui risque d'approcher celui du dramaturge : comme la superbe assomption d'un rôle de femme, où Marivaux se mesure à l'une des grandes figures du répertoire — pas moins que l'Agnès de Molière. Car on ne saurait s'y tromper : Blaise et Angélique, voilà les deux rôles qui font la force, comique et pathétique, de *L'Épreuve*, et expliquent son durable, son immense

1. Angélique : « Comme on me persécute ! », sc. 18.

succès. Comment pourrait-on sérieusement en rendre compte à partir de Frontin, de Lisette ou de Lucidor, aussi réussis qu'ils soient ?

On ne badine pas avec Angélique

Angélique n'est pas assez riche pour Lucidor, Blaise pour Angélique, Lisette pour Blaise. Si l'amour millionnaire de Lucidor ne brouillait le jeu, le seul mariage conforme à la logique sociale unirait Lisette et Frontin, dont Marivaux n'hésite pas à souligner[1] qu'ils se connaissent et se plaisent. La logique dramatique, qui ne manque pas d'ironie, l'exclut tout à fait et pénalise le seul auxiliaire de Lucidor qui l'ait somme toute servi sans intérêt, sinon sans impertinence ! Contrairement au drame bourgeois en passe d'advenir, le théâtre de Marivaux ne marche pas à la morale sensible. Ce qui frappe ici, bien plus ou tout autant que la « cruauté » de Lucidor, c'est la dureté toute classique, ou toute comique, des rapports humains.

Les grandes œuvres comiques, de fait, sont rarement tendres. Quelle noire violence, source d'un comique d'autant plus intense, dans l'absolue soumission de Blaise à la seule loi mécanique de l'intérêt, qui allume et éteint ses désirs amoureux ! Mais en va-t-il autrement de Mme Argante, mère ambitieuse, de Lisette, suivante perfide ? Aucun modèle utopique de société réconciliée par le sentiment, on le voit bien, ne régente en sous-main, comme dans le drame bourgeois de Lessing ou Diderot, le monde théâtral de Marivaux, qui semble n'obéir qu'à la pure géométrie des formes chaque fois recommencée, de pièce en pièce. Ici, l'argent sature tout l'espace et obsède tous les

1. Pour préparer une scène fameuse (12) et amener la déconvenue finale du libertin en livrée, prêt (sc. 1) à épouser Angélique pour le compte de son maître.

cœurs[1], précisément parce que *L'Épreuve* raconte la révélation, au profit d'un amoureux millionnaire (fût-elle obtenue par l'argent et le mensonge) d'un cœur pur et véritablement aimant. C'est le parcours d'Angélique qui détermine, avec une rigueur absolue, sans que jamais la main ne tremble, le traitement des autres personnages[2].

Le comique le plus étourdissant, celui de Blaise, en découle sans défaillance, puisque l'intérêt l'oblige à un discours « timbré » (sc. 4) parfaitement irrésistible. Mais ce discours n'est-il pas l'effet obligé d'une autre « folie », celle du soupçon, ou plutôt de l'épreuve (autant dire du théâtre), qui plonge inflexiblement tous les personnages (sauf Mme Argante ?) dans les périls du double langage et les vertiges du masque ? Que dit Frontin ? « Je ne suis pas celui que je suis (un habitué de la place Maubert) ; je suis celui que je ne suis pas (un prétendant délicat). » Que dit Lucidor ? « Je cherche à acheter des époux pour la femme que je veux épouser. » Que finit par dire Angélique ? « Je hais celui que j'aime ; j'aime celui que je n'aime pas. » Le spectateur ne peut pas ne pas pressentir la superbe cohérence de cette symphonie comique dont il revient à Angélique de tirer des accents dramatiques aussi inoubliables qu'imprévus.

Le succès de la pièce ne repose pas que sur elle ; mais il ne saurait s'expliquer sans elle. Car tous les autres personnages, prenons-y garde, ne cessent d'être ce qu'ils sont (Lucidor, Mme Argante, Lisette) ou ce que le jeu les fait être (Frontin, Blaise, Lucidor) : tels

1. Sauf Frontin ! Mais Frontin ne peut se plier à la loi de l'intérêt puisqu'il a reçu mission d'incarner un autre Lucidor. Le comique naît donc de sa vanité fanfaronne piteusement humiliée, et de son incapacité à jouer le rôle de Lucidor. Il figure ainsi, fût-ce à travers le gauchissement comique du valet, le jeune Parisien que Lucidor devrait être.

2. Je préfère cette hypothèse fonctionnelle à celle de B. Dort renvoyant, pour souligner la prégnance du thème de l'argent, à une problématique transformation du monde extérieur dans les années 1740 (*Esquisse d'un système marivaudien*).

le spectateur les découvre, tels ils resteront. Mais *L'Épreuve* nous réserve l'étrange et pénétrante jouissance, si rare dans le théâtre classique, d'une métamorphose. Du « cœur simple, honnête et vrai », qui « n'en sait pas davantage » (sc. 1), va jaillir un chant grave et magnifique : la petite fille au bouquet (ô combien charmante, ô combien délicieuse !) va devenir femme. Les allusions transparentes à Agnès (« je ne suis pas idiote », sc. 17/« Si mon oiseau mourait devant moi, je pleurerais », sc. 18) signent moins un hommage à Molière que la certitude de l'originalité. Mesure-t-on assez la virtuosité de ce tour de force : inclure un tel rôle dans une pièce en un acte aussi riche en scènes comiques, avec des personnages plus nombreux que dans *L'École des femmes,* une intrigue plus complexe ? L'interprétation luciférienne de l'épreuve, si tentante (fût-elle devenue depuis longtemps banale) quand on ne se rapporte qu'à Lucidor, révèle alors ses inquiétantes limites.

C'est par l'épreuve, ses masques et ses douleurs, qu'Angélique éprouve les ressources inconnues de son cœur et déploie les signes de sa qualité native : telle Marianne dans le roman, en train de s'achever ou de s'épuiser vers 1740, que Marivaux offre en hommage à l'âme féminine. Et, de même que le critique du *Mercure,* en 1723, se demandait « si le nom de *Surprise* est actif ou passif, c'est-à-dire, si c'est l'amour qui surprend ou est surpris », l'épreuve subie se renverse par elle en épreuve infligée. Comme Marianne, Angélique soumet les êtres qu'elle affronte à l'épreuve de ses détresses et de ses défis (sc. 16, 17, 18 ; on y rit, mais est-ce aux dépens d'Angélique ?). Tel est le superbe paradoxe de l'épreuve, ici porté à son comble et comme emblématisé : tout ce qui inflige de la souffrance au cœur d'Angélique la forme, la libère et l'embellit. La forme et la libère : c'est précisément la fonction de Mme Argante de souligner vigoureusement cette émancipation (voir Agis dans *Le Triomphe de l'Amour, L'École des Mères, Arlequin poli par l'Amour,* etc.). L'embellit : rien peut-être ne le montre mieux que le quiproquo machiné par Lucidor, à notre surprise et pour notre plaisir, dans la scène 8. S'il s'agit en effet de lire dans le cristal du cœur d'Angélique le trouble impur de l'intérêt, comme Lucidor le déclare dans la scène 1, on voit mal en quoi ce stratagème pourrait aider l'expérience : il ne peut que desservir le prétendu prétendant incarné par Frontin. Dira-t-on alors qu'on tient bien là la preuve que Lucidor cherche avant tout à jouir de la souffrance qu'il épie ? Mais c'est dire tout simplement que le plaisir supposé de Lucidor (qui n'est pas vraiment notre affaire) coïncide exactement avec le plaisir irrécusable du spectateur ! Soyons donc, Marivaux nous y invite, spectateurs de bonne foi. Plutôt que d'incriminer Lucidor, osons nous avouer que nous nous délectons, comme toutes les Lumières, des souffrances de la destinée féminine, du chant magnifique qu'exaltent les épreuves de la femme imaginaire, du roman au drame bourgeois.

Mais il y a plus, dans *L'Épreuve,* que la naissance, émouvante et joyeuse, d'une femme de qualité ; plus que la victoire sur les masques et les séductions impures. Marivaux y invente une structure que Musset nous a appris à lire. Meurtri par l'épreuve qui suspecte sa pureté pour mieux la révéler, le cœur juvénile s'abandonne à la surenchère du défi et du désespoir, se livre aux tentations de l'orgueil blessé : aveu de haine, invention provocante d'un amour secret pour... Blaise (sc. 18). L'expérimentation se met à déraper dans une sorte de dialectique (quasi cornélienne !) des défis : perdant à son tour, pour la première fois, la maîtrise du jeu, Lucidor offre 20 000 livres à Blaise pour épouser Angélique et court arracher l'accord de Mme Argante. La comédie des faux-semblants pourrait donc à la fois révéler les cœurs et les plonger dans un mensonge irréparable, les rendre dignes du bonheur et virer au drame. Mais les temps ne sont pas encore venus, au théâtre, d'un tel traitement, qui supposerait, au moins, la transformation de Lucidor en libertin malheureux, déchiré entre

32

son passé et la nostalgie de la pureté. Une telle configuration n'attend pas Musset : elle apparaît dès 1755, avec Mellefont, dans *Miss Sara Sampson* de Lessing. Mais il s'agit d'un *drame bourgeois* (bürgerliches Trauerspiel), pas d'une comédie. Et le fait est que Marivaux n'a pas inventé le drame bourgeois, théâtre à venir de ces philosophes qu'il n'aimait pas.

Est-ce rien, pourtant, que d'avoir si magistralement dessiné l'épure exploitée par Musset, sans sacrifier le comique ; d'avoir su au contraire, d'une même source (Musset n'y parvient pas vraiment, mais peu importe) tirer le rire et le pressentiment des larmes ?

Après les doux remuements de l'émotion et les stridences comiques, il reste au spectateur un dernier plaisir : méditer la touchante morale de cette histoire : « Jeunes filles, si un millionnaire vous intéresse, commencez par ne pas vous intéresser à ses millions ! »

L'Épreuve, où Mme Favart fit ses début le 5 août 1749 et s'illustra après Silvia, « la divine Silvia » chère au cœur de Marivaux et créatrice du rôle, désarma même la critique, généralement hostile à Marivaux. La pièce fut traduite en anglais, en allemand, en hollandais, en danois...

Elle occupe le deuxième rang des représentations de Marivaux à la Comédie-Française (le quatrième si l'on tient compte des représentations probables, qui placent alors *La Surprise de l'amour* en second). Elle vient au neuvième rang (en raison évidemment de sa date tardive) des pièces en un acte les plus jouées chez les Italiens entre 1715 et 1750, devancée seulement par *Arlequin poli par l'amour* et *L'École des mères.* Elle fut jouée cent soixante-trois fois aux Italiens de 1740 à 1778. On doit à Cl. Stratz une des mises en scène récentes les plus significatives de *L'Épreuve* (Théâtre des Amandiers, Nanterre, 1985). G. Penchenat l'a montée à plusieurs reprises.

33

Voici, d'après H. Lagrave (ouv. cité, p. 602) le palmarès des pièces en un acte aux Italiens entre 1715 et 1750 :

« Les petites pièces à succès sont nombreuses à la Comédie Italienne, qui exploite ce genre avec beaucoup plus de suite que la Comédie-Française. Chez les Italiens, vingt-quatre pièces en un acte ont dépassé les quarante représentations ; encore les chiffres qui les concernent restent-ils en dessous de la réalité, puisqu'à ce théâtre, les Registres d'entrées manquent pour huit saisons. Voici, par ordre d'importance, les petites pièces qui ont été le plus souvent représentées :

1728.	*Harlequin hulla*, Biancolelli, Romagnesi et L. Riccoboni	: 152	repr. connues
1730.	La *Sylphide*, Biancolelli	: 149	« «
1723.	*Agnès de Chaillot*, Legrand et Biancolelli	: 125	« «
1729.	Les *Paysans de qualité*, Biancolelli et Romagnesi	: 117	« «
1720.	*Arlequin poli par l'amour*, Marivaux	: 114	« «
1728.	Le *Retour de tendresse*, Fuzelier et Romagnesi	: 110	« «
1721.	Le *Fleuve d'oubli*, Legrand	: 91	« «
1732.	L'*École des mères*, Marivaux	: 85	« «
1740.	L'*Épreuve*, Marivaux.	: 82	représentations
1727.	L'*Île de la Folie*, Biancolelli, Romagnesi et L. Riccoboni	: 80	repr. connues
1740.	L'*Amant auteur et valet*, Cérou	: 75	représentations
1729.	Les *Débuts*, Biancolelli et Romagnesi	: 71	repr. connues
1730.	Le *Triomphe de l'intérêt*, Boissy	: 71	« «
1728.	*Arlequin toujours Arlequin*, Biancolelli, Romagnesi et L. Riccoboni	: 67	repr. connues
1725.	L'*Île des esclaves*, Marivaux	: 67	« «
1722.	La *Foire des fées*, Lesage, Fuzelier, d'Orneval	: 60	« «
1744.	L'*Apparence trompeuse*, Guyot de Merville	: 58	représentations
1727.	Le *Portrait*, Beauchamps	: 56	repr. connues
1731.	Le *Je ne sais quoi*, Boissy	: 55	« «
1736.	Les *Mascarades amoureuses*, Guyot de Merville	: 54	« «
1734.	Les *Billets doux*, Boissy	: 53	« «

34

1725.	La *Folle raisonnable,* Biancolelli	: 50	«	«
1728.	Le *Triomphe de Plutus,* Marivaux	: 47	«	«
1727.	L'*Horoscope accompli,* Gueullette	: 42	«	«

Les auteurs les plus joués dans ce genre sont d'abord ceux de la maison, qu'il est difficile de dissocier, parce qu'ils travaillent la plupart du temps en équipe, Biancolelli (Dominique), Luigi Riccoboni et Romagnesi ; après eux, c'est Marivaux qui attire le plus de public. »

LA DISPUTE

Il y a eu des mises en scène mémorables : *Les Fausses Confidences*, par J.-L. Barrault (1946), *Le Triomphe de l'Amour*, par J. Vilar (1955), *La Seconde Surprise de l'Amour*, par R. Planchon (1958). Mais aucune n'a connu le retentissement et l'espèce de sidération qui accueillirent la représentation, le 24 octobre 1973, de *La Dispute*, sous la baguette de P. Chéreau, secondé par F. Regnault, auteur d'un prologue non prévu par Marivaux. Quand une mise en scène fait date à ce point, il serait déraisonnable, s'agissant d'un texte si peu joué, de ne pas commencer par elle. En oubliant « les pâmoisons imbéciles et les exécrations idiotes » (F. Regnault) qui accompagnaient, il y a encore peu, les grandes heures du théâtre, il importe ici avant tout de citer et d'écouter acteurs et témoins.

« *ILS PARLERONT DE DEUX MONDES* » *(P. CHÉREAU)*

LA DISPUTE

« Le spectacle que vous allez voir est composé de deux parties : mais dans la première, on ne parle en fait que de la seconde, on en définit les contours sensibles, on en dessine le besoin en creux.

Les deux parties sont de Marivaux, mais l'une — celle qui se jouera sur le plateau — est un conte noir, *La Dispute*, que l'auteur écrivit alors qu'il avait près de soixante ans et qu'il sentait le besoin de parler de la vie et de l'adolescence, tandis que l'autre — celle qui se jouera parmi vous dans la salle — nous l'avons tirée de ces vagabondages en prose qu'il écrivit sa vie durant et qui lui permettaient de parler légèrement des sujets les plus graves.

Voici, devant vous, au milieu de vous, un plateau. Voici des gens, un Prince, une Princesse, une Cour. Tout à l'heure, ils parleront de deux mondes : l'un est la Nature, cachée là, derrière le rideau du théâtre, c'est le plateau ; l'autre est le monde des Chimères, c'est-à-dire nous, la salle, les spectateurs.

Au milieu de ce paradoxe, l'abîme mystique : la fosse d'orchestre, un gouffre qui s'illumine au début des représentations quand on entre dans une salle, cette crevasse grinçante des instruments qui s'accordent, qui profèrent des oracles et d'où sortiront des sons, des concerts et des vapeurs sulfureuses, et que, l'heure venue, il faudra traverser pour passer dans l'autre monde.

Et voici un rayon de lumière qui se réfracte et un système solaire qui se met en branle : un cabinet de physique ou d'astronomie.

Et voici quelqu'un habillé de blanc qui cherche refuge parmi nous, c'est une Princesse, elle a fait un cauchemar, elle cherche à s'en souvenir, elle veut être seule, on la persécute ; le Prince, son amant, lui offre une fête, elle refuse et prend peur. Tous ces gens se comprennent à demi-mot, semble-t-il, et vivent dans l'impatience et l'inquiétude.

Une brève conversation s'instaure dont nous sommes les spectateurs, elle aura trois mouvements très rapides comme un concerto. La Princesse racontera son rêve ; c'était une étrange prémonition : elle a vu un palais dans un jardin, mais ce jardin était abandonné, les fleurs y croupissaient, l'air était vide de toute senteur, un jeune enfant était là, dans son rêve, qui s'est offert à la guider : dans ce palais magnifique vit un monstre qu'on appelle « Amour », et si les fleurs ne poussent plus, c'est, dit l'enfant, que « l'amour ne règne plus parmi les hommes ».

Un calme précaire s'étend sur ces êtres inquiets, les cœurs voudraient se reposer, chacun trouve alors un peu de temps pour apprendre à se connaître et parle fugitivement de soi ; c'est l'adagio de notre concerto, un adagio fébrile.

Une jeune suivante pense que le plus sûr moyen de reprendre le goût du plaisir est de s'y abandonner ; une femme âgée, qui semble en savoir long, nous résume sa vie, où tout n'était qu'amour sans qu'il n'en ait jamais été question. Le Prince se taisait, maintenant il perd patience.

Le spectacle qu'on lui donne ici est insuffisant, il lui faut des lucidités plus terribles. Et voici qu'il raconte à son tour une histoire — une prémonition, encore.

Il jette en pâture à ce monde enfantin le spectacle de la mort et se réjouit un peu de l'effroi qu'il provoque. Enfin, il force les dernières défenses. Il avait parlé d'une fête, il ne s'agit plus de cela. Il nous convie plutôt à une fête noire, à une expérience terrible, il faut sonder les rêves et les cœurs, explorer les gouffres qui sont cachés en nous. Le soir tombe. Le Prince : « Je vais vous donner un portrait des hommes avec qui vous vivez, je vais vous lever le masque qu'ils portent. Vous savez ce qu'ils paraissent et non pas ce qu'ils sont. Vous ne connaissez point leurs âmes, vous allez la voir au visage, et ce visage vaut la peine d'être vu. »

On se rebelle, on prend peur, rien n'y fait ; on passe dans l'autre monde, le rideau s'ouvre. Et la cour pénètre dans un lieu mystérieux, ce pourrait bien être le palais dont la Princesse a rêvé, mais c'est autre chose aussi. La forêt est bruissante, la lune laisse apparaître des architectures et le Prince se plaît à rappeler une dispute qui l'avait opposé la veille à la Princesse. Dispute anodine, mais qui ouvre mainte-

104

nant sur un projet qui ne l'est point. » (P. Chéreau, *La Dispute,* 1976, in *Treatt-Chéreau*, Liko, 1984.)

Sur ce prologue en faux-vrai Marivaux, F. Regnault s'explique ainsi : « Les dramaturges, ces frères de lait ou de douleur, devraient bien quelquefois dire la vérité. Et d'abord qu'au théâtre, les plus mauvaises raisons sont souvent les meilleures. Et, par exemple, que rajouter un prologue à une pièce qui s'en passe, comme cela s'est vu souvent pour le meilleur et pour le pire, c'est parfois pour donner plus de rôle à une (grande) actrice[a], et non pour fourguer en catimini du « Lagarde et Michard » au public[1]. La dramaturgie, au sens récent, n'est pas une pédagogie [...]. Il fallait répondre à la question : qui sont ce Prince et cette femme, et qu'ont-ils fait pour en arriver à cette expérience cruciale sur l'inconstance des sexes effectuée sur des adolescents séquestrés depuis leur naissance, et maintenus dans la solitude ?

La règle fut, pour y répondre, de ne le faire qu'avec des textes de Marivaux, passages entiers, répliques, phrases isolées, le corpus étant l'œuvre de Marivaux, et rien d'autre. À force d'en lire, on se croit vite un virtuose. On trouve alors ce qu'on veut. Tout le grain est authentique, le tamis seul est d'emprunt. Le tamis, c'est l'idée qu'on se fait de ces deux personnes, de leur Cour et de leurs mœurs [...].

Peut-être ne serait-il pas trop métaphorique de considérer ce prologue comme une sorte de basse chiffrée ajustée au chant principal, la règle étant que dès que la Cour pénétrait sur le plateau en traversant la fosse sur une passerelle bancale, il ne se proférerait plus que la pièce de Marivaux. Accords un peu graves, donnés d'abord pour mieux faire résonner les mélo-

a. Le rôle d'Hermiane aurait dû être joué par Valentina Cortese (J.G.).

1. On mettra ici, pour faire comme chez Sterne, le nom de son Manuel familier (note de F.R.).

dies de la pièce et ses harmoniques, ou encore, voix supplémentaires glissées dans le contre point général (F. Regnault, *Disputations,* in *Chéreau, Les Voies de la création théâtrale,* XIV, collec. *Les Arts du spectacle,* édit. du C.N.R.S.).

Destiné peut-être à étoffer le rôle d'une grande actrice, le prologue (*collage? montage?* F. Regnault préfère l'appeler un *centon*) a d'abord pour effet de faire durer une pièce en un acte, dense et dénudée, aussi longtemps qu'une tragédie en cinq actes : la lecture de *La Dispute* telle que Marivaux l'a écrite ne peut donc donner nulle idée du spectacle somptueux inventé par P. Chéreau, et scandé, comme aux jours où Dieu travailla, par les sept battements sacrés d'une semaine originelle. « Nos adolescents vont paraître, voyez-les à l'œuvre : le temps d'un spectacle, ils vont refaire l'apprentissage d'une vie, ils vont tout réinventer, l'amour, la haine, la solitude.

« Sept fois le jour va se lever, sept fois le coq va chanter. Il y aura des nuits longues et douloureuses et il y aura de fausses nuits, ces merveilleuses nuits de théâtre où le jour se lève en tremblant sitôt que la nuit est tombée. » (P. Chéreau, texte cité.)

Les vingt scènes du texte marivaudien se soumettent donc au rythme mythique et initiatique imaginé par le metteur en scène :

« À la fin de chaque nuitée, un rideau noir s'abaisse puis se relève [...]. Il s'agit bel et bien d'un rite de passage, de l'enfance à la puberté, le conte fantastique et philosophique devient, à la scène, cérémonie initiatique, obligatoirement nocturne.

« Première nuit : on pousse le premier " enfant " dans le jardin puis le second. Une fille, un garçon. Ils n'ont pas vraiment dix-neuf ans. Ils baignent dans une enfance prolongée, ignorante des tabous sexuels et de la notion de péché. Chacun d'eux découvre l'autre. Attirance. Envie de dominer.

« Deuxième nuit : découverte de soi-même. Égocentrisme. Besoin d'être admiré, de se mirer. Narcissisme.

106

« Troisième nuit : séparation. La fille souffre de l'absence du garçon, de la solitude, le garçon pareillement.

« Quatrième nuit : la fille en rencontre un autre. Rivalité. Érotisme. La seconde fille s'est éprise d'un second garçon.

« Cinquième nuit : les deux garçons se rencontrent et lient amitié.

« Sixième nuit : mensonges, inconstance, trahison. Changements de partenaires. Églé (la première fille) enlève Mesrin (le deuxième garçon) à Adine. Azor se console avec Adine.

« Septième nuit : si Églé a " trompé " la première, les autres ne se sont pas montrés moins inconstants. Mais ils ont découvert la violence, le désespoir, la folie. Avec plus d'évidence en 1976, Azor s'est suicidé. Les auteurs de l'expérience sont accablés par ses résultats tragiques. » (Odette Aslan, *Un spectacle « matrice » : La Dispute*, in *Chéreau, Les Voies de la création théâtrale*, ouv. cité, p. 103.)

Cette dimension tragique est soulignée par d'autres effets spectaculaires :

« *L'Ode funèbre maçonnique* de Mozart retentit pendant sept longues minutes, précédant le prologue. Durant ce thème, initiatique lui aussi, de la fumée s'élève de la fosse d'orchestre, incandescente, hypnotique. Au début et au cours de l'expérience [la pièce de Marivaux], résonnent les trompettes d'une marche funèbre de la New Orleans. Les deux serviteurs noirs qui, chez Marivaux ont élevé les enfants, sont, dans la mise en scène, deux Noirs américains, ironiques et violents [...]. La bande son est très élaborée. Musique et bruits de la forêt sont mixés en direct au cours de chaque représentation et retransmis par de nombreux haut-parleurs dans la salle. » (Odette Aslan, *idem*, p. 105.)

La dualité de la musique (Mozart et jazz réunis par l'art de chanter la mort) répond à la division de l'espace. Le Prologue se dit sur un praticable carré de quatre mètres de côté, jeté au milieu des fauteuils d'orchestre : salon pour mondains désœuvrés et cabinet de physique avec instruments d'optique. À la fin du Prologue, le Prince jette une planche étroite entre le praticable et la scène au rideau fermé : la Cour et lui passent, par-dessus « l'abîme mystique », du « monde des Chimères, c'est-à-dire nous, la salle, les spectateurs » au monde de la Nature, caché derrière le rideau (P. Chéreau).

Alors s'ouvre, étrange, inquiétant comme un rêve réalisé, un espace lui aussi duel : forêt sombre, lunaire, grouillante, dans le halètement du vent, de cris d'oiseaux, de grillons, de crapauds, de corbeaux, de loups, mare remplie d'eau, sol de terre et de tourbe ; et devant, les pans de murs dressés d'un ancien palais, que de mystérieux ressorts font glisser, où portes, fenêtres, entailles, creusent des orbites vidées à la Chirico. L'expérience sauvage, épiée mais aussi ostensiblement réglée en cours de route par le Prince et Hermiane, va commencer, dans ce décor qui dit à la fois la Nature et le Théâtre, l'origine et l'artifice, le brut et le pervers. L'immémorial et le social ?

Le texte de Marivaux est interprété selon deux principes essentiels. Chéreau demande aux acteurs qui jouent les adolescents (adolescents plutôt que jeunes gens ; éternels adolescents...) de remonter à l'enfance du monde, avant les tabous et l'éducation, de remonter à leur propre commencement. « Les " enfants " de *La Dispute* vagissent à terre, poussent de petits cris, hoquètent, ont peine à tenir les yeux ouverts sur l'étrangeté du monde auquel on les livre soudainement. Les corps sont libérés de tout maintien appris, ils sont gauches, leurs mouvements maladroits : chaque partenaire est également malhabile et ne peut servir d'appui... » (Odette Aslan, ouv. cité.) Les manipulateurs, dont la présence est constamment réactivée par des jeux de scène, sont eux projetés en avant, vers Sade : « Marivaux tient la porte, Sade fait son entrée. » (P. Chéreau à J.-P. Leonardini, pour *l'Humanité* du 23 octobre 1973.) Chéreau aurait même

108

imaginé qu'en bon libertin sadien, le Prince, une fois l'expérience accomplie et savourée, se débarrassât de ses cobayes : sa mise en scène ne le dit pas explicitement, mais tout le spectacle n'est-il pas « une fête noire », « le spectacle de la mort » ?

Fureurs et questions

« La presse ne lui ménagea ni les cris ni les adjectifs d'admiration. Certes Jean-Jacques Gautier[a] clama bien haut son " indignation ", sa " révolte " et son " écœurement " devant *La Dispute* (*Le Figaro*, 27-28 octobre 1973) et, appelé à la rescousse par *Le Point* (n° 69, 5 novembre 1973) le " grand spécialiste français de Marivaux ", Frédéric Deloffre, répéta le numéro de dénonciation qu'il avait mis au point il y a une quinzaine d'années, lors de la présentation de *La Seconde Surprise de l'Amour* par Roger Planchon : cette fois, c'est de " forfaiture à l'égard des auteurs " que, honteux " d'avoir été le complice d'une action vicieuse ", il accusa Chéreau — chacun d'eux n'appelant à rien de moins qu'à la censure du gouvernement — (" Mais je souhaiterais comprendre ce qui lui a ouvert la direction du Théâtre national populaire de France et savoir jusqu'où il lui sera permis d'aller dans la voie qu'il s'est tracée ", J.-J. Gautier). Mais ce ne furent là que quelques voix discordantes, dans le concert d'éloges à Chéreau. On en oublia même, généralement la remarquable réalisation de *La Dispute* par Jean-Marie Patte, en 1964, à la Vieille Grille » (B. Dort, *Marivaux « sauvage »* ?, in *Travail théâtral*, n° 14, janvier-mars 1974, repris dans *Théâtre en jeu*).

B. Dort est de ceux qui, sans pâmoison ni exécration, se posèrent des questions. « Le jeu des enfants fait partie de leur jeu à eux [Le Prince, Hermiane] : un jeu d'amour et de contrainte. C'est un spectacle qu'ils se donnent [...].

a. Critique dramatique redouté, il s'était fait, au *Figaro*, une spécialité, et comme une réputation, de ce genre d'activité, qui le conduisit à l'Académie française (J.G.).

« Devant ce double jeu que le texte de Marivaux ne prévoit sans doute pas mais qu'il autorise, le spectateur éprouve une sorte de gêne. Il ne sait plus très bien où se situer. Doit-il faire comme le Prince et Hermiane et devenir le voyeur du spectacle que donnent ces enfants séquestrés ? Ou doit-il prendre du champ par rapport aux manipulateurs eux-mêmes, les voir et critiquer le théâtre assez infâme qu'ils se donnent ainsi ? À moins qu'il ne s'identifie, en fin de compte, à Hermiane, la victime présumée, et probablement consentante, du Prince ? Le jeu des comédiens, Roland Bertin en aristocrate passablement rastaquouère et Norma Bengell en victime qui jouit de sa passivité et de sa complicité, aussi transparent et linéaire que celui des adolescents est concret et troublé, va dans le sens de la dénonciation. Mais, passé le Prologue, l'action dévolue à ces personnages reste mince : elle ne nous renseigne guère sur la nature réelle de leur jeu. Ni sur la conclusion de celui-ci : répond-elle à leurs désirs ou, les dépassant, fait-elle " s'écrouler leurs croyances de l'humanisme des lumières " ? [P. Chéreau, dans une interview.] La question est sans réponse, et le spectateur ne peut que demeurer partagé entre sa condition de voyeur et celle de voyant [...]. Impossible de savoir si Hermiane et le Prince sont des bourreaux ou des initiateurs, s'ils penchent davantage vers Saint-Fond ou vers Zarastro.

« La même ambiguïté affecte les figures des serviteurs [...]. Ces sages sont aussi des bourreaux. Là encore, la nature et la société sont renvoyées dos à dos : la perversion est générale.

« J'entends bien que ce constat de faillite n'est pas étranger, sinon à la problématique de Marivaux, du moins à celle du XVIIIe siècle finissant. Que Chéreau ait déplacé de vingt ou trente ans le moment idéologique de *La Dispute*, cela me semble un péché véniel. Mais qu'ainsi, loin d'accroître la complexité et la richesse de la pièce de Marivaux, il en réduise la portée, voilà ce qui me gêne. À une réflexion sur les rapports de l'homme et de la société, de la nature et de la culture,

110

Chéreau substitue l'image d'une triple dégradation, celle des adultes, celle des enfants et celle des " autres " [...].

« Suivant au pied de la lettre les indications de Marivaux et exploitant, avec une rare intelligence, certaines des situations esquissées plutôt que dessinées dans le texte, Chéreau en occulte toutefois un élément : le langage. Il montre bien la séquestration des adolescents, leur découverte de leur corps, les jeux des seigneurs et la duplicité des serviteurs, mais il ne s'arrête guère à ce fait essentiel : c'est que ces adolescents, ces seigneurs et même ces serviteurs partagent le même langage [...]. Par là, ces enfants échappent d'emblée au statut de l'enfant sauvage : leur appartenance à la nature est déjà, de part en part, traversée par la société. Et si leur aventure se situe au niveau des corps, elle se déroule aussi dans et par le langage [...]. L'usage de la langue est peut-être ce qui conduit à l'inconstance [...]. Il introduit une distance et un regard (langue et miroir et portrait sont par là intimement liés) dans la proximité des corps. A mesure, dans *La Dispute,* la parole envahit la scène, complique rapports et situations [...]. Or, les comédiens de Chéreau semblent s'efforcer de gommer le langage. Ils le désarticulent, le soumettent à la situation vécue, comme s'il s'agissait d'un texte qui ne fasse qu'exprimer des sentiments ou des réactions à des événements — au point qu'il en devient parfois inaudible. Du même coup, tout change : ici, c'est la perversité conjuguée de la nature et de la société qui est l'objet de la représentation ; chez Marivaux, c'était la condition de la vie en société. *La Dispute* était une éducation sociale ; elle devient un cauchemar où tous s'abîment. Loin de découvrir l'usage des masques et des déguisements, les adolescents voient leurs vêtements tomber en loques et n'ont plus d'autre recours que la fuite dans la forêt (c'est, semble-t-il, la solution qu'ils choisissent à la fin) au milieu des ululements des bêtes, ou dans la folie, voire dans l'idiotie [...].

« Marivaux nous montrait que la vie et le théâtre

vont de pair ; Chéreau les annule l'un par l'autre. L'un décrivait " la règle du jeu " ; l'autre maudit toute règle du jeu [...]. Chéreau s'abandonne à la nostalgie d'une enfance à jamais perdue, manipulée par des adultes et trahie par elle-même dans l'enfer de la société [...]. Il lui manque une dimension essentielle : celle du constat social marivaudien. Au fond, ce n'est pas trente ans qui séparent le moment idéologique de cette *Dispute* de celui de Marivaux ; c'est plus d'un siècle. Chéreau en reste au romantisme. S'il dénonce à juste titre la fausseté de l'optimisme des lumières, c'est au nom d'un moralisme puritain qui sent son XIXe siècle.

« Peut-être est-ce cela qu'un public un peu trop parisien a applaudi dans *La Dispute* : la conversion d'une pièce lucide et cruelle, d'une œuvre d'une profonde socialité en un lamento funèbre sur la dégradation universelle, celle aussi d'un jeu où le théâtre et la réalité se contrôlent mutuellement en un spectacle où ils s'annulent dans la fascination d'un lunaire paysage de mort. » (B. Dort, *Marivaux « sauvage »?*, art. cité [1].)

Le sexe des pièces

Qu'est-ce que réinterpréter un classique ? On peut le réécrire (Brecht ne s'en est pas privé), le rejouer autrement, ou bien, comme Chéreau dans *La Dispute*, coupler réinvention scénique et montage textuel. Les classiques appartiennent à tous et à chacun, et le bras séculier n'a plus charge de punir le sacrilège, fût-ce à la demande éclairée d'universitaires patentés, qui devraient, à la réflexion, se résigner à abandonner ces rudes missions aux églises et aux veuves d'écrivains.

D'une pièce dense, elliptique, presque décharnée, Chéreau a fait, par l'alchimie du théâtre et le secours d'un Prologue, un opéra magique, une fête nocturne, maléfique, mortelle — belle comme une blessure.

1. Il est impossible de reproduire ici la remarquable réponse de F. Regnault (*Disputations*, in *Les Voies de la création théâtrale*, XIV, coll. *Les Arts du spectacle*, 1986, pp. 115-121).

112

On en devine le prix. Tant de beauté poignante se paie. Du côté de l'histoire, de l'idéologie, de la « vérité » de l'anthropologie marivaudienne dont *La Dispute* allégorise et durcit le noyau ? Sans doute. Mais est-ce bien là l'essentiel ? N'est-ce pas l'effet obligé d'un choix antérieur bien plus décisif ? Car, comme toujours, les cœurs blessés et les yeux éblouis répugnent au rire. Le rire étrange et satanique qui dérange la beauté des rêves. Plutôt mille fois la déréliction tragique que l'insupportable comique... Tel serait alors le vrai ressort et le banal secret de ce somptueux travail : installer la mort pour tuer le rire. Voilà somme toute qui rassure : on peut donc faire de grandes choses avec une idée simple ? En poussant jusqu'au bout, jusqu'au drame, l'incurable esprit de sérieux post-rousseauiste ? Ce n'est pas le moindre paradoxe de cette mise en scène à visée sadienne que d'exclure si farouchement ce qu'il y a de plus satanique au théâtre — le comique. Rousseau et Bossuet, eux, ne s'y étaient pas trompés.

Transformer une comédie en tragédie est une tentation irrésistible, qui fait toujours impression. Mais c'est une idée presque ingénue, car enfin Diderot et Beaumarchais l'ont dit depuis longtemps : ce n'est pas le sujet, mais le traitement, qui fait le genre d'une œuvre de théâtre. L'esthétique vériste du drame bourgeois appelait l'invention de cet inconnu, le metteur en scène. Ni Beaumarchais ni Diderot, qui ne composaient qu'avec le public et les comédiens, ne pouvaient deviner que le sexe d'une pièce dépendrait aussi de ce nouveau venu sorti des coulisses. Au fond, en forçant la petite pièce de Marivaux à cette radicale inconstance (genre et forme), Chéreau ne pratique pas sur *La Dispute,* si longtemps séquestrée, une expérience moins violente que celle du Prince.

Élu académicien en décembre 1742, Marivaux se devait de présenter le petit acte de *La Dispute* aux Comédiens-Français. Lue le 22 septembre 1744

113

devant la troupe, la pièce fut accueillie avec chaleur et montée sans retard. Le public (571 spectateurs) la bouda pourtant si sévèrement qu'elle n'eut droit qu'à une seule représentation, le 19 octobre, et disparut du répertoire jusqu'en... 1938. On a vu que B. Dort loue la mise en scène de J.-M. Patte, en 1964, à La Vieille Grille, mais c'est évidemment à P. Chéreau (1973 et 1976) qu'elle doit son renom et son noir éclat.

LES ACTEURS DE BONNE FOI

« *Ils font semblant de faire semblant* »

Le système de la pièce consiste à réaliser le titre par dédoublement et inversion. Dédoublement : nous passons de la comédie des valets (sc. 2-3-4-5) à celle de maîtres (6-7-8-9-10-11), du bas vers le haut. Inversion : dans la comédie des valets, c'est du jeu de la représentation fictive que s'opère une confusion entre théâtre et vie ; dans la comédie des maîtres, les personnages manipulés jouent la comédie sans le savoir et découvrent ensuite qu'ils ont été acteurs de bonne foi. Mais cette inversion est moins spectaculaire que les parallélismes si typiques du formalisme marivaudien.

Le théâtre s'affiche d'abord comme un jeu (à partir d'une commande venue d'en haut), un jeu qui mobilise deux valets et deux paysans. Ce jeu peut devenir matière de représentation, théâtre dans le théâtre, grâce à la différenciation sociale (niveaux de langue et de comportement), mais surtout grâce au jeu dans le jeu (la comédie ourdie par Merlin avec la complicité mi-active, mi-fascinée, de Colette). Il y a donc théâtre (la pièce), théâtre dans le théâtre (la répétition à l'impromptu), et comédie dans la comédie, avec interférences des fonctions de personnes et de personnages. Cette confusion est motivée, justifiée par le statut du spectacle : un impromptu où les acteurs jouent leur propre caractère. Ce qui pose évidemment un problème crucial de mise en scène : faut-il, et comment, différencier un jeu plus « vrai » (celui des personnes) et un jeu plus guindé (celui des valets et paysans jouant à jouer, jouant à jouer les maîtres, puisque le théâtre est un divertissement pour maîtres : rappelons que les valets, en France, n'avaient pas droit d'entrer en livrée dans une salle de spectacle) ? Il faudrait également tenir compte de la hiérarchie interne que le texte met en place (mais que le metteur en scène est libre de ne pas assumer) entre Blaise, Lisette, Colette et Merlin : car chacun entretient un rapport spécifique à la comédie. Colette est certainement le cas le plus ambigu, puisque chacune de ses répliques peut relever soit du jeu (n'est-elle pas dans le secret ?), soit d'une fascination par le jeu (ne voudrait-elle pas que le jeu devienne réalité, sans y croire tout en y croyant ?). Il en va un peu de même pour Araminte : Colette éclaire Araminte.

Il s'agit là de choix de mise en scène et de registres d'acteurs ; car aucune mise en scène ne peut actualiser toutes les composantes d'un texte : sa force dépend au contraire de la rigueur des choix et de la netteté des options (qui peuvent tirer la pièce dans des directions auxquelles un lecteur ne s'attendrait pas).

Sans l'épreuve que Merlin ajoute subrepticement dans son canevas, et qui transforme le jeu en épreuve, qui dédouble les plans et les niveaux de jeu de l'acteur (il joue à jouer, et il joue à être joué), il serait impossible d'accorder un tel volume textuel à la représentation dans la représentation. La comédie annoncée serait une donnée de l'intrigue, pas la matière de la pièce en sa première moitié. La décision de Merlin a donc un double ou triple fond : 1° apparemment, elle ne cherche pas à se motiver (à l'inverse de *L'Épreuve* ou de *La Dispute*) ; 2° elle est indispensable à l'écriture des scènes ; 3° elle se justifie en fait dans le cadre de la fable : les acteurs seront d'autant meilleurs qu'ils joueront sans savoir qu'ils jouent. On a reconnu le conseil que Marivaux donnait à ses

207

acteurs, et qui fut si vite et si longtemps oublié par la Comédie-Française. L'impromptu ne peut réussir, explique Merlin, que s'il identifie le rôle et la personne de l'acteur. Mais les valets et les paysans vont mal jouer, parce qu'ils jouent aux acteurs, parce qu'ils marivaudent. Ce qui, bien entendu, devient source d'un décalage comique qu'on peut suggérer ou souligner, renforcer ou affaiblir. Surpris par le jeu, entraînés dans une épreuve par où un manipulateur roué se joue d'eux, ils seront d'autant meilleurs qu'ils croiront moins jouer. Mais pour le spectateur qui est à la fois dans la fable et dans la salle, « assis » sur scène et dans son fauteuil, l'acteur est d'autant meilleur qu'il joue à jouer mal ! On mesure le défi, l'épreuve que Marivaux propose aux acteurs : ils doivent jouer des personnages pris au jeu, ils doivent jouer naturellement, sans laisser perdre la saveur comique de leur rôle, saveur bien plus facile à rendre dans un système de décalage.

Parler de théâtre dans le théâtre, de mise en abyme, etc., à propos d'un tel mécanisme, n'est donc qu'une caractérisation sommaire, tout juste bonne à tisser quelque vague rapport avec Shakespeare et Pirandello.

Mieux vaut se demander si le rôle du manipulateur (celui qui invente le jeu, le règle, le domine, en jouit sur scène comme le spectateur dans son fauteuil) est bien le plus difficile à jouer. Mais à une telle question, il n'est guère de réponse, car cela relève de la glorieuse incertitude du théâtre, où tout dépend de l'acteur. Sur scène se livre, sournoise et féroce, entre acteurs, une lutte pour la vie. Est-ce cela que Marivaux nous suggère dans ces scènes où l'on part gaiement pour jouer la comédie, pour jouer à jouer, et où surviennent aussitôt les affrontements de la vanité, le vertige des mots, la perte des assises et des positions initiales ? La paysanne se trouve en passe de l'emporter sur la soubrette des villes ; le paysan, en bon théologien qui s'ignore, rousseauiste sans le savoir, condamne le théâtre et ses artifices au nom de la morale (Marivaux, s'il a lu *La lettre à d'Alembert,* a dû raisonnablement considérer Rousseau comme un auteur de mauvaise foi)...

Ce qui se joue sur scène, dans ce début éblouissant, sur la scène régie par Merlin, a valeur anthropologique : toute société d'hommes engage la compétition des *moi*, la circulation des désirs, la domination des habiles sur les dupes, les manèges des demi-habiles, les larmes des faibles, les cris des nigauds... Toute société d'hommes croise le sexe, la condition et l'argent : dans le monde d'en haut et dans le monde d'en bas. Mais la fable nous fait passer sans effort de l'anthropologique au dramaturgique, d'une représentation de l'homme à une représentation du théâtre. Puisque le passage du personnage à la personne, sujet des canevas de Merlin, le passage de la comédie encadrée à la comédie encadrante, ne renvoie qu'à deux états de fiction assumés par le seul acteur. Et que la société des acteurs, sur scène et hors de scène, met en jeu les mêmes rapports. Il y a bien, au cœur de l'anthropologie marivaudienne, le motif initial d'une perpétuelle comédie sans cesse rejouée. D'Alembert ne s'y était pas trompé, qui accorda un tel statut emblématique à la scène originelle de la jeune fille au miroir (*J.O.D.* et *Éloge de Marivaux*), dont rien ne garantit évidemment qu'elle soit une scène « vécue » comme on l'a longtemps cru sur sa foi de secrétaire perpétuel. On constate au demeurant que cette sène emblématique éclaire et inverse (en partie) notre comédie. La jeune fille innocente répète ses mines devant son miroir, telle une actrice dans sa loge. Sur le plateau de Merlin, le jeu de l'acteur, en apparence totalement installé dans la fiction, hors de la réalité et de la vérité, dans le pur artifice, l'artifice au carré du théâtre dans le théâtre, révèle brusquement la vérité secrète des rapports humains, des désirs, des angoisses. Il faut une nouvelle fois le détour du mensonge (celui de Merlin) pour mettre à nu la vérité — comique et lucide — du lien social.

En passant de la sphère des serviteurs à celle des maîtres, le théâtre, de jeu, devient enjeu d'un conflit de pouvoir. Marivaux décide d'opérer le passage d'une sphère à l'autre de la manière la plus économique. Il aurait pu faire appel à un motif traditionnel — la trahison. Blaise ou Lisette, victimes de l'épreuve, auraient pu trahir le secret. Mais ils ne sont pas dans le secret. Ou bien on pouvait imaginer Blaise pleurant et faisant appel à Mme Argante... La solution choisie a le mérite de faire vite (ce qui compte dans une pièce en un acte) et suppose un gag (le crescendo du bruit qui attire Mme Argante). Elle n'a tout de même pas le mérite d'une ingéniosité extrême, et l'on doute que Marivaux se fût permis autrefois une telle facilité. Elle ne compromet certes pas l'efficacité scénique, mais elle signe un certain relâchement, comme une lassitude secrète, à demi avouée. À demi seulement : il la dissimule par des *coutures :* « On ne s'y bat pas, Madame ; la bataille que vous avez entendue n'était qu'un entracte ;... » (sc. 6). Couture qui a le mérite de rappeler ce que la première scène avait déjà souligné : Merlin est à la fois valet, directeur de troupe, acteur et auteur. On voit qu'il préfère trahir le secret promis à Mme Amelin plutôt que le sien, dont dépend l'efficacité de son spectacle ! Vanité d'auteur qui, cependant, comme toujours dans le système théâtral marivaudien, se soumet au motif dominant de l'argent, consubstantiel au valet de théâtre. Chez Marivaux, un valet obéit à l'argent. Ce n'est pas un point de vue sur le monde, c'est un postulat du code théâtral marivaudien et de la division des rôles. Un rituel comique à finalité strictement dramaturgique, purement fonctionnelle. Qui voudrait l'interpréter hors de ce cadre trahirait violemment la philosophie morale et sociale de Marivaux ! Que, chez un écrivain viscéralement sensible aux douleurs de l'inégalité, il soit si difficile de rabattre sur le plan de l'idéologie une structure aussi décisive que la sphère des valets, voilà qui donne à réfléchir sur l'écriture théâtrale de Marivaux.

C'est donc l'amour-propre blessé qui va déterminer Mme Amelin à se venger en réinventant sans le savoir le stratagème de Merlin. À la base, il y a le postulat d'un troc : l'échange d'un symbole (le théâtre) contre une fortune. La mère (Mme Argante) paie, par un sacrifice symbolique, par une blessure, par un renoncement (Mme Amelin parle de « complaisance »), le don de Mme Amelin : le bonheur d'Angélique. Cette blessure, Mme Amelin était bien décidée à l'infliger : d'où le secret sur le divertissement demandé à Merlin. Contrainte de céder, par politesse, elle invente aussitôt un autre secret, et transforme Mme Argante, de spectatrice surprise, en actrice involontaire, « de bonne foi », bien plus manipulée, bien plus éprouvée que Lisette et Blaise. Le jeu consiste à obliger la mère rigoriste et peu reconnaissante à réclamer à cor et à cri (à son corps défendant) qu'on joue la comédie qu'elle s'interdit, qu'elle a interdite. Et plus elle la réclame, en s'exclamant qu'on ne rompt pas un mariage (de comédie !) pour une comédie, fût-elle de « Monsieur Merlin », plus elle joue la comédie qu'on attend d'elle. Mme Argante s'est voulue constante et fidèle à sa morale (janséniste ?) : elle risque le malheur de sa fille et reçoit une leçon mortifiante. Conflit des mères, conflit des volontés au seuil d'une cohabitation (sc. 10) qui s'annonce difficile, et dont les enfants pourraient bien faire les frais. On voit sans peine que la comédie montée par Mme Amelin aux dépens de sa partenaire-rivale, de son alter ego intraitable, inscrit sous le signe de la fiction ce qui, dans le hors-scène, dans la réalité dont nous parlent les *J.O.D.*, serait la vraisemblance la plus probable : Angélique, sans argent, ne pourrait pas plus épouser Éraste qu'une autre Angélique Lucidor. Mais Araminte s'achèterait, pour 200 000 écus, ce cœur qu'elle désire : « Vous m'aimerez, vous dis-je ; on m'a promis votre cœur, et je prétends qu'on me le tienne ; je crois que d'en donner deux cent mille écus, c'est le payer tout ce qu'il vaut, et qu'il y en a peu de ce prix-là » (sc. 9). Incroyable dureté, au milieu du jeu, et grâce au jeu, de cette irruption brutale du monde tel qu'il est dans l'univers aérien et purifié de la comédie telle qu'elle doit être.

La fable (Éraste va, doit épouser Angélique, pour

répondre aux attentes programmées et payées du spectateur) inscrit sur la scène l'irréel sous les auspices de la réalité, et donne à la réalité (les Araminte se paient des Éraste) le visage du jeu. On constate alors que l'argent domine encore plus le monde des maîtres que celui des serviteurs et des paysans. La différence, c'est qu'il ne se dit pas avec la candeur cynique, et joyeuse, des valets. Mais de même que Merlin monte son spectacle pour de l'argent (nulle trace d'amitié entre Éraste et lui), de même Mme Amelin entend bien marquer d'où vient l'argent, à qui revient le véritable pouvoir dans la future maison communautaire. La comédie est ici une vengeance, une domination symbolique mais cruciale, l'imposition d'un désir sur un autre. Un *moi* a vaincu un *moi,* sur le théâtre, par le théâtre, pour le théâtre. Mais que ce discours critique assombrit ce qu'il commente ! « Tout commentateur de bon mot est un sot », prétendait Voltaire. Tout commentateur de comédie est un *tragediante* en parade, qui court le risque de s'ignorer.

Dans le jeu que déclenche Merlin, on devine assez bien quelle anthropologie se dessine ; mais elle n'engage pas un conflit de valeurs. C'est là aussi un trait spécifique et constant du monde des valets chez Marivaux : la morale s'évanouit dans l'antichambre, quitté le salon, on est en deçà du bien et du mal.

Le conflit des deux mères terribles, sourdement en lutte pour le pouvoir, engage au contraire l'affontrement de deux morales, de deux philosophies de l'existence. Sa portée symbolique ne peut faire de doute. À Mme Argante, qui invoque son âge et son sexe pour refuser le théâtre (emblème des valeurs mondaines, du plaisir, des passions), Mme Amelin oppose son goût du rire, de « la joie innocente » : « vous êtes trop sérieuse pour moi », (sc. 10). Il s'agit bien de deux morales : la morale rigoriste, austère, hautaine (manifestement janséniste) ; la morale non pas du plaisir à tout prix (pôle libertin), mais d'un humanisme indulgent, qui se refuse à faire l'ange. Le rire sanctionne la défaite prévisible et la palinodie de

Mme Argante, comme il fustige Hermocrate et Léontine, ennemis de l'amour au nom de la raison *(Le Triomphe de l'amour).*

Le théâtre n'en est pas pour rien l'enjeu symbolique. La rupture entre Diderot et Rousseau s'y joue publiquement dans ces mêmes années ; c'est la question du théâtre qui empoisonne les relations de Voltaire, fraîchement installé en Suisse, et des pasteurs genevois ; c'est elle qui a fait expulser de France, en 1697, les Comédiens-Italiens. Est-ce à dire qu'elle oppose l'Église à la Philosophie ? Pas seulement. Marivaux n'est pas vraiment du côté des philosophes, qui le lui rendent bien. Redisons-le encore une fois : pas plus qu'il ne les aime, il ne rêve du théâtre qu'ils aiment — mimétique, émotionnel, idéologique, aussi tenté de s'intérioriser, sur le modèle fascinant du nouveau roman à la Richardson, que la comédie marivaudienne se veut aérée et formalisée. Il est vrai que Diderot, dans sa théorie des genres, réserve sa place à la comédie pure, brillante, esthétisée au point de supporter même le vers qui tue l'effet de réel : nul doute que Marivaux, pour lui, s'y loge tout entier. Ce jugement, fût-il péjoratif, nous en dit peut-être plus sur le projet marivaudien que bien des lourdes machines critiques contemporaines, acharnées à le surcharger d'idéologie, quand Marivaux, avec une incroyable rigueur, tente, au théâtre, de se purifier et de s'aérer, pour installer sur la scène l'espace délibérément euphorique de la comédie, de la comédie comique.

Le dramaturge au miroir

Les Acteurs de bonne foi sont une mise en scène et une mise à nu des structures les plus insistantes de la dramaturgie marivaudienne, d'autant plus captivante que Marivaux, à la différence de Voltaire, de Diderot, de Lessing ou de Beaumarchais, ne s'est guère posé en théoricien du théâtre. De quoi parle-t-il quand, au soir de sa vie, il décide de parler théâtre au théâtre ?

Il souligne d'abord les rapports ambigus du jeu et de la vie, puisque les serviteurs jouent le rôle qui est le leur hors représentation : « vous ne sortez point de votre caractère, vous autres » (sc. 2) / « la simple nature fournira les dialogues » (sc. 1). Mme Argante, Éraste, Angélique, et même Araminte, jouent également « sans sortir de leur caractère », et c'est bien la « nature » qui est censée fournir le dialogue de cette comédie qu'ils donnent sans le savoir. Est donc posée dès le départ l'affirmation de ce fameux naturel qui obsède l'esthétique classique. Serait-ce une réponse à tous ceux qui n'avaient cessé de dénoncer dans son théâtre une machinerie artificielle, « métaphysique », des personnages sans rapport avec la réalité ? Par un renversement polémique mais masqué, Marivaux revendique d'entrée la vérité de son théâtre, ce qu'il soulignait déjà en défendant son style contre ses détracteurs : ne le sentaient artificiel et contourné que ceux qui s'étaient fabriqué une nature de convention à partir du style de théâtre traditionnel. L'importance, au moins polémique, de cette donnée qui structure la pièce et la fonde, montre que Marivaux ne restait pas indifférent à ces rengaines.

Inversement, si le jeu renvoie à la vie, si les personnes deviennent si facilement d'excellents personnages (« Vous joueriez à merveille, Madame, et votre vivacité en est une preuve », sc. 10), si les spectateurs (je parle ici des spectateurs *dans* la pièce) entrent eux aussi, sans le savoir, dans la comédie, c'est que la vie a toutes les apparences d'une comédie à qui sait regarder. Cette idée, si familière à Marivaux, est avancée dès l'ouverture de la pièce. Car Merlin ne se contente pas de faire jouer aux serviteurs leur propre caractère, il joue avec eux : « nous sommes convenus tous deux de voir un peu la mine... » (sc. 1), avant que Mme Amelin s'amuse avec Mme Argante, Éraste, Angélique et même Araminte.

La pièce suggérerait-elle ainsi la disparition du Héros, tragique ou comique, projection magnifiée en type, sur la scène, d'un individu hors du commun, habité et dévoré par une passion assez sublime pour creuser, entre scène et salle, la distance (tristesse majestueuse, ou angoisse que le comique décharge) ? *Les Acteurs* nous montrent en tout cas, c'est leur sens même, la permutation incessante des fonctions d'acteur et de spectateur. D'abord « spectateurs assis » (sc. 2 ; voilà une didascalie qui a son prix !), Colette et Blaise ne peuvent longtemps goûter le repos du bord de scène. Leur condition de maître n'empêchera pas Mme Argante, Éraste, Angélique, de s'offrir en pâture à des regards avides.

Miroir donc, que le théâtre ; ou plus exactement, théâtre et réalité tendent à se confondre : comédie du monde... Un coup de pouce, le goût du jeu, le désir de voir, et la quotidienneté prend aussitôt les couleurs du théâtre. Inutile, dit Merlin, de monter une comédie préparée à l'avance, d'embaucher des acteurs, de répéter ; elle se joue toute seule, il y suffit d'un mot : dire Non là où jusqu'alors on disait Oui.

La notion de jeu ne s'épuise pas par là. Que font Merlin et Mme Amelin, dans leur troublante symétrie (leurs noms mêmes consonnent) ? Ils instituent une épreuve : « et le tout, pour éprouver... » (sc. 1). Comme si souvent dans ce théâtre, elle prend ici la forme pure d'une décision. Décision aux racines troubles, tant qu'on voudra, mais qui se pose, dramaturgiquement, comme acte fondateur de la comédie, jeu délibéré donné comme tel, alors que l'intrigue, dans la tradition théâtrale, se veut la réponse rusée à une situation bloquée, un effort ingénieux pour tourner d'irritants obstacles (la malice d'Ulysse veille, avec Athéna, sur les valets de théâtre).

L'épreuve a pour autre face l'expérimentation : « nous sommes tous deux convenus de VOIR... » (sc. 1). Le théâtre se fait expérience réglée, dont le spectateur, instruit du protocole, anticipe la démarche et les étapes. Difficile, donc, de ne pas renvoyer, avec J. Roger (*Les Sciences de la vie dans la pensée française du* XVIIIe *siècle*, Colin, 1963), au développement des sciences et de l'esprit d'observation, notamment dans les sciences naturelles, dont le modèle épistémologique semble structurer en profondeur une telle dramaturgie. Bien entendu, *Les Acteurs de bonne foi* ne sauraient ici rivaliser avec *La Dispute* et son laboratoire vivant. Chaque pièce du répertoire marivaudien peut se lire comme une expérience : qu'advient-il si l'on modifie une ou plusieurs données, l'âge, la richesse, la condition, l'éducation... ? *Les Acteurs de bonne foi,* eux, mettent en scène l'idée pure d'expérience, qui appelle une autre figure canonique : car on voit que l'expérimentateur est dans la pièce. Il pourrait ne pas y être, il pourrait se trouver dans la salle. Mais Marivaux l'installe sur scène et lui confie la régie du spectacle. À Merlin, à Mme Amelin de définir les règles du jeu, d'en arbitrer le déroulement, à eux de siffler la fin de la partie.

Ils occupent donc une position privilégiée, celle de l'observateur devant son bocal, du naturaliste devant ses insectes. Qu'ils soient un regard, le texte va même jusqu'à nous le souffler : « nous sommes tous deux convenus de voir... » / « J'ai voulu voir... » (sc. 1). Qu'ils soient à part n'est pas non plus caché : « ce sont les principaux acteurs », dit Merlin de ses camarades ; « vous ne sortez point de votre caractère, vous autres » (sc. 1). Eux seuls ne sont point *acteurs de bonne foi.* La comédie se donne d'abord à qui sait regarder. Et pour bien regarder, il faut être hors du coup : Blaise et Lisette ne peuvent rester « spectateurs assis », ne peuvent jouir du spectacle que les hommes se donnent sans le savoir.

Le jeu va plus loin : Merlin engendre sans attendre une des structures les plus spectaculaires du théâtre de Marivaux, la double inconstance par permutation des couples, tandis que Mme Amelin enclenche avec une visible jubilation le système triangulaire, qui suppose un angle mort et un espoir sacrifié sur l'autel des géométries dramaturgiques (voir *La Fausse Suivante, Le Petit-Maître corrigé, Le Triomphe de l'amour, L'Épreuve...*). Mme Amelin n'est pas non plus sans rappeler, par son épreuve éducatrice et son conflit avec Mme Argante, une autre série de pièces marivaudiennes telles que *L'École des mères* et *La Mère confidente*. Pauvres Angéliques..., sauvées par le démon comique !

Il faut donc souligner la vitalité affichée de la figure du double : le théâtre et la vie, les maîtres et les valets, les hommes et les femmes, les jeunes et les vieux, les riches et les moins riches, les manipulateurs et les manipulés, etc.

On ne s'étonnera guère si la fin visée de ces ballets géométriques est de surprendre le spectateur : « Mme Amelin veut la (Mme Argante) surprendre » / « nous surprendrons, Monsieur, nous surprendrons » (sc. 1). Mais cette surprise annoncée n'est pas assez surprenante, et le spectateur verra surgir, de la surprise échouée, la vraie surprise de la pièce, la comédie jouée par celle qui devait la voir, et la comédie engendrée par l'impossibilité de la jouer : autrement dit, le dédoublement, dans le temps de la pièce, du parallélisme des maîtres et des valets (dédoublé, dans les pièces antérieures, sous la forme d'une intrigue parallèle), et le renversement inattendu d'un rapport si classique chez Marivaux. Ce ne sont plus en effet les amours des maîtres que les valets reproduisent ; c'est l'impossibilité, pour les valets, de jouer l'inconstance pour le plaisir des maîtres, qui provoque, par ricochet, l'inconstance des maîtres et le renversement des alliances. La comédie des valets entraîne ici celle des maîtres, par une espèce de contagion à rebours. Le rôle de spectateur n'a donc rien d'un privilège de classe, et les valets en usent plus qu'à leur tour. Mais, en même temps, chaque classe se regarde au miroir de la comédie, se donne à elle-même sa propre comédie.

Marivaux se sert ici de la surprise à des fins polémiques. Que nous dit Merlin ? Un inconstant, une coquette, « et voilà ma pièce. Oh ! je défie qu'on arrange mieux les choses » (sc. 1). Cette définition à l'emporte-pièce des *Acteurs de bonne foi* ne se prive pas d'insolence, tant elle semble abonder dans le sens des critiques qui pleuvaient depuis quarante ans sur Marivaux. Le dramaturge, devant son miroir, reprend le sempiternel reproche : il ne se passe rien, je vous le dis, dans ma pièce, et je le fais dire avec une jubilation provocante par la bouche d'un auteur dérisoire. Mais le vrai sujet de la pièce n'est bien entendu pas celui-ci, et d'une pièce qui rassemble comme à l'envi les thèmes les plus connus, les mécanismes les plus canoniques de Marivaux, sort brusquement, tel un lapin du chapeau, une autre pièce inattendue, née symboliquement de celle qui n'est pas jouée. « Et voilà ma pièce » est donc tendu comme un leurre, lancé comme un défi : trompe-l'œil pour ceux qui ne veulent point voir.

S'il y a surprise, il y a secret. Ces deux grandes catégories dramatiques ouvrent *Les Acteurs* après bien d'autres pièces. Mais la brièveté n'empêche pas ici le fonctionnement d'un système complexe de secrets. Tous se partagent d'abord, sauf Mme Argante, un secret général : on va jouer une comédie pour le mariage. Merlin et Colette se sont donné un autre secret : ils vont jouer une comédie dans la comédie, pour éprouver Blaise et Lisette. C'est ce secret qui permet à la répétition de se jouer (sc. 2 à 5), qui relance la comédie (sc. 6), et qui interdit enfin au divertissement réclamé à cor et à cri par Mme Argante de se faire (sc. 12) ! Mme Amelin et Araminte possèdent un secret auquel les serviteurs n'ont pas droit (la réciproque de l'aveu de Merlin à Éraste n'est pas réalisée, les maîtres rient entre eux), et qu'elles ne font pas non plus partager aux autres protagonistes du monde des maîtres, transformés en acteurs de bonne foi. Mais les secrets apparemment partagés entre Merlin et Colette, entre Mme Argante et Araminte, le sont sur un mode inégal. Car Merlin et Mme Amelin soumettent en même temps, qu'ils le veuillent ou non, leur partenaire à une épreuve où ceux-ci s'engagent plus qu'ils ne le croyaient : Colette se prend (peut-être !) au jeu (comme Flaminia dans *La Double Inconstance*), Araminte s'entend dire de désagréables vérités sur son âge. De fait, seuls Merlin et Mme Amelin restent parfaitement maîtres du jeu et du secret.

Ignorante de l'épreuve où on l'entraîne, Lisette s'apprête à jouer la comédie : « Ce que j'aime dans la comédie, c'est que nous nous la donnerons à nous-mêmes ; car je pense que nous allons tenir de jolis propos » (sc. 2). C'est dire que Lisette se représente le théâtre comme un... marivaudage, un embellissement précieux de la réalité. Il revient donc à une conscience naïve de servante campagnarde d'exprimer le leitmotiv de la critique du XVIIIe siècle ! Que Marivaux rapporte la réaction de Lisette à une attitude « spontanée » du peuple, d'autres pièces le prouvent *(L'Île des esclaves)* : le théâtre, c'est l'univers des maîtres, incarné dans un langage artificieux. De la même façon, Lisette ne manque pas de rire d'une expression typique du style marivaudien : « Ton mérite, qui le veut, me fait rire » (sc. 3).

Et pourtant, ces jolis propos que Lisette savoure à l'avance comme un délicieux déguisement, un rêve de bal masqué où toutes les suivantes sont reines, vont faire des ravages, et lui donner sans tarder l'envie de coups de poing (sc. 3). Les gestes prennent donc le relais des mots, les gestes les plus immédiatement soumis aux émotions. Marivaux a rarement noté si fortement la vivacité naturelle du peuple, qui fait l'objet d'une scène fameuse et jugée scandaleuse de *La Vie de Marianne*, entre un cocher et une lingère. Merlin se charge d'en souligner la portée : « Comme tu n'es qu'une suivante, un coup de poing ne gâtera rien » (sc. 3). Ces coups de poing doivent se voir sur fond de niveau esthétique (comédie de bon goût/farce) et de contraste social : car la scène 10 entre Angélique, Éraste et Araminte fait évidemment écho à celle-ci. Or Angélique se garde bien, on s'en doute, de brandir le poing, et les déclamations d'Éraste (« Moi, vous trahir, Angélique !... ») donnent joliment le ton sensible de la bonne société, et de la bonne comédie qui ne veut pas se commettre avec le comique populaire.

Pourtant, ces coups de poing, gestes du désir populaire, se trouvent écartés de la représentation réellement vue par le spectateur (c'est-à-dire, dans la pièce, de la répétition) au profit de la « vraie » représentation qui n'aura jamais lieu : « Non, non, gardons le coup de poing pour la représentation, et supposons qu'il est donné ; ce serait un double emploi, qui est inutile » (sc. 3). Hasard ? On a le droit d'en douter. Il est permis de se demander si Marivaux ne réfléchit pas ici, en virtuose retors, sur les gestes qu'on peut représenter sur scène, sur le langage du corps et sa censure. J'en vois au besoin la preuve dans la scène 4, qui fait écho à la scène des coups de poing : Merlin : — « Donnez-moi votre jolie main, que je vous en remercie. » Lisette : — « Je défends les mains », etc. Dans la scène 5, Lisette aura seulement le recours, pour épancher sa rage, de déchirer un papier. C'est poser, dans l'orbite comique, le problème qui va obséder Diderot et Beaumarchais, du relais de la parole par le geste. Il n'est pas absurde de lire dans *Les Acteurs* une réflexion discrète (mais qu'une représentation moderne pourrait accentuer et systématiser) sur les divers langages dramaturgiques et leur composante indissolublement sociale et esthétique.

Censure des gestes du corps : leur dramaturgie est refusée aussitôt qu'évoquée. Les mots suffisent pour figurer l'amour, nous disent (drôlement) Blaise et Lisette. Parole significative malgré elle, et qui rejoint la définition (ironique) prêtée à Lisette sur la comédie toute en « jolis propos ». Le théâtre est d'abord une bataille sur les mots. C'est des mots prononcés ou tus que surgit l'obstacle, la péripétie. Toute la comédie montée par Merlin repose sur le jeu des mots qu'il devrait dire, et qu'il ne dit pas ; qu'il dit, et qu'il ne devrais pas dire. À la limite, d'une dramaturgie de l'obstacle, on passe à une dramaturgie de l'écart linguistique : les créatures de Marivaux ont l'oreille délicate, et se servent du langage comme du masque le plus naturel.

Par le jeu de la comédie, Mme Amelin et Mme Argante, Éraste et Angélique, Colette et Blaise, Lisette et Merlin se découvrent soudain autres. Le masque est la forme la plus typique de ce changement qui fait miroiter les facettes d'un personnage, ou qui le dédouble en figures complémentaires. C'est par le changement, le mouvement, que s'explique la présence simultanée, dans ce théâtre, de la naissance (naissance de l'amour, de la femme, etc.) et du masque, deux figures qui peuvent d'abord sembler sans rapports, et qui pourtant se touchent nécessairement. La question du dénouement s'y rattache aussi.

Le dénouement d'une pièce de Marivaux mène à son terme un processus psychologique au cours duquel le personnage est devenu autre, s'est métamorphosé. Terme provisoire : on fige dans la photo de mariage un mouvement qui, tout au long de la comédie, s'est montré trop mouvant, pour que ce dernier instantané puisse fixer l'image de l'avenir. Même une pièce en un acte comme *Les Acteurs*, obligée de faire vite avec ses deux comédies successives, ne manque pas de le suggérer assez vivement : Angélique. — « Éraste y consent-il ? » — Éraste. — « Vous voyez mon trouble; je ne sais plus où j'en suis. » — Angélique. — « Est-ce là tout ce que vous répondez ? Emmenez-moi, ma mère, retirons-nous ; tout nous trahit » (sc. 10). Aussi bien le temps des pièces de Marivaux n'est pas un temps historique. C'est un temps sans nostalgie, sans épaisseur, sans passé ni avenir. Il n'accumule pas, au contraire de Beaumarchais, il atomise et décompose le flux des sentiments qui traversent des figures génériques, l'homme, la femme, la jeune fille, la mère, le valet, la suivante, le paysan..., sièges de la perpétuelle comédie que l'amour, l'argent, l'autorité, la vanité, ne cesseront jamais de faire jouer aux désirs humains. Obstacles suffisamment retors pour se substituer aux résistances adverses propres à la comédie classique.

Ce théâtre ne cesse de se proclamer théâtre, car chaque figure théâtrale, fût-ce la plus invraisemblable, et c'est le cas de la plupart des masques, signale aux yeux de Marivaux la nature essentielle de l'homme : le flux des sensations et des idées, l'amour-propre, l'inadéquation à soi, le masque, bref, la comédie que nous jouent les choses, les autres, les mots, la comédie qui se joue en nous, et qu'au théâtre en tout cas, Marivaux nous offre de savourer. Car ce n'est pas le lieu de s'enfuir, comme le narrateur épouvanté qui surprit un jour une jeune fille au miroir. La jeune fille faisait semblant. Les acteurs font semblant de faire semblant, pour nous faire plaisir. Il n'est pas sûr que Marivaux nous conseille d'imiter Blaise, qui en pleure.

Les Acteurs de bonne foi n'ont jamais été joués du vivant de Marivaux. Ils parurent pour la première fois en novembre 1757, sans nom d'auteur, dans la revue d'un de ses amis, *Le Conservateur*. La pièce figure en 1758 dans les *Œuvres de théâtre de M. de Marivaux, de l'Académie française*. Elle appartient depuis 1947 au répertoire de la Comédie-Française. Elle a intéressé notamment A. Barsacq, J.-P. Vincent associé à J. Jourdheuil et, plus récemment, en 1987, J. Lassalle au Théâtre national de Strasbourg.

RÊVES DE FEMMES

La Fausse Suivante (1724), *L'École des Mères* (1732), *La Mère confidente* (1735) : est-ce bien raisonnable ? La question ne touche pas la qualité des pièces. Un simple coup d'œil rassurera les inquiets, les bilieux, les bougons. Leur inégal renom ne me paraît pas non plus en cause. Si *La Fausse Suivante* doit désormais son inoubliable stridence à Patrice Chéreau et Jacques Lassalle, nous savons bien qu'un jour ou l'autre, quelqu'un nous donnera à entendre, dans le dialogue avec sa fille d'une mère qui se veut confidente, trois des plus fortes scènes du théâtre français. Scènes si tendues, d'un enjeu moral si intense, si avoué, qu'elles tirent le comique vers le genre sérieux, vers ces marges étranges (déjà explorées sur un autre mode, celui de la tragi-comédie, dans *Le Prince travesti* de 1724), vers ces frontières où la comédie, sans appeler nécessairement les larmes, serre le cœur dans le pressentiment du sublime. Que *La Mère confidente* soit une réécriture et comme une inversion de *L'École des mères*, une école des mères au positif après la critique, les titres et la proximité des dates le disent assez. La perplexité, dans ce groupement, ne peut alors concerner que *La Fausse Suivante*.

Quel rapport en effet entre la jeune femme en colère qui, déguisée en homme, se lance aux trousses du libertin Lélio, cynique chasseur de dots, l'enjôle et le trompe tout en enflammant au passage cœurs de valets plus une charmante comtesse, et les deux tendres Angélique sous contrôle maternel ? Entre la comédie noire de 1724, qui fait au mal, à la pure méchanceté, au ressentiment, une place unique dans le théâtre marivaudien, et deux pièces si résolument orientées vers la leçon morale qu'elles semblent rapprocher Marivaux de Destouches et Nivelle de La Chaussée, en passe de faire triompher au Théâtre-Français la comédie dite *larmoyante* ?

C'est bien entendu cet écart qui donne prétexte au rapprochement. *La Fausse Suivante* et *La Mère confidente* me semblent gagner à leur lecture conjointe, car, à travers deux expériences esthétiques qu'il ne poussera plus jamais aussi loin, avec tant de détermination et de pureté, on touche les deux bords extrêmes du théâtre marivaudien. D'un côté, la noirceur du mal, la jungle des intérêts et des désirs ; de l'autre, les tendres rêveries du cœur, l'aspiration à un monde plus doux et plus confiant. On se doute que ces tentations, quand elles débordent trop violemment du cours central de l'œuvre, risqueraient, en des mains moins adroites, de compromettre l'énergie comique. Cette énergie comique dont Marivaux s'imagine apparemment, tout au long de sa carrière, qu'il n'a pas droit de priver le spectateur payant des comédies, mais qui met la morale, au théâtre, en de si cruels embarras qu'on ne cesse, à partir de 1730, de rêver à la réconciliation du rire et du cœur, du comique et du sentiment. Comment marier la comédie et la vertu ? De Nivelle de La Chaussée à Mme de Staël, les Lumières scrutent cette sombre question, héritée du christianisme et revivifiée par le maoïsme, sans oser la trancher avec la belle détermination des Pères de l'Église et de Rousseau — par la fermeture des théâtres et la reconversion des comédiens.

Masques et secrets

A souligner si résolument, presque emphatiquement, les tensions qui travaillent la dramaturgie de

Marivaux, on gagne peut-être d'éviter une tentation trop séduisante, qui remonte aux premiers spectateurs, ou plutôt aux premiers lecteurs : confondre une originalité impossible à méconnaître (dite marivaudage) et la reconduction infinie, aussi ingénieuse fût-elle, d'une même formule aisément décomposable. Non, le masque dont Marivaux, dans *La Fausse Suivante ou Le Fourbe puni*, expérimente pour la première fois, avec une telle jubilation de virtuose, toutes les ressources, ne donne pas plus la clé de son théâtre que, par exemple, la naissance et les surprises de l'amour, ou la dialectique de l'être et du paraître, ou la linguistique du oui et du non. La notion d'originalité, qui occupe une telle place, contre celle d'imitation, dans l'esthétique de Marivaux et celle des *Modernes* dont il se réclame, ne joue pas seulement d'époque à époque, d'auteur à auteur, mais aussi de pièce à pièce (et de genre à genre). C'est peut-être l'effet pervers de certaines approches fougueusement dans le vent, que de renouveler à leur insu la plus persistante, la plus insidieuse lecture de Marivaux (je pense notamment au livre de Michel Deguy, *La Machine matrimoniale ou Marivaux*). Pourquoi ne pas croire que les aventures de cette jeune fille de bonne famille, qui découvre les ivresses et les périls rebondissants du masque, sont une assez bonne figure et de l'étrange désir qui nous porte devant une scène et des métamorphoses incessantes d'un des plus grands explorateurs du théâtre ?

C'est en tout cas ce que suggère cette étonnante année 1724, où l'auteur du *Prince travesti* (5 février) offre aux spectateurs du Théâtre-Italien, quelques mois plus tard (6 juillet), de quitter le monde tragi-comique de la Cour, avec ses Princes, ses prisons, ses ministres, ses valets, pour les embrouilles plus terre-à-terre, non moins perfides, de l'argent et du mariage chez gens de bonne compagnie. Dans les deux pièces, si différentes de ton et de structure, les titres affichent le travail du dramaturge sur le travestissement, forme la plus spectaculaire du masque. Mais *La Fausse Sui-*

12

vante pousse le jeu bien plus loin que *Le Prince travesti.* Dans sa tragi-comédie, Marivaux expérimentait, pour la première fois, les ressources dramatiques du secret. Car il ne faut pas croire que le masque appelle nécessairement une stratégie du secret menacé : à preuve *La Double Inconstance* de 1723, où le Prince, Flaminia, Trivelin, Lisette, se composent des identités fictives pour détacher Silvia d'Arlequin, sans qu'aucune mise en péril du secret surgisse de ce canevas de manipulation des cœurs ingénus. Il en ira encore presque de même, en 1732, dans *Le Triomphe de l'amour*, où Léonide-Phocion, alternativement homme et femme selon les besoins de ses séductions frénétiques, doit pourtant beaucoup, on s'en doute, à *La Fausse Suivante* : les tentatives d'Hermocrate et Léontine pour percer les desseins de la princesse déguisée sont certes plus substantielles que dans *La Double Inconstance*, mais sans commune mesure avec les deux pièces de 1724.

Diviser pour ignorer

Le Prince travesti inaugure en effet, chez Marivaux, une dramaturgie du secret, d'un double secret (l'identité de Lélio, son amour pour Hortense) qui devient, sous le regard royal, l'enjeu ardent des convoitises. Toutes les énergies se mobilisent et se croisent pour le percer, pour le défendre. De sa possession dépendent la fortune, le pouvoir, l'amour, la vie. Dans *La Fausse Suivante*, Marivaux surenchérit sur ce dispositif spectaculaire. Doublement. Son héroïne ne se contente plus de dissimuler son nom (qu'on ne connaîtra jamais), elle travestit son sexe, tour à tour homme et femme, aristocrate et suivante, livrée sans transition, par voltes abruptes, aux violentes logiques de ces statuts que l'idéologie sociale d'Ancien Régime voudrait si radicalement disjoints.

Mais ce n'est pas la seule innovation. La dynamique dramaturgique du secret est maintenant fondée sur sa division. Trivelin connaît dès la première scène, sur simple lapsus de Frontin, le sexe du Chevalier (*Frontin* — « ... tu serviras la meilleure fille... [...] la vérité m'est échappée, et je me suis blousé comme un sot. Sois discret, je te prie », I,1). Il importe peu de savoir si l'indiscrétion du valet paie la commodité du dramaturge, guère disposé à manquer la brillante scène 5 de l'acte I, où le faux Chevalier rencontre un valet d'autant plus volontiers hors de son rôle qu'il y est entré malgré lui, faute de savoir rester maître dans un monde en débine. L'essentiel, c'est que le secret si vite trahi protège et préserve aussi le secret, c'est-à-dire le rang véritable de la jeune femme. Puisque le sexe est connu, cachons le sang ! Frontin et sa maîtresse ont le même réflexe, parce qu'il y a une même logique dramatique du secret, qui structure la pièce (*Frontin* — « Cachons-lui son rang », I,1 : *le Chevalier* — « Il faut le tromper », I,5). Manœuvre défensive, mais d'une retorse efficacité : l'aveu extorqué laisse croire au dévoilement de la vérité, et garantit ainsi un second mystère, autrement important — l'enjeu du déguisement. La vengeance se donne alors pour une banale affaire sentimentale, une ordinaire rivalité féminine (*le Chevalier* — « Je t'avoue que j'avais envie de te cacher la vérité, parce que mon déguisement regarde une dame de condition, ma maîtresse, qui a des vues sur un monsieur Lélio, que tu verras, et qu'elle voudrait détacher d'une inclination qu'il a pour une comtesse à qui appartient ce château », I,5). Dans ces subtiles techniques de la manipulation (un des grands plaisirs comiques de la pièce), l'aveu scelle le mensonge, le secret démasqué assure le masque.

Harcelée par Trivelin, le faux Chevalier s'invente aussitôt une autre identité fictive, un statut social et un rôle (« Ma charge, sous cet habit-ci, est d'attaquer le cœur de la Comtesse ; [...] si elle vient à m'aimer, je la ferai rompre avec Lélio ; il reviendra à Paris, on lui proposera ma maîtresse... », I,5). Mais l'ivresse des rôles et des changes, aux pays de l'imaginaire, n'en abolit pas les lois. Trivelin, homme d'expérience, sait bien qu'en une comédie bien gouvernée, on ne laisse pas en friche un aussi joli capital : la capiteuse suivante doit promettre son cœur, et avancer « deux mois de récompense » pour captiver la langue. Il pourra alors entrer à son tour dans le bal masqué qui déguise les acteurs en personnages déguisés (« ton valet sur scène, et ton amant dans les coulisses »).

Le Chevalier est donc à la fois une jeune aristocrate irritée (secret que le spectateur omniscient partage avec Frontin) ; une suivante travestie en cavalier pour le bonheur de sa maîtresse jalouse (pseudo-secret dont Trivelin s'imagine le détenteur) ; un fringant Chevalier, entendons un cadet de condition, noble mais désargenté (pour Lélio et la Comtesse) ; une femme, une femme en chair et en or ! (pour Arlequin, toujours en manque). Double sexe et double statut, supports de multiples fables, afin de se venger d'un fourbe (car le projet de démasquer Lélio est accompli dès la scène 7 de l'acte I). On pourrait rêver sur cette aptitude protéenne à répondre aux désirs de chacun, qui fait sans doute, ici comme dans *Le Triomphe de l'amour*, le fond de la séduction (de la seule séduction amoureuse ?). Mais une dynamique dramaturgique efficace ne repose pas sur des idées abstraites. Le rythme si vigoureux de la pièce dépend des réponses, savamment distribuées sur trois actes, à cette question : comment la jeune fille pourra-t-elle préserver ses secrets à chacun distillés, face à deux fourbes consommés, aguerris par la vie (Lélio, Trivelin), sans oublier, sous ses dehors naïfs, le bavard petit Arlequin aux poches percées, toujours avide d'or, de femme et de vin.

Disperser et circuler

Le secret obéit à une double logique, productrice de schèmes dramatiques : il peut à la fois se *fragmenter* (la jeune héroïne tente de défendre le secret du sexe, de la condition sociale et du but visé) et *circuler* (entre Trivelin, Lélio, Arlequin — seule la Comtesse ne participe pas à cette sourde bataille pour la maîtrise). On voit ainsi Trivelin se précipiter auprès de Lélio (II,3) pour lui vendre ce que la fausse suivante vient juste de lui acheter. Mais qu'avec Marivaux on a vite fait de simplifier ! En vérité, Trivelin ne révèle pas exactement le sexe du Chevalier. Lui-même pratique, comme elle, la vente au détail, miette à miette, de l'information. Honnête dans la trahison, ou plutôt intelligemment comptable des intérêts qu'il croit maintenant partager avec sa prétendue partenaire de cœur et d'affaires, il ne négocie en fait que l'intrigue amoureuse avec la Comtesse ! Lélio n'a certes nulle raison d'acheter ce qu'il sait déjà. Mais le plaisir gratuit qu'il prend à jouer l'honnête homme méprisant lui coûtera cher, quand Trivelin, valet rancunier, lui rendra la monnaie, en III,2 ; et son refus est trop cinglant pour ne pas éveiller des soupçons générateurs de suspens dramatique (*Trivelin* — « Est-ce que notre faux chevalier m'en ferait accroire ? Et seraient-ils tous deux meilleurs amis que je ne pense ? », II,4). Marivaux affectionne les ironies structurales : en I,5, Trivelin savoure la maîtrise que procure la connaissance d'un secret ; en II,3, la même situation le ridiculise, avant qu'il ne prenne sa revanche en III,2... fût-ce au prix de son apparent intérêt.

Trivelin, valet ombrageux

Il n'est vraiment pas habituel, dans le théâtre de Marivaux, de rencontrer un valet si susceptible : ces ombrageuses délicatesses du moi sont privilèges de maîtres. (Partage dramaturgique, loi du genre joyeusement assumée, de nulle portée sociale ou morale, sinon d'étaler sur scène, au bénéfice du comique et des géométries scéniques, la rigueur d'un préjugé que Marivaux dénonce précisément, avec tant de véhémence, dans ses journaux et romans !) Le dramaturge ne peut justifier ces vanités qu'en donnant, pour la première fois, un étonnant successeur à Arlequin — Arlequin dont il ne poussera jamais plus loin l'exploration du type que dans son rôle génial du

16

Prince travesti. Après cette rêverie magnifique sur l'univers intérieur du petit drôle incarné par l'inimitable Thomassin, titulaire du rôle et du répertoire, Marivaux se tourne vers un autre masque italien, Trivelin, qu'il me paraît réécrire ici dans un registre typiquement français de valet ironique et cynique (d'ailleurs interprété, à la création, par un acteur parfaitement francisé, Dominique). A cette nouvelle grande figure de valet, il prête, dans une scène d'ouverture en fanfare, une biographie picaresque assez inhabituelle pour faire trace jusqu'à Beaumarchais. Car Trivelin ne convoite pas, tel le valet du *Turcaret* de Lesage (1709), la place du maître. C'est un maître déchu, un valet sans emploi, un soldat de la vie bourré de coups, un amer et indigent philosophe qui, à l'inverse de son camarade de 1727 (Marivaux, *L'Indigent Philosophe*), n'a pas renoncé au monde, dont il guette le moindre signe favorable pour se refaire. Esquisse fulgurante, mais à qui la structure de la pièce (centrée sur le Chevalier), la philosophie sociale de Marivaux et sa dramaturgie interdisent de prendre l'essor d'un Figaro. De cette éclatante première scène, Marivaux ne tirera pas une parabole sociale, mais des effets essentiellement comiques liés, dans une dramaturgie du secret, à un valet qui se souvient encore qu'il fut un maître. Figure du double, donc, à sa manière, comme Lélio et le Chevalier, figure saisissante, mais dont la force initiale s'épuise au cours de la pièce (au rebours exact de ces deux personnages, et de Figaro, qui ne donne toute sa mesure que dans l'immense monologue de l'acte V du *Mariage*). A la fin de la pièce, dupé et récompensé comme un enfant avec qui on a joué, Trivelin est bien retombé du côté d'Arlequin. Il y a ici trop de noirceur du côté des maîtres pour ses manigances, et toute offense de valet, au théâtre, mérite pardon : n'est-ce pas pour notre plaisir qu'ils se font si gredins ? Telle est du moins la perspective classique, que partage Marivaux, jusqu'à ce que Diderot, au nom de la vraisemblance et de la morale, clame son dégoût et réclame leur expulsion du théâtre revivifié (*Entretiens sur le Fils naturel, De la Poésie dramatique*, 1757 et 1758). Nul hasard si, dans *La Mère confidente*, les cachotteries de Lisette font soudain scrupule à Marivaux. Ce n'est pas le moraliste qui s'est durci, mais le dramaturge qui a changé de registre, et bien pressenti les enjeux de la moralisation naissante.

La belle énergie du prédateur

Alors que Trivelin (I,1) et Arlequin (II,7) reçoivent sans le moindre effort leur part de secret, Lélio, le fourbe consommé, le menteur professionnel, se dépense comme un diable, au troisième acte, pour essayer de deviner le sexe du Chevalier ! Mais cette superbe énergie comique s'empêtre et s'exaspère dans les discours nébuleusement extatiques d'Arlequin (III,1), se fait rembarrer par Trivelin, qui ne lui pardonne pas ses sarcasmes (III,2), et capitule piteusement devant l'épée du faux Chevalier (III,3). C'est bien entendu au terme de ce savoureux crescendo comique, qui a mobilisé en vain, pour la jouissance du spectateur, les ressources de la rhétorique, de l'argent, du bâton et de l'épée, que la vérité si violemment désirée, si rageusement négociée, tombe toute seule et en toute innocence de la bouche d'Arlequin ! (III,4)... Mais le libertin aussi, comme Trivelin, succombe aussitôt à l'éclat trompeur de l'aveu, se prend au piège d'une vérité partielle qui lui cache l'essentiel. Que sait-il en effet, si près du dénouement ? Que le faux Chevalier sert la demoiselle parisienne dont il compte épouser la dot plutôt que la Comtesse (III,5). Comment douterait-il de l'identité d'une suivante si naturellement, si logiquement intéressée ? (« je dirai que vous êtes un honnête homme ; mais convenons de prix pour l'honneur que je vous fournirai », III,5). Où va-t-on en effet, si les femmes, de brebis, se font loups, et s'avisent d'imiter les hommes ?... En somme (c'est l'ironie grinçante de la pièce) le roué, le prédateur des cœurs, le cynique calculateur tombe victime

18

de sa confiance dans la connivence masculine, dans la morale de l'intérêt : pourquoi, sur ce qu'on pense et fait des femmes, mentir à un homme, à un cadet désargenté ? pourquoi une suivante mentirait-elle contre son intérêt ? Impeccables postulats, sauf si l'on choisit sa proie comme confident et complice.

Une orpheline au milieu des loups

L'inversion des sexes, qui a un rapport originel au théâtre, ne se justifie ici qu'avec quelque embarras (I,1-2). Le spectateur doit en effet admettre qu'une jeune femme riche, majeure, orpheline, et de surcroît fort décidée (« Ma sœur... sait la singularité de mes sentiments »), s'abandonne à un mariage conclu par lettres entre son beau-frère et un prétendant inconnu. La fable juxtapose au départ deux modèles de mariage : le mariage traditionnel sous régie familiale, et le mariage sentimental moderne, qui triomphe au théâtre bien avant de se diffuser au-dehors, dès le XVIIIe siècle. C'est sans doute que Marivaux doit concilier les exigences de la vraisemblance, de la bienséance et de la cohérence. Le travestissement sexuel (masqué dans le titre au profit du camouflage social) suppose, pour la vraisemblance, que Lélio ne connaisse pas la jeune fille, tout en lui étant promis pour la cohérence du scénario. Quant au beau-frère recruteur de mari, il atténue l'inconvenance d'une telle équipée sauvage chez une jeune fille qui aurait encore père et mère, ou qui ne serait pas maîtresse d'elle-même. Ces divers canons dégagent une marge étroite, puisqu'il s'agit de concilier l'acceptation passive d'un mariage de convenance, et l'audace explosive de l'agressivité sous la caution du masque.

C'est bien entendu le mariage négocié par un tiers avec un inconnu qui se conforme à la logique du monde réel, ce monde où la femme, sous couleur de sentiment, s'achète et se vend au gré de sa dot. Tout mariage, hors du théâtre, ne serait-il pas, peu ou prou, une union « par lettres », tout époux, peu ou prou, un Lélio ? Alors s'esquisse un vague et étrange rapport, dont *Le Mariage de Figaro* révélera plus tard le sens, entre la femme humiliée et Trivelin, le valet déplacé : aux tribulations picaresques de l'individu à mérite, à talent, répond la triste aventure des femmes, maîtresses, servantes, reines esclaves. Sous les apparences d'un saut dans la fantaisie la plus pure, dans la tradition la plus romanesque du théâtre, le travestissement va nous révéler l'envers du décor, le visage nu des hommes derrière le masque doucereux qu'ils tendent aux femmes. Le thème du mariage (la métamorphose de l'amant brûlant en mari glacial), qui ouvre *Le Prince travesti* (1724) et *Le Jeu de l'amour et du hasard* (1730), est une autre forme, satirique et moins noire, des déconvenues du rêve féminin. Car les Lumières n'auront de cesse, du théâtre au roman, de blesser la femme sur toutes les aspérités de son destin. Et son vrai destin, celui qui tire d'elle son chant le plus pur, c'est la rencontre du libertin, qui ne vit que pour la séduire et la meurtrir, jusqu'à l'épuisement mortel de son cœur défait. Ou jusqu'à la rédemption du tentateur, délices du drame et du roman d'après 1750.

En se saisissant, d'un geste rageur, de l'habit masculin, la jeune héroïne de Marivaux entre brusquement dans un autre monde, le *Monde vrai*, où elle peut soudain entendre la langue des hommes entre eux, quand ils se parlent des femmes, quand ils parlent du mariage à cœur découvert (*La Fausse Suivante*, I,7). C'est dans *Le Cabinet du philosophe* que Marivaux nous raconte la fiction philosophique du *Monde vrai* (*Journaux et Œuvres diverses*) : « Ainsi, par ce mot de Monde vrai, c'est des hommes vrais que j'entends, des hommes qui disent la vérité, qui disent tout ce qu'ils pensent, et tout ce qu'ils sentent ; qui ne valent pourtant pas mieux que nous, qui ne sont ni moins méchants, ni moins intéressés, ni moins fous que les hommes de notre monde ; qui sont nés avec tous nos défauts, et qui ne diffèrent d'avec nous que dans un seul point, mais qui les rend absolument d'autres hommes ; c'est que, en vivant ensemble, ils se montrent toujours leur âme à découvert, au lieu que la nôtre est toujours masquée.

« De sorte qu'en vous peignant ces hommes que j'ai trouvés, je vais vous donner le portrait des hommes faux avec qui vous vivez, je vais vous lever le masque qu'ils portent. Vous savez ce qu'ils paraissent, et non pas ce qu'ils sont. Vous ne connaissez point leur âme, vous allez la voir au visage, et ce visage vaut bien la peine d'être vu ; ne fût-ce que pour n'être point la dupe de celui qu'on lui substitue, et que vous prenez pour le véritable » (*Journaux et Œuvres diverses, Le Voyageur dans le Nouveau Monde*, Garnier, p. 389-390).

Les calculs du don Juan

La littérature lève les masques et dit la vérité des choses. Mais au théâtre, on ne voit l'âme au visage que par le masque. Déguisée, virilisée, la jeune fille découvre aussitôt l'impitoyable vérité du monde toujours cachée aux femmes par le discours de la galanterie et de la séduction, et donc aussi, comme chez la Comtesse, par le désir féminin de s'aveugler, de croire un peu, de croire encore aux soupirs et aux élans, plutôt que d'entendre la vraie langue des nouveaux don Juan. La langue du calcul : « J'aimais la Comtesse parce qu'elle est aimable ; je devais l'épouser parce qu'elle est riche, et que je n'avais rien de mieux à faire ; mais dernièrement, pendant que j'étais à ma terre, on m'a proposé en mariage une demoiselle de Paris, que je ne connais point, et qui me donne douze mille livres de rente ; la Comtesse n'en a que six. J'ai donc calculé que six valaient moins que douze. Oh ! l'amour que j'avais pour elle pouvait-il honnêtement tenir bon contre un calcul si raisonnable ? Cela aurait été ridicule. Six doivent reculer devant douze... » (I,7). Les nouveaux don Juan n'ont plus rien de la déraison héroïque de leur maître qui, au nom du calcul (« je crois que deux et deux font quatre »), allait affronter

Dieu à main nue ? C'est que Lélio se donne pour ce qu'il est : un homme ordinaire du monde ordinaire, puni sur scène comme parfait démon pour avoir dit, ainsi qu'au *Monde vrai*, ce que chacun faisait hors du théâtre avant la victoire du mariage sentimental.

La bonne âme brechtienne de Se-Tchouan se masque et se clive pour survivre en société marchande. Le Chevalier s'arme pour la guerre qui déchire silencieusement toute société, la guerre des sexes, énergiquement comparée à celle des loups et des brebis (III,5). Offerte par lettres à un inconnu, la jeune fille est d'abord une brebis docile, promise à la mâchoire du loup. Plutôt que de se défendre, comme la plupart des femmes, comme la Comtesse, par la coquetterie, elle pénètre dans le camp ennemi, découvre la loi de la jungle et hurle avec les hommes. L'inversion sexuelle par le travestissement est donc ici bien autre chose qu'un simple stratagème. Elle constitue une véritable mutation du statut social, du langage, des normes, une métamorphose des rapports humains. Par là, *La Fausse Suivante* annonce *L'Ile des esclaves* (1725), qui n'inverse pas le sexe, mais les conditions de maîtres et de valets. Le changement de sexe inauguré ici pour la première fois chez Marivaux opère une transmutation sociale non moins violente que la législation de l'île utopique. Mais qu'on ne s'y méprenne pas : l'exemple du *Triomphe de l'amour* (1732), où la princesse déguisée pousse à ses limites hystériques l'entreprise de séduction du Chevalier sur la Comtesse, prouve que l'inversion sexuelle ne produit pas d'elle-même le sens social si violemment dénonciateur qui fait l'originalité de *La Fausse Suivante.*

La femme vengée

Un roué floué par plus menteur que lui : on serait aujourd'hui tenté de voir là, dans ce schéma central, l'invention de Marivaux, et d'en exagérer la noirceur,

22

tant nous avons perdu la mémoire des pièces de Dancourt, de Dufresny, sans parler des comédies au vitriol de la Restauration anglaise, d'une audace chez nous inconnue, et de fait impossible sous le régime de la censure royale, particulièrement chatouilleuse en matière de théâtre. En vérité, l'intention de Marivaux n'est pas, n'a jamais été de rivaliser avec ces maîtres de la comédie noire. Il a même une horreur qu'on peut dire viscérale du cynisme, de la méchanceté, du mal... sauf lorsque cela passe par la médiation comique, distanciée, quasi poétique, des valets, c'est-à-dire par une fonction théâtralisée, par une convention générique. Mais alors, comment peut-il écrire *La Fausse Suivante*, sa comédie la plus féroce, comment peut-il faire une place si centrale à Lélio, au pur cynisme, celui qui signe ces lignes vibrantes, ces lignes sans équivoque : « Je ne sais où mettre le méchant : il ne serait bon qu'au néant, mais il ne mérite pas d'y être. Oui, le néant serait une faveur pour ce monstre qui est d'une espèce si singulière, qui sait le mal qu'il fait, qui goûte avec réflexion le plaisir de le faire [...], enfin qui ne voit le mal qu'il peut vous faire, que parce qu'il voit le bien qu'il vous faut : lumière affreuse... Car que deviendrait la terre, si le peu qui y reste de vertu ne servait de contrepoids à l'énorme corruption qui s'y trouve ? » (*Journaux et Œuvres diverses*, p. 304-305, *L'Indigent philosophe*, 5e feuille, juin 1727). Et aussi : « ... farce en haut, farce en bas ; et plût à Dieu que ce fût toujours farce, et que ce ne fût que cela ; plût à Dieu qu'on en fût quitte pour rire de ce qu'on voit faire aux hommes : je les trouverais bien aimables, s'ils n'étaient que ridicules ; mais quand ils sont méchants, il n'y a plus moyen de les voir, et on voudrait pouvoir oublier qu'on les a vus : ah ! l'horreur ! » (p. 304).

Dire qu'il appartient à l'art de regarder et de faire voir l'insupportable, est sans doute vrai, mais d'une vérité peut-être trop générale. Si le « monstre » peut s'installer et s'étaler ici dans toute son impudeur, avec une aisance qui ressuscite une part désertée de notre histoire théâtrale, c'est que, grâce au masque du Chevalier, seul confident de Lélio, le mal conscient, le mal content de soi se reflète toujours dans l'œil de la victime. « L'horreur » ne vient à nous que dans l'optique féminine, dans ce tremblement de rage et de dégoût (et de désespoir ?) qui convulse la jeune fille au mime de l'homme. Et donc dans la jubilation, propre au plaisir comique de cette pièce, de la revanche sur les forces maléfiques. Est-il vraiment absurde d'entendre battre, dans *La Fausse Suivante*, oui, ici précisément, au plus près du mal, de son sombre éclat, ce désir utopique d'une revanche des humiliés que telle page du *Spectateur français* exprime si vivement, et refoule aussitôt sous prétexte de ne pas usurper les prérogatives divines ? (*Journaux...*, p. 264-266). Je ne le crois pas, car enfin, c'est bien dès 1726 que Marivaux entreprend *La Vie de Marianne*, ce grand roman de l'âme féminine et du courage féminin, qui jette à son tour une toute jeune fille, frémissante orpheline, à la rencontre du monde. Mais on ne confondra pas la générosité marivaudienne avec la sensiblerie sur le point de triompher, après 1730, dans la comédie dite larmoyante, dont *La Mère confidente* ne s'approche que pour mieux s'en défaire.

Nul attendrissement dans *La Fausse Suivante*, mais la dureté toute comique des vrais classiques. Si le fourbe, comme promis, est bien puni de ressembler aux spectateurs, les valets restent exemptés, au bénéfice du théâtre, de toute responsabilité morale, et la coquette Comtesse paie assez cher le prix de son inconstance, qui nous vaut de si superbes marivaudages. Or le marivaudage change d'allure, quand aucun amour plus sincère ne vient, à l'inverse de la plupart des pièces de Marivaux, se substituer à la prolifération des simulacres, ne vient aérer l'accumulation des mensonges et du langage calculateur. *La Fausse Suivante*, en cela unique, ne semble vouée qu'à la vengeance, qu'à l'humiliation du mal, autrement dit qu'à un travail destructif, qui suppose la surenchère des fourberies. Savoureux paradoxe, seul le fourbe, trop sûr de dire la vérité du monde, s'abandonne à un grand accès de franchise qui fait sa perte. Mais la réciproque est encore plus forte. La logique du masque se saisit du Chevalier : de la jeune fille qui ne voulut pas subir la loi des marchandises, nous ne saurons jamais que ses roueries, la jubilation tremblante de la vengeance, la froideur impitoyable d'une descente aux enfers du monde social.

Pour vaincre le mal, faites-vous plus méchant que lui. Pour triompher du mensonge, cachez mieux vos secrets. L'homme est un loup pour la femme. Derrière le sentiment, cherchez l'intérêt. Derrière les mots, le calcul. On comprend que les cœurs sensibles des Lumières aient rêvé d'en finir avec ces noirceurs et ces jeux de vilains insupportablement comiques, de réconcilier enfin (exquis mirage de tout un siècle) le rire, la vertu et le sentiment. La comédie larmoyante, dès après 1730, puis le drame bourgeois, s'y emploient, malgré les sarcasmes de Rousseau (*Lettre à d'Alembert sur les spectacles*, 1758). Mais si Marivaux ne se risquera plus aussi près de ce point où le mal pétrifie ceux qui le démasquent, il ne se résoudra non plus jamais à diluer le comique dans les larmes. Fût-ce en ramenant la jeune fille en pleurs à l'ombre des mères.

PARENTS, SOYEZ SAGES !

Le syndrome dévot

L'École des mères touche au vif d'une des questions les plus sensibles au cœur de Marivaux : la dénaturation des rapports entre parents et enfants, où l'on verra sans trop de risques la pointe aiguë des rapports entre les hommes. On peut citer d'abord cette lettre d'une jeune fille de seize à dix-sept ans, aimable et pleine d'esprit, et ne l'ignorant pas, parue dans la douzième feuille du *Spectateur français* (6 décembre 1722).

25

« Monsieur le Spectateur,

« [...] Ma mère est extrêmement dévote et veut que je le sois autant qu'elle, qui a cinquante ans passés ; n'a-t-elle pas tort ?

« Quand je vous dis cela, ne croyez pas que je blâme la dévotion ; j'en ai moi-même ce qu'il m'en faut ; je suis naturellement sage, mais jusqu'ici j'ai plus de vertu que de piété, cela est dans l'ordre ; et de cette piété, je vous jure que j'en aurais encore davantage, si ma mère n'exigeait pas que j'en eusse tant. Jamais je ne me sauverais, si je devais vivre toute ma vie avec elle.

« Il y a quelque temps qu'elle fut très malade, on crut qu'elle mourrait. Comme je vis qu'elle allait se confesser, il me prit une inquiétude pour elle. Hélas ! dis-je en moi-même, cette femme-là ne va s'accuser que de ses fautes, sans faire mention des miennes qui sont sur son compte. Là-dessus je pensai lui aller dire : Ma mère, vous ne savez pas tous vos péchés, et je me crois obligée, en conscience, de vous avouer tous les dégoûts, tous les murmures, toutes les dissipations, toutes les impatiences où je suis tombée à cause des exercices religieux que vous m'avez fait faire, et de la contrainte où vous m'avez tenue.

« Je prenais déjà ma secousse pour l'aller trouver, quand on m'apprit qu'elle venait d'avoir une crise qui apparemment la tirerait d'affaire. Je me retins ; mais voilà six heures qui sonnent... A six heures et demie, je dois aller dans son cabinet faire une lecture pieuse qui dure ordinairement une heure. Nous revenons de complies ; nous avions déjà été à vêpres. Dans l'instant où je vous écris, ma mère est en méditation, et je suis censée y être aussi. Par précaution je tiens toujours ouvert le livre où est le point que je dois méditer, afin qu'elle me trouve sous les armes, si, suivant sa coutume, elle venait s'assurer de ma ferveur.

« Ce matin, de même que tous les matins que Dieu fit, au sortir du lit, nous avons été une heure en oraison ; ce soir, avant que de nous coucher, autre oraison de fondation et de la même durée, et le tout toujours précédé d'une lecture. Pour moi, dans toutes ces orai-

26

sons-là, j'y paie de mine. Quand le hasard nous dérange, et que je suis ma maîtresse, je fais ma prière soir et matin d'aussi bon courage qu'on le puisse. Un *Pater* récité à ma liberté me profite plus que ne feraient dix années de piété avec ma mère. Vous parlerais-je tout à fait franchement ? Nos heures d'exercices n'arrivent point, je n'entends sonner ni vêpres ni complies, je ne vois point de livre pieux, que je ne sois saisie d'un ennui qui me fait peur.

« Avant-hier, j'étais seule dans la chambre de ma mère ; il entra un ecclésiastique. Comme je ne songeais à rien, je me trouvai presque mal en le voyant, seulement à cause de son habit qui a rapport à nos fonctions dévotes.

« Savez-vous bien, Monsieur, que je crains les suites de mes dégoûts là-dessus ? savez-vous bien qu'une prédication me donne la fièvre, moi qui aimerais à entendre prêcher, si je n'en avais satiété ? Ce n'est pas là tout ; si vous voyiez comme ma mère m'habille, au voile près, vous me prendriez pour une religieuse ; encore, au voile près, je me trompe, ma coiffe en est un, de la manière dont je la mets. A l'égard de mon corps*, il me va jusqu'au menton ; il me sert de guimpe* : vous jugez bien qu'une âme de seize ans n'est pas à son aise sous ce petit attirail-là. Entre vous et moi, je crains furieusement d'être coquette un jour ; j'ai des émotions au moindre ruban que j'aperçois ; le cœur me bat dès qu'un joli garçon me regarde ; tout cela m'est si nouveau ; je m'imagine tant de plaisir à être parée, à être aimée, à plaire, que si je n'avais le cœur bon, je haïrais ma mère de me causer, comme cela, des agitations pour des choses qui ne sont peut-être que des bagatelles, et dont je ne me soucierais pas, si je les avais. Persuadez-la, s'il vous plaît, de changer de manière à mon égard. Tenez, ce matin j'étais à ma fenêtre ; un jeune homme a paru prendre plaisir à me regarder ; cela n'a duré qu'une minute, et j'ai eu plus de coquetterie dans cette seule minute-là qu'une fille dans le monde n'en aurait en six mois. Tâchez donc de faire voir les conséquences de cela à ma mère. Six heures et demie sonnent, elle m'appelle déjà de son cabinet ; je m'en vais lire, je vais prononcer des mots ; je vais entrer dans ce triste cabinet que je ferai, quelque jour, abattre, s'il plaît à Dieu ; car sa vue seule me donne une sécheresse* (pour parler comme ma mère) qui m'empêcherait, toute ma vie, de prier Dieu, si je restais dans la maison. Ah ! que je m'ennuie ! » (*Journaux*..., p. 177-179).

Si je cite amoureusement cette superbe lettre, ce n'est pas seulement pour la précision des symptômes pathologiques, ni même pour rappeler cette évidence à peine reconnue, qu'avec Diderot, Marivaux est le plus grand, ou le plus souple, le plus sensible essayiste de son siècle. Qui le veut peut, du journal au théâtre, de la lettre à la pièce, saisir ici ce que c'est que l'écriture aux prises avec les genres. On pourra notamment examiner ce que devient, sous la plume d'un lecteur rétif aux irrévérences religieuses des *Lettres persanes*, le thème religieux porté à la scène.

Les pères terribles

Mais Marivaux revient à la charge dès la seizième feuille (27 mars 1723), non sans avoir au passage, dans la quatorzième, fait entendre la plainte émouvante d'une mère reniée par son fils parvenu. Le Spectateur français se rend à un dîner : « ... il y avait quatre enfants, j'en fais le compte bien exactement, car le père et la mère les ont tous fait passer devant nous ; l'un est un jeune homme de dix-sept à dix-huit ans, qui sort du collège. Je ne lui ai pas entendu prononcer un mot, tant que le père a été avec nous : il n'a parlé que par révérences, à la fin desquelles je voyais qu'il regardait timidement son père, comme pour lui demander si en saluant, il s'était conformé à scs intentions. Le père a disparu pour quelques moments ; j'avais bien jugé que sa présence tenait l'âme de ce jeune homme captive, et j'étais bien aise de voir un peu agir cette âme quand elle était libre, quand on la laissait respirer ; de sorte que j'ai interrogé ce fils, d'un

28

air d'amitié. Le pauvre enfant, par la volubilité de ses réponses, a semblé me remercier de ce que je lui procurais le plaisir de parler. Il se pressait de jouir de sa langue ; je ne sais comment il faisait, mais il avait le secret de répondre à ce que je lui disais, sans qu'il se donnât le temps de m'écouter, car il parlait toujours ; il n'y a qu'un homme qu'on a depuis longtemps forcé d'être muet, qui puisse en faire autant. Il commençait un récit, quand le père en toussant s'est fait entendre dans la chambre prochaine ; le bruit de sa redoutable poitrine a remis la langue de son fils aux fers. J'ai vu la joie, la confiance et la liberté fuir de son visage ; il a changé de physionomie ; je ne le reconnaissais plus. Le père est entré, et je riais de tout mon cœur, de ce qu'il ne sait pas qu'il n'a jamais vu le visage de son fils. En vérité, il ne le reconnaîtra pas lui-même, si jamais il le surprend avec la physionomie qu'il avait en me parlant. Oh ! je vous demande après cela, s'il y a apparence qu'il soit mieux au fait de son esprit et de son cœur.

« Qu'un enfant est mal élevé, quand pour toute éducation il n'apprend qu'à trembler devant son père : dites-moi quels défauts le père pourra corriger dans son fils, si ceux qu'il a apportés en naissant lui sont inconnus et n'osent se montrer, si, pour ainsi dire, effrayés par son extrême sévérité, ils se sont sauvés dans le fond de l'âme, s'il n'a fait de ce fils qu'un esclave qui soupire après la liberté, et qui en usera comme un fou quand il l'aura.

« Voulez-vous faire des honnêtes gens de vos enfants ? ne soyez que leur père, et non pas leur juge et leur tyran. Et qu'est-ce que c'est qu'être leur père ? c'est les persuader que vous les aimez. Cette persuasion-là commence par vous gagner leur cœur : nous aimons toujours ceux dont nous sommes sûrs d'être aimés ; et quand vos enfants vous aimeront, quand ils regarderont l'autorité que vous conserverez sur eux, non comme un droit odieux que les lois vous donnent, et dont vous êtes superbement jaloux, mais comme l'effet d'une tendresse inquiète, qui veut leur bien, qui semble les prier de ce qu'elle leur ordonne de faire, qui veut plus obtenir que vaincre, qui souffre de les forcer, bien loin d'y prendre un plaisir mutin, comme il arrive souvent ; oh ! pour lors vous serez le père de vos enfants ; ils vous craindront non comme un maître dur, mais comme un ami respectable, et par son amour et par l'intérêt qu'il prend à eux. Ce ne sera plus votre autorité qu'ils auront peur de choquer, ce sera votre cœur qu'ils ne voudront pas affliger ; et vous verrez alors avec quelle facilité la raison passera dans leur âme, à la faveur de ce sentiment tendre que vous leur aurez inspiré pour vous. Pardon, mon cher, de toutes mes réflexions ; j'avais un père qui m'apprit à réfléchir, et qui ne prévoyait pas que je dusse un jour faire un journal et le gâter par là » (*Journaux...*, p. 204-205).

Telle est donc la matrice, sinon la source de nos deux pièces. On voit qu'il faut dix ans, et vraisemblablement une reprise (en... 1725, au Théâtre-Français) de *La Parisienne* de Dancourt, pour passer du récit au théâtre, pour que la scène marivaudienne se saisisse de la relation parentale, dont on devine sans peine qu'elle a forcément quelque rapport avec la dépendance politique. On n'a par conséquent rien expliqué en brandissant triomphalement la « source » de *L'École des mères*, qui devient à son tour la source de *La Mère confidente*. Ce qu'il faudrait comprendre, c'est pourquoi une telle thématique devient en 1732 matière à théâtre. Projet antérieur réactivé en quelques semaines pour faire pièce à l'échec des *Serments indiscrets* à la Comédie-Française (juin 1732) ? Commande urgente des Italiens ? Réveil (biographique ? littéraire ?) d'une vieille et vive préoccupation, dont on voit la trace dans le personnage de Mme de Miran, la mère adoptive de Marianne (*La Vie de Marianne*), mais aussi dans la création d'un personnage de père tel que M. Orgon (*Le Jeu de l'amour et du hasard*, 1730), et surtout dans la tutelle sévère et paralysante qu'exerce Hermocrate sur le jeune Agis (un nom symbolique !) dans *Le Triomphe de l'amour* (mars 1732) ? A survoler le théâtre de Marivaux, on constate qu'avant *Le Jeu de l'amour et du hasard*, aucune grande pièce ne fait place à la figure parentale, présente ensuite, en 1732, dans *Le Triomphe de l'amour* et *Les Serments indiscrets*, pour ne rien dire des *Fausses Confidences* (1737), de *L'Épreuve* (1740) ou des *Acteurs de bonne foi* (1757). On est alors tenté de renverser les propositions de F. Deloffre, bien qu'assises sur « l'étude objective des œuvres » (*Théâtre de Marivaux*, t. 2, notice de *L'École des mères*). Ce n'est pas la pièce de Dancourt qui explique vraiment la genèse de *L'École des mères* ; c'est la genèse, datée, de l'instance parentale dans la dramaturgie marivaudienne qui appellerait le souvenir de Dancourt.

L'ÉGLISE, LE ROI, LE THÉÂTRE

Laboratoires de l'imagination sociale

Ce que le Journal fait vibrer dans la vivacité émue (non dénuée d'humour), *L'École des mères* doit le transmuer en franc comique : le comique cynique du valet (Frontin), le comique ingénu des jeunes amoureux, le comique des parents ridicules. S'agit-il d'aboutir, sur ce thème brûlant de l'éducation, à un partage éthique entre jeunes et vieux ? En gros, oui. En gros seulement, comme le prouvent aussitôt la casuistique de Lisette et la bonne conscience de Frontin à propos du crime d'enlèvement (sc. 1-2). Qu'est-ce à dire ? Que la comédie, par la seule logique de sa fable, montre autre chose que sa leçon apparente, nullement dévaluée pour autant d'être apparente : dans un rapport d'autorité qui abuse de son pouvoir légitime, qui dénature un rapport naturel, il n'est plus de morale franche, de partage net du bien et du mal. A moins d'admettre carrément qu'il n'est d'autre devoir, pour une gamine de dix-sept ans, que d'obéir aveuglément à sa mère et d'épouser un barbon de soixante. En arguant alors (c'était un calcul courant, mais pas celui de Mme Argante, travaillée par la répression du péché) qu'Angélique a chance de se retrouver rapidement veuve et riche. Vieux problème de la comédie : que faire du désir juvénile sous la contrainte parentale ?

On voit bien qu'il convient moins d'opposer monde social (où le pouvoir royal, tenacement, depuis le XVIe siècle, soutient et renforce le pouvoir paternel) et monde rêveur du théâtre (où les jeunes triomphent à tout coup). La comédie s'oppose peut-être moins au droit civil, de plus en plus acharné à défendre les intérêts familiaux, qu'elle ne le soulage dans l'ordre de l'imaginaire. Mais on constate alors — à défaut de l'expliquer — que la scène, envers magique des contraintes sociales, laboratoire, comme dit Heiner Müller, de l'imaginaire social, ne se contente pas d'alléger le poids des choses. La comédie d'Ancien Régime anticipe sur l'évolution des mœurs et du droit. Rien n'interdit donc de lire dans *L'École des mères* cette question : peut-il y avoir, à quel prix, selon quelles normes, un mariage sentimental ?

L'idéal du moi parental

Les historiens des mœurs et du droit soulignent volontiers la divergence relative des points de vue clérical et séculier. L'État muscle la puissance paternelle, fondement d'une société remontant, d'obéissance en obéissance, de dépendance en dépendance, jusqu'au roi. Tandis que l'Église exige, sacrement du mariage oblige, le libre consentement des consciences sous l'œil de Dieu et la main du prêtre. — Soit. Mais l'Église condamne, avec quelle violence, en France du moins, le théâtre et la comédie, que l'État surveille et protège. Et le libre consentement des conjoints n'a rien à voir avec le mariage passionnel, avec le mariage d'impulsion sentimentale mis en scène par la comédie. Pour l'Église comme pour Rousseau, la passion ne saurait servir de garant à une union durable, et donc raisonnable. Fonder le mariage sur le désir, sur la pas-

32

sion, conduit inéluctablement à la légitimation du divorce, inaugurée par la Révolution française. Ce que l'Église attend avant tout du mariage, ce n'est pas la conjugaison désirante de deux libertés, mais une double légitimation de la copulation : par le sacrement, par la reproduction. Comment pourrait-elle s'y tromper ? Rien, dans la comédie, ne répond à ces saintes visées, à ces pieux scrupules.

La comédie exalte les élans impétueux du cœur, les impulsions du corps, les ruses et les violences ; elle fait fi de la pudeur, de l'obéissance, du devoir, de l'humilité, de la pénitence. Tout, au théâtre, sur scène et dans la salle, respire évidemment la concupiscence.

Rien de plus facile, dans un sermon ou un discours moral, que de balancer harmonieusement les devoirs. Aux jeunes gens, patience et respect, obéissance et devoir. Aux parents, une autorité non tyrannique. Mais dans une comédie, il faut bien que jeunesse se rebelle, et que se fassent berner les parents trop réprimants. Il faut bien que la ruse seconde le désir, et que l'autorité chancelle pour satisfaire les vœux monnayés du spectateur. Avant même que le rideau se lève, avant même qu'il ait écrit la première réplique, un auteur de comédie fait déjà figure de prévenu aux yeux de la morale : Rousseau met son génie au service de ce que sait le moindre curé de campagne, le plus ingénu vicaire.

L'éducation blanche

Marivaux n'a rien d'un cynique et d'un matamore de scène. Il a horreur de l'impudence, de l'impudeur. Mais il a une répulsion encore plus forte, me semble-t-il, pour l'avarice, signe radical des âmes basses (valets mis à part), et la violence tyrannique. Ces deux traits se conjuguent dans ces terribles Mmes Argante de *L'École des mères*, de *L'Épreuve*, des *Acteurs de bonne foi*. Chaque fois, avec une fermeté qui donne à réfléchir, il campe une Angélique « élevée dans la plus sévère contrainte », et qui risque de n'avoir à donner, à celui qu'elle aime, « que des regrets, des larmes et de la frayeur » (*Ec. des mères*, sc. 2). Point question, donc, de diluer les torts en adroit philistin. Toujours est d'abord dénoncée la violence de qui fait main basse sur une âme (tel aussi Hermocrate dans *Le Triomphe de l'amour*), et se scandalise ensuite des amours éperdues pour le premier venu, des tromperies. Quand l'habitude de la contrainte anéantit la résistance, surgissent les solutions du désespoir (enlèvement, mariage clandestin). A travers Mme Argante (*Ec. des mères*, sc. 4), Marivaux désigne sans équivoque un idéal d'éducation féminine et un idéal du moi parental : la sévérité de l'éducation n'est que le masque d'un moi égoïste. Mais est-ce forcer que de lire, en Mme Argante et M. Damis, un autre désir qui maintenant s'étale et s'encourage en tous lieux, le désir de nier l'âge ? Chez la mère en niant la jeunesse ; chez le père, en niant sa vieillesse. L'éducation, alors, s'oppose à la nature, et l'enjeu se nomme orgueil, désir de domination, raideur infatuée.

Mme Argante veut bien entendu plus que le plaisir de la contrainte : elle exige aussi la reconnaissance, l'adhésion pleine et entière à ses vues, pour se rabattre aussitôt sur une *disposition d'indifférence* somme toute préférable ! (sc. 5). On mesure la contradiction : une éducation fondée sur la plus pure volonté, destinée à brider la nature, prétend déboucher, par le mariage, sur des *vertus qui ne coûtent rien* ! Marivaux désigne ici (à l'avance ?) une contradiction majeure des utopies éducatives : la vertu sans effort par le dressage méthodique, laborieux ; l'innocence par l'ignorance.

Le léger revers de cette éducation apparemment si chrétienne (obéissance, innocence, vertu) est d'aboutir à une négation explicite de l'âme de l'épouse, pur amour privé de toute volonté (sc. 5). Mais on ne saurait refuser alors une ferme cohérence au discours maternel : de la fille à la femme, on ne quitte jamais le terrain de l'obéissance et de la puérilité. Il n'est pas d'âge adulte pour la femme. L'époux est d'abord un père ; la fille mariée change de famille, pas de statut. Fille ou femme, elle doit apprendre le grand secret de toutes les éducations chrétiennes, la domestication du désir, qui ne souffre pas le moindre relâchement, tant rôdent les « passions libertines » et les jeunes extravagants. Philosophe sans le savoir, Angélique soulève alors un embarrassant problème : « mon mari ne sera pas ma mère » ! L'objection paraît forte. Mais on peut la tourner : 1. un mari ressemblera d'autant plus à une mère que ses « désirs » seront plus « modestes » (sc. 4). Ce qui semble le cas de M. Damis. 2. une femme ressemblera d'autant plus à une fille qu'elle conservera son « goût de retraite, de solitude, de modestie... ».

Il semble bien difficile, devant tous ces thèmes, de se persuader que Marivaux songe plus à Dancourt qu'à Molière. Il repasse inévitablement par ce qu'on pourrait appeler le nœud d'Agnès, le paradoxe de l'éducation blanche : pour cultiver la vertu, laissons la raison en friche. Mais de ce jardin désert surgit l'innocent désir, le désir de savoir ce que savent les éducateurs du négatif, ce mal qu'ils cachent et redoutent. L'éducation blanche permet d'entendre l'autre voix, celle qui échappe aux roueries canoniques du ramage marivaudien, à l'entrelacs du oui et du non, du dit et du non-dit. Par Angélique, nous écoutons la voix de l'ingénuité qu'aucun contrôle social ne retient, la voix prise au tremblement de sa toute neuve liberté. Rien ne sert de gloser à l'infini sur le marivaudage, si l'on oublie qu'il fait place aussi au chant des voix immédiates, dont l'innocence consiste à ne pas savoir le monde et donc à dire spontanément les élans nouveaux.

« Y a-t-il du mal à lui dire le plaisir... »

Prenons-y garde pourtant. L'ingénuité n'est pas l'innocence ; la pureté des aveux sans détour n'est pas une candeur d'avant le péché — pas plus ici que dans *La Dispute* ou *La Double Inconstance.* Voix ingénues et voix policées disent, sur deux modes, la même nature : affamée de désir, de désir de reconnaissance. Si l'individu de Prévost promène son inquiétude sous un ciel trop ténébreux, l'acteur marivaudien aspire, de toute sa délicatesse ombrageuse, aux souffrances voluptueuses de la reconnaissance. Aimer, c'est exister, parce qu'aimer, c'est d'abord être aimé, reconnu, préféré, élu. Fidèle écho des oscillations du cœur, de la nature, l'inconstance est aussi, en son fond le plus secret, le baptême renouvelé du moi, une renaissance à soi dans la course des recommencements. Les ingénues, comme les enfants sauvages de *La Dispute* (1744), découvrent en même temps, au sortir de leur réclusion, l'irruption enivrante des désirs et leur socialisation, qui n'est pas seulement devoir de pudeur, mais aussi sage gestion d'un appétit mobile, prudente économie de la relation amoureuse. Il faut que la parole se masque, que le corps se dérobe pour amortir l'usure du temps et la concurrence des objets. Les conseils de Lisette (« cachez-en du moins une partie à Éraste : si par hasard vous lui parliez, il y aurait du trop ») rejoignent ceux qu'on donne aux sauvageons de *La Dispute.* On pourra suivre, au fil du texte, les épanchements délicieux d'une parole pas encore saisie; comme chez la Comtesse de *La Fausse Suivante,* par l'usage du monde et les roueries de la coquetterie. C'est dire si la figure du masque échappe à toute définition univoque : à la fois mensonge (Lélio, le Chevalier, les valets, etc.), mondanité (la Comtesse) et précaution préventive (Lisette/Angélique, la Comtesse).

L'ingénue inverse donc le parcours canonique du marivaudage : elle ne va pas du masque à l'aveu, mais de la parole spontanée à l'échange maîtrisé, qui appelle lui-même, le moment venu, le risque délicieux, douloureux, de l'aveu et de l'abandon. Ainsi, l'éducation blanche des mères rigoristes ou les expériences ténébreuses des princes philosophes aboutissent au même résultat : de petits sauvages si exactement semblables à nous qu'il ne leur reste à apprendre, en un tour de main, que l'art de faire des

36

mines, l'art de faire semblant. C'est bien pourquoi il n'y a rien de commun entre Marivaux et Sade, entre *La Dispute* et les châteaux sadiens.

Mais que de différences aussi entre Angélique et les cobayes éducatifs de *La Dispute* ! Aucun des acteurs de *La Dispute* ne traverse par exemple, comme Angélique, son savant apprentissage des modes de la parole, à coup sûr un des axes de la pièce. D'Angélique à sa mère règne le discours extorqué : dites-moi librement ce que j'exige que vous me disiez (« c'est ce que vous pouvez dire à Monsieur, Angélique, je vous le permets, entendez-vous ? », sc. 11). D'Angélique à Lisette, le discours confiant, libéré, propre à la confidence. D'Angélique à Éraste, le discours périlleux, qui préfigure les risques de l'échange social, objet central des pièces de Marivaux, ce mixte instable de pudeur, de coquetterie, d'élan, de méfiance, de crainte et de désir, de mensonge et de vérité. De pulsion naturelle et d'exercice mondain. La glaciation extrême de l'échange mondain s'exprime dans la norme du mariage définie par Mme Argante : pas de déclaration avant la cérémonie, une soumission absolue ensuite (sc. 11), tandis que la scène 12 confronte brillamment besoin de vérité et devoir de politesse. Mais la comédie culmine évidemment sur les trois scènes d'aveu, qui n'ont pas d'équivalent dans *La Dispute*, ni ailleurs que dans *La Mère confidente* et *L'Épreuve* : aveu à la mère (sc. 5), à Éraste (sc. 7), à Damis (sc. 12). Deux de ces scènes (sc. 5 et 12) sont des *épreuves*, qui engagent la qualité d'Angélique, comme la confrontation de Marianne avec la famille de Valville en présence du ministre, dans le roman de *La Vie de Marianne.* Ces deux sommets de la pièce soumettent la Jeune Fille, on devrait dire l'Enfant, aux affres de la parole devant les Vieux, devant l'instance sociale, aux périls de l'aphasie confondue avec la vertu. Comme dans *L'Épreuve*, la violence retenue de la parole ingénue libère le rire et remue le cœur, tout en interrogeant les rapports de domination au sein même de leur statut le plus naturel.

37

« Ce ne sont point des leçons sèches, qui sentent l'autorité d'une mère ; ce sont des avis que vous donne une amie, et qui partent du cœur » (Mme de Lambert, *Avis d'une mère à son fils,* 1728).

Rien de ce qui précède n'autorise à voir véritablement dans *L'École des mères* une pièce sensible, qui reposerait la question du comique en termes inédits. La mise au premier plan, pour la première fois dans son théâtre, du thème de l'éducation, et l'apparition de ces nouveaux personnages destinés à revenir, Mme Argante et Angélique, n'entraînent pas Marivaux sur les chemins qui conduisent à la comédie dite larmoyante. Il ne me semble pas que, de *L'Ile des esclaves* (1725) à *L'École des mères*, le rapport du sentiment et du comique se soit modifié, que la visée comique ait le moins du monde perdu de son exceptionnelle énergie. A preuve, s'il était besoin, la séquence finale des quiproquos nocturnes dans l'appartement de Mme Argante, aux antipodes du comique sérieux visé par Destouches (*Le Philosophe marié*, 1727, *Le Glorieux*, 1732) et surtout par le père de la comédie dite larmoyante, Nivelle de La Chaussée, à partir de 1733 (*La Fausse Antipathie*).

Il en va tout autrement avec *La Mère confidente* (1735), seule pièce de Marivaux qui se rapproche indiscutablement du nouveau genre et entre donc en contraste si extrême avec *La Fausse Suivante.* On peut même avancer que le couple de Dorante et d'Angélique est une inversion exacte de Lélio et du faux Chevalier : un cadet désargenté et amoureux renonce à une riche veuve par amour pour Angélique, qui met son bonheur à l'enrichir. Renversement sentimental, qui ne va pas sans ironie (Lubin et Lisette s'en chargent). Même inversion pour le personnage maternel, cette fois par rapport à *L'École des mères* (« cette mère qui m'idolâtre, qui ne m'a jamais fait sentir que son amour, qui ne veut jamais que ce que je veux », I,2. Là encore, n'oublions pas la réplique de Lisette !). On est tenté, il faut l'avouer, de comprendre une inversion aussi radicale, si peu dans la manière de

38

Marivaux, comme une sorte de démonstration : à quelles conditions peut-on écrire une comédie sérieuse ? Qu'il reprenne et renverse une comédie antérieure donne à penser. Non pas qu'il faille mettre en doute, chez lui, l'existence d'une veine sensible, évidente du *Spectateur français* à *La Vie de Marianne*, amplement confirmée par de nombreuses scènes de son théâtre. Mais une chose est de laisser affleurer de la sensibilité sur la scène comique, autre chose de fonder sur elle toute une comédie, une sorte de nouveau genre. Or, si *La Mère confidente* fut bien une incursion expérimentale, le fait est qu'elle n'entraîna pas la conversion du dramaturge.

L'élection sentimentale

En passe de sortir de l'indistinction enfantine et fusionnelle (elle veut ce que je veux, je veux ce qu'elle veut), quoique tentée d'en appliquer la logique à Dorante (quel plaisir de le rendre riche ou de devenir pauvre !), Angélique ne craint pas vraiment la « violence » maternelle. Quel est alors l'enjeu ? L'inégalité de fortune. Non pas l'autonomie, la liberté des jeunes, mais bel et bien la substitution du cœur aux convenances, l'élection sentimentale comme valeur suprême. On a reconnu l'enjeu central de *La Vie de Marianne*. De *L'École des mères* à *La Mère confidente*, le débat s'est largement déplacé, et il ne pouvait pas en aller autrement dans la structure imaginée par Marivaux du rapport mère-fille. Ou bien l'obstacle tenait à une décision maternelle, et Mme Argante n'était plus cette mère exceptionnelle, ou bien Mme Argante étant ce qu'elle est et ce sur quoi la pièce repose, il fallait un obstacle objectif. Il n'en existe que deux : le rang, la fortune. Marivaux choisit évidemment le second, car la comédie ne permet guère de cumuler ces deux handicaps qui ne retiennent pas Mme de Miran, dans *La Vie de Marianne*, d'adopter la jeune orpheline de naissance inconnue.

Mais on sait très vite (dès I, 8) que la question n'est pas seulement de savoir si Mme Argante est prête à cette conversion aux valeurs du cœur dont Mme de Miran recueille toute la grandeur. Le vrai problème est ailleurs — dans le titre. Il est dans cette ambition sentimentale, dans cette ambition spirituelle, aussi étrange qu'héroïque, et peut-être diabolique, d'une transparence qui effacerait la différence d'âge et de statut, qui substituerait l'intime confiance, l'égale égalité de l'amitié aux rapports de subordination naturelle. Enjeu moral, enjeu social, enjeu politique. Chimère troublante, mais combien profonde chez Marivaux, d'une république des cœurs, d'une république de la douceur, qui n'écraserait pas impitoyablement les âmes délicates et souffrantes froissées par la vie. Ce rêve s'exprime, au même moment, dans *La Mère confidente* et dans *La Vie de Marianne*, au profit de cet étrange propos — étrange au regard de la tradition philosophique : une amitié féminine, une connivence féminine où se profile ce que j'appellerais volontiers l'idéal fénelonnien de Marivaux, sa pente la plus secrète, la plus rêveuse.

Comme si l'univers marivaudien du masque suscitait ici l'appel de la transparence : transparence à soi dans le roman-mémoires ; transparence des cœurs dans l'amitié des belles âmes. Sans oublier cette autre transparence, moins reconnue, qui a son écho au théâtre, celle qui passe par la joie et le saut bondissant, sans retour, hors des normes sociales (*L'Indigent philosophe*, 1727). Mais les questions affluent. Est-il possible d'allier confiance et direction de conscience quand l'enfant entre en « âge raisonnable », en âge de désirs, quand la fille devient femme ? Qu'est-ce qu'une direction de conscience laïque qui s'efforce d'harmoniser l'effusion confiante des âmes et le droit de juger, en tout cas de conseiller ? Peut-on rester mère et devenir amie, ou bien n'y a-t-il de choix qu'entre le commandement et la démission ? La naissance de l'amour inscrit-elle fatalement, au moment fixé par la nature, la fermeture des consciences propre au monde adulte, le langage trompeur, le voile des sentiments, la fin des effusions enfantines ? Comment diriger sans tyranniser ? Voile et transparence, effusion et fermeture, autorité et liberté : ce n'est pas par hasard

40

que cette dialectique évoque aussitôt Rousseau, même si Marivaux se garde soigneusement, comme toujours, de toute abstraction philosophique. Hegel n'est sans doute pas le premier grand philosophe à méditer Marivaux... Je doute que Clarens, ce mixte étrange de direction duplice et de transparence effusive, ne doive rien à Marivaux. Mais peut-être s'agit-il là d'illusions purement rétrospectives. Qui n'empêchent pas de lire *La Mère confidente* avec *Émile* en poche.

Auguste et Puntila

« Vous, la confidente de votre fille ? » — Pas ta mère, ton amie... : sommes-nous si loin des grands paradoxes rousseauistes ? Il y a une sorte de sublime dans ce serment à la fois éperdu et duplice : « je les sépare, moi ». En cette scène (I, 8), en cet enjeu (dont le paradigme remonte peut-être au célèbre aveu de Mme de La Fayette), la comédie rivalise avec les grands moments tragiques (on pense évidemment à Auguste et Cinna). Ce formidable dialogue (qu'on dirait volontiers un entretien analytique en face à face, tant il requiert de confiance, d'effort sur soi, de travail en commun pour accoucher une vérité douloureusement libératrice) mériterait à coup sûr une place dans les anthologies théâtrales. Comment en effet nommer la figure qui s'y réalise ? Un travestissement à l'état pur, à visage découvert, par accord réciproque, sans changement d'habit ni de nom, où l'ivresse qui transforme Maître Puntila de maître en ami n'est qu'une ivresse sentimentale, une foi dans les pouvoirs du cœur d'effacer les rangs et les subordinations, d'effacer les effrois et les censures. Le théâtre donne brusquement à voir une sorte d'anticipation foudroyante, trop forte pour l'ici-bas des choses, sur une cité céleste où ne parleraient que la bonté et le pardon — l'absolue bonté sans humiliation, l'absolu pardon sans supériorité, l'absolu échange des cœurs enfin découverts, enfin en état de se confier. Comme un oiseau qui resterait dans la main ouverte qui lui désigne le ciel...

Avouer, c'est se confier. Se confier, c'est se fier à. Il

y faut donc du courage. Mais ce courage se partage, car il faut donner le courage d'avouer : Rousseau le rappelle admirablement dans le récit du ruban volé (*Les Confessions*, livre II). La situation imaginée par Marivaux demande encore plus : l'effacement réciproque du devoir d'obéir et du pouvoir de commander, l'effacement du rapport naturel mère-fille, au profit de ce que j'appellerai un peu hardiment — comment dire sans fausser ? — un rapport de citoyenneté, à tout le moins d'égalité. Pas une égalité abstraite et arrogante. Une égalité qui sait les différences. La fille n'oublie pas qu'elle parle à sa mère (« ne voilà-t-il pas cette mère qui est absente ? »), si la mère oublie parfois qu'elle est amie (« *Vous* aimez ? »). Bien entendu, cette égalité des cœurs n'efface l'inégalité naturelle de la dépendance enfantine qu'en réalisant l'ordre de la nature, qui veut que les enfants grandissent. Mais ce dessein naturel (qui interdit aux penseurs libéraux de rabattre le politique sur le familial en vue de justifier la dépendance absolue des sujets) n'appelle nullement de soi l'intimité confiante qui s'exprime ici. Il n'appelle nullement l'effacement de la crainte sacrée liée à la figure parentale dans l'imaginaire des Lumières. D'où la force pénétrante de ce cri d'Angélique, un de ces cris qui font la grandeur du théâtre : « je n'ai plus peur » (I,8). Je n'ai plus peur, car je me fie à ma confiance... Avancées et reculs de la peur et de la confiance, avancées et reculs des mots, qui épousent le mouvement des yeux : « c'est l'air que vous avez pris qui m'a alarmée ». *Je n'ai plus peur* : peut-être la plus belle définition qu'on ait jamais donnée de l'éducation, de la naissance à soi dans la reconnaissance d'autrui, de la citoyenneté humaine.

Naissance du conflit éthique

Alors s'engage la deuxième phase du prodigieux tête-à-tête de la mère et de la fille. A l'aveu succède l'appréciation : amour ou passade ? Puisque Angélique ne veut pas donner à sa mère l'autorisation de lui interdire de voir Dorante (forcez-moi à être libre !), il ne reste à celle-ci qu'à déplorer l'égarement de sa fille et les risques qu'elle encourt. Est-ce duplicité ? Jeu de dupes par retournement des rôles ? On n'échappe pas à cette lecture, mais on ne peut s'y tenir, tout simplement parce que Angélique ne la fait pas. Mme Argante ne sortirait en effet du contrat de parole qu'en interdisant, ce qu'elle ne fait pas. L'amie a le droit et le devoir de conseiller.

A-t-elle pour autant tort de réprouver si énergiquement l'intrigue de sa fille ? Y a-t-il excès de rigorisme ? Ne répondons pas trop vite oui, au nom de nos modernes idéologies du désir, en oubliant le statut de la femme, le Lélio de *La Fausse Suivante*, et ce que disent sans cesse les héroïnes de Crébillon : toute faute, pour la femme, est sans retour. Mieux vaut insister sur la nouveauté de cette fin de scène et d'acte. Elle ne tient pas au changement de l'héroïne ; toutes les jeunes femmes de Marivaux passent par l'humeur chagrine d'Angélique. Mais il s'agit alors de retournements du procès amoureux. Pour la première fois, ici, le revirement vient d'un conflit intime, non plus entre l'amour et l'amour, mais entre l'amour et la morale, entre le penchant et le discours du devoir, qui pourrait indiscutablement engager vers un nouveau comique. Même si la mésaventure d'Arlequin en face d'Euphrosine, dans *L'Ile des esclaves* (sc. 8), confrontait déjà l'inclination à la pitié.

Que penser de ce conflit éthique, sans postérité dans le théâtre marivaudien ? A première vue, il ne semble pas engager de valeurs très profondes, à l'inverse de ce que mobilise le dialogue avec la mère. Dans sa complaisance initiale aux sirènes de l'amour comme dans son raidissement vertueux, Angélique cède aux impulsions brusques et juvéniles qui font le charme des jeunes ingénues de théâtre en train d'apprendre le monde. D'où le plaisant du code de bonnes manières pour jeune fille bien élevée qu'elle débite devant Dorante (II,3) : classique et délicieux ramage marivaudien, où Angélique répète le discours maternel pour l'exposer à réfutation. En fait, l'hésitation d'Angélique (« J'ai été trop vite, ma mère, avec toute son expérience, en a mal jugé ; Dorante est un honnête homme », II, 4) touche bien à quelque chose d'essentiel et d'inédit. Car la mère, qui n'a pas jugé Dorante, mais une situation générale, a évidemment raison. Tous les romans libertins et *Le Paysan parvenu* (1735) et *La Fausse Suivante* le disent. Dorante préfigure son homonyme des *Fausses Confidences* ; comme lui, il réunit, pour la première fois chez Marivaux, le désir amoureux apparemment sincère et la possible ambition sociale, à la différence du pur libertin comme Lélio, qui disjoint cyniquement élan et calcul. Au regard du principe de réalité, qui détermine *Le Paysan parvenu*, que répondre à la mère ? On ne peut même pas lui reprocher, comme dans *L'École des mères*, la néfaste ignorance des mauvaises éducations : « *Angélique* — j'ai si peu d'expérience ! serait-il difficile de me tromper si on voulait ? Je n'ai que ma sagesse et mon innocence pour toute ressource, et quand on n'a que cela, on peut avoir peur » (II,6). Oui, les héroïnes des Lumières peuvent avoir peur ! Les loups les guettent sur tous les champs de l'imaginaire.

Le principe féminin

Mais à partir de là, de ce refus de tout risque, de toute confiance, il n'y a plus d'héroïsme possible, plus d'amour, seulement des mariages de convenance et de résignation, avec les Ergaste. Or le principe de réalité, la gestion avisée des choses ne sont pas tout Marivaux (ni même tout Jacob). A côté de Jacob, il y a Marianne, principe féminin, héroïque, aventureux, impulsif, qui ne vise pas la jouissance égoïste, qui aspire aux affinités électives, aux complicités d'âme (avec Mme de Miran, avec Mme Dorsin, avec Tervire, comme ici entre mère et fille). Que l'amour pour Dorante, avoué, puis renié, et enfin réassumé, bute toujours sur l'obstacle de la disconvenance, prouve bien que l'enjeu de la pièce concerne la nature de la morale. La conversion de la mère en amie va éduquer la mère en éduquant la fille : la fille doit apprendre la prudence et le soupçon, l'effort sur soi ; la mère l'élan du cœur contre les discours convenus et les bienséances, contre même les raisons les plus raisonnables... Qui éduquera les éducateurs ? demandait Brecht. Et là encore, je repense à Rousseau, à son invraisemblable *Émile* : une si fantastique éducation, tant de raisons et tant de précautions, pour finir aux galères turques par chagrin d'amour ! Quoi qu'on fasse, sous toutes ses manigances et toutes ses illusions, l'amour est bien, dans le théâtre de Marivaux, une aventure, le pari des âmes chimériques.

La Mère confidente, comme *La Vie de Marianne*, est une école des cœurs. Soit l'exemple d'abord de l'enlèvement, appelé par l'inflexibilité parentale (fondée ici sur la tendresse autant que sur les convenances sociales). Esquivé dans *L'École des mères*, pourquoi apparaît-il maintenant en pleine lumière ? Parce qu'il touche directement à la morale de la pièce. Étant une contrainte, un moyen de forcer la main des parents (et donc combattu par l'État), Angélique le refuse au profit d'un pari sur la confiance, sur le sentiment (« je la toucherai »). C'est le pari de Marianne, le pari des belles âmes, qui n'exclut pas retombées et manigances, absentes des relations entre Mme de Miran et Marianne, mais nécessaires au théâtre, où l'univers comique interdit l'entrée de plain-pied dans l'effusion (« Plus de confidences, Lisette a raison, c'est le plus sûr », II, 12). Le beau de cette entrevue du second acte, c'est que la jeune fille s'y élève au-dessus de la mère, au point qu'on soupçonnerait presque Marivaux de rivaliser avec une scène célèbre du *Cid*. Mais alors que Don Diègue se fige dans ses vétustes conceptions, Mme Argante entre en émulation avec sa fille, pour aboutir à ce renversement inattendu de l'audace cornélienne : c'est la mère qui ira voir l'amant !

L'émulation des cœurs appelle aussi des scènes qui n'existaient pas jusqu'alors dans le théâtre marivaudien. Par exemple en III,6, où Dorante, effrayé des aveux d'Angélique à sa mère, tente d'exploiter ce qu'au même moment Crébillon appelle une *occasion*, un *moment* (entendons un *égarement* du corps et de l'esprit), pour pousser Angélique à fuir et ainsi la compromettre. Il s'agit d'une scène de tentation, dont l'enjeu met à l'épreuve la qualité, l'estime de soi, le partage entre médiocrité et belle âme. C'est parce qu'il s'approche de la comédie sensible que Marivaux peut côtoyer la situation éminemment romanesque de la tentation, de la corruption, jusqu'alors exclusivement réservée, dans son théâtre, à la sphère des valets (à l'exception peut-être, et cela prête à réflexion, de sa tragi-comédie, *Le Prince travesti*).

« Je me suis ôté tous les moyens de vous déplaire »

Alors éclate un motif tout à fait inédit, lui aussi, dans le théâtre marivaudien : en avouant son désarroi, ses tentations, en se remettant totalement à sa mère, en misant sa vie sur l'amour de sa mère, Angélique renverse la situation (c'est aussi la déréliction héroïque de Marianne qui lui attire les cœurs). Angélique gagne et se sauve parce qu'elle s'est dépouillée de tous les masques et de toutes les ruses qui font ordinairement la réussite dans l'univers comique. Il s'agit bien d'une émulation héroïco-sensible, d'une série d'épreuves qualifiantes entre mère et fille, entre femmes (car Lisette marque la différence et tente d'attirer Angélique dans sa sphère, comme Mme Dutour, lingère, au début de *La Vie de Marianne*). Nous sommes ici dans l'anti-monde de *La Fausse Suivante*, à l'envers du paysage glacé où la jeune fille, usée, fardée, désabusée, contemple son triomphe mortel (personne n'a mieux dit cela que Jacques Lassalle dans le final silencieux de sa mise en scène). Ici, tout s'obtient en pariant sur la confiance, sur la conscience, sur l'âme. Si une telle interprétation a quelque vérité, elle donne entière raison à Léo Spitzer contre G. Poulet*.

Reste à éprouver Dorante sous le regard croisé des deux femmes (III,11). Je me plais à lire cette situation étonnante comme une inversion de la comparution de Marianne devant la famille de Mme de Miran : c'est au tribunal des femmes que comparaît l'amant. Redisons-le encore : c'est la première fois, dans le théâtre de Marivaux, et la dernière, qu'il est donné au spectateur d'assister à une discussion morale aussi précise et aussi grave, à une telle pesée de la qualité. L'inattendu, c'est que l'élan de la vertu emporte d'abord Angélique (« Ah ! Dorante, que vous êtes coupable ! »), avant que le cœur de Dorante s'éclaire à son tour, lorsqu'il comprend qu'il est deux manières de perdre Angélique : en ne l'obtenant pas ; en la compromettant. On a sans doute quitté ici l'univers comique traditionnel, pour entrer dans la sphère héroïco-sentimentale où les fautes morales se paient au prix de la vie (Lessing en tirera la leçon dans *Miss Sara Sampson*), où les belles âmes s'élisent et se reconnaissent, et obtiennent parfois des conversions dont Dorante donne l'avant-goût (la conversion du libertin va obséder la fiction, drame bourgeois et roman). Qu'il s'agisse bien du monde sentimental éclate dans l'exclusion qui frappe, contre toutes les règles du théâtre marivaudien, la pauvre Lisette. Car Lisette paie pour la structure de la pièce, qui l'oblige à incarner le principe de réalité, l'effronterie de la ruse comique, afin de dédouaner Dorante. Dubois jouera le même rôle dans *Les Fausses Confidences*, mais recevra évidemment l'absolution d'Araminte : ce n'est pas un problème de caractère, mais un problème de genre. L'exclusion de Lisette a comme une valeur de symptôme : quelle place faire au cynisme et à la vulgarité comiques dans l'univers du sentiment et de la morale ? Le siècle va rêver d'allier sensibilité et

* G. Poulet, *Etudes sur le temps humain*. II. *La Distance intérieure*, Plon, 1952. L. Spitzer, *A propos de* La Vie de Marianne, Romanic Review, 1953.

comique délicat, tout en déplorant sans cesse l'extinction du rire et de la franche gaieté d'autrefois. Le comique, ou la mauvaise foi des Lumières.

Double jeu ?

Le renvoi de Lisette ferait alors signe vers une autre Mme Argante qui, en 1757, dans *Les Acteurs de bonne foi*, voudra exclure le théâtre, au nom de la décence, et se trouvera prise au piège de la comédie jouée sans le savoir. Mais la question se pose ici autrement, et concerne le spectateur : la mère confidente est-elle une belle âme ou une âme duplice ? Comment comprendre son double jeu ? Son rapport adulte à sa fille est-il remis en cause par l'espionnage ? Sa conduite n'est-elle au fond qu'une forme raffinée de manipulation, une rouerie pédagogique, une ruse de direction de conscience ? Un théâtre de la morale et du sentiment, masquant le sourd travail de feintes en coulisses ? On rencontrerait alors, à nouveau, la trace future de Rousseau, dans *Émile* comme dans *La Nouvelle Héloïse*, le paradoxe énigmatique d'une liberté épiée et réglée en sous-main... Mère confidente ou mère sournoisement tyrannique ?

On remarquera que Mme de Miran n'hésite pas un instant, dans *La Vie de Marianne*, à faire surveiller son fils, qui, à la veille d'un beau mariage, s'amourache lui aussi d'une jeune fille sans naissance et sans fortune (Marianne). Or il semble impossible de douter, dans le roman, de la valeur morale de Mme de Miran (il est vrai que l'aveu immédiat de Marianne ôte toute raison à la surveillance). On pourrait alors y voir une conséquence obligée du pacte comique, qui permet, à travers Lubin, d'injecter énergie comique et suspens, sans avoir à trop s'interroger sur la signification du procédé. Mais dissocier comique et valeurs, dans une pièce qui porte sur la sincérité, reviendrait à tenir Marivaux en assez piètre estime !

Peut-être faut-il admettre que la surveillance appartient aux prérogatives éducatives, à la responsabilité

48

parentale. Que la ruse est ici un devoir de la raison, le secours de la sagesse. L'envers des droits auxquels le pouvoir renonce librement. Le secret maternel entache-t-il vraiment le contrat moral, tant que la mère laisse à sa fille la liberté d'agir, tant donc qu'elle fait seulement usage des armes du cœur et de la raison, propres à l'amitié ? D'autant, c'est me semble-t-il décisif, que la mère s'éduque en chemin et consacre le choix de sa fille.

Mais demeure inscrite à jamais, dans la fable et en son centre, la trace énigmatique d'une sincérité masquée qui a directement partie liée avec la source du comique le plus net (Lubin). Rien n'empêche qu'une actrice nous fasse mesurer — Rousseau nous y aide — la redoutable ambiguïté de ces pédagogues de la liberté ! Quoi qu'on dise, le théâtre comique interdit à Mme Argante d'être Mme de Miran, une pure et rayonnante belle âme.

Cette unique incursion dans l'orbite de la comédie sérieuse, de la comédie du sentiment, suffira à Marivaux. Il n'était pas l'homme du futur drame bourgeois, ni même de la comédie larmoyante en gestation, des révolutions esthétiques auto-proclamées, du comique mis en soupçon, de la morale étalée. Il ne parvient à écrire *La Mère confidente* qu'en retournant ses thèmes dramatiques, en mettant à jour les valeurs morales que ses essais journalistiques explicitent, mais que ses pièces dissimulent. Et pourtant, il restera titillé par l'union du comique et du pathétique, comme en témoigne, en 1755, une curieuse pièce en un acte, *La Femme fidèle.*

La fusion de l'enjouement et de l'émotion, permise par la promotion dramaturgique d'une morale du sentiment, ne rapproche pas seulement Marivaux de Fontenelle, de Voltaire, de Destouches, de La Chaussée (quoique *La Mère confidente* témoigne d'une vitalité comique sans égale chez eux). Elle répond manifestement aux vœux du pouvoir, entendons du vieux cardinal de Fleury, fort hostile au libertinage et aux romans, comme en témoigne la vibrante *Approbation* du censeur qu'on peut lire dans l'édition originale : « J'ai lu par ordre de Monseigneur le garde des Sceaux, un manuscrit intitulé : *La Mère confidente.* Le sentiment si bien traité dans cette comédie, dont l'idée est très heureuse, ne pouvait manquer de plaire au public, qui, à l'honneur de son goût, s'attache de plus en plus aux pièces de ce genre ; ainsi l'on voit avec plaisir, que l'auteur continue de faire trouver un intérêt noble, attendrissant et délicat, même sur un théâtre, consacré au seul délassement de l'esprit. A Paris, ce 23 mai 1735, Duval. »

ROUSSEAU

UN BALCON A GENEVE,
OU LE RIRE SOUS CONTRAT SOCIAL

Entre le désert et les loisirs

Un énergique procès de laïcisation : il n'est sans doute pas de meilleure définition lapidaire des Lumières. A qui en douterait, à qui voudrait surtout comprendre en quoi cela consiste, on aimerait conseiller la lecture, conjointe, des *Maximes et réflexions sur la comédie,* de Bossuet (1694), et de la *Lettre à d'Alembert sur les spectacles,* de Rousseau (1758), dont on ne se privera pas de citer le titre complet : *J.-J. Rousseau/ Citoyen de Genève/ A M. d'Alembert/ de l'Académie française, de l'Académie Royale des Sciences de Paris, de celle de Prusse, de la Société Royale de Londres, de l'Académie Royale des Belles-Lettres de Suède, et de l'Institut de Bologne/ Sur son Article Genève/ Dans le VIIe volume de l'Encyclopédie/ et particulièrement/ sur le projet d'établir un/ Théâtre de Comédie en cette ville.*

Sur la question rebattue, et apparemment épuisée, du théâtre (Lalouette, en 1697, et Desprez de Boissy, en 1771, publient des bibliographies commentées !), les deux essais de Bossuet et Rousseau ont à peu près seuls surnagé, bien que les livres fondateurs du débat moderne ne soient pas d'origine française. Loin de moi l'intention de voler au secours des braves et maladroits, ou malchanceux soldats tombés dans la fosse commune : en telle bataille oratoire, vite tournée, malgré sa véhémence, en vinaigre rhétorique, il est juste que le laurier récompense deux génies de l'éloquence, deux jouteurs passionnés, deux apôtres rigoureux de la vertu. Malheur aux tièdes, la mémoire des hommes les vomira ! Du moins en littérature, dont nos deux prophètes prétendaient n'avoir cure, tout requis qu'ils étaient par le salut des âmes : âmes chrétiennes sous magistère universel, pour le bouillant évêque, âmes genevoises, pour le citoyen patriote. Or la gloire récompense ici les grands perdants du combat contre les spectacles. Imprécation chrétienne en monarchie, réquisitoire protestant pro-républicain, les deux fulminations ont un même air farouche et pitoyable, la même grandeur dérisoire : vaines déplorations du désert au seuil de la civilisation moderne, d'une civiliation des loisirs professionnels. Elles partagent avec Pascal cette curieuse logique des pensées françaises du refus, d'enrager contre le monde en bataillant d'abord dans leur propre camp. En attaquant le pauvre Père Caffaro, après lui avoir, par lettre privée, promis pardon et rémission s'il avouait et déplorait ses fautes (Caffaro le fit humblement, par deux fois, en vain), Bossuet s'en prenait évidemment aux théologiens moins rigoristes de l'Eglise catholique, et à nombre de ses papes et cardinaux récents. En écrasant l'article de d'Alembert sous un déluge de feu, Rousseau vise évidemment et Voltaire, et Diderot, et toute la confrérie philosophique européenne.

Sauver le théâtre par la morale

Mais aussi plaisant que soit ce parallèle, il faut le corriger sur au moins deux points. D'abord, il souffre de laisser hors jeu l'intervention tonitruante de Diderot, dont les deux textes de 1757-1758 (*Entretiens sur le Fils naturel,* 1757 ; *De la poésie dramatique,* 1758) m'apparaissent comme la seule réponse frontale et nette, tranchée et hardie, au discours rigoriste des divers christianismes, intériorisé et laïcisé, par le biais de la morale, dans la pensée philosophique. Le tour de force de Diderot n'est pas seulement d'arracher aux églises le flambeau de la morale tout en défendant le théâtre, seule chaire publique capable de transformer les hommes ; c'est surtout d'articuler, en un tout indécomposable, moralisation du théâtre et refonte esthétique, épuration et rénovation, vertu et jouissance. Loin d'être une censure, un appauvrissement, une amputation, comme dans la réforme caricaturale de Luigi Riccoboni (*De la réformation du théâtre,* 1745), par là même hautement révélatrice des impasses rédhibitoires de toute approche chrétienne du théâtre à l'âge classique, la révolution esthétique proposée par Diderot fait de la morale le tremplin d'un nouveau théâtre. Il déplace ainsi radicalement l'axe du débat, ou du moins le tente, en réunissant deux discours largement séparés : le discours moral sur l'utilité du théâtre, conduit à l'initiative hargneuse de l'Eglise, et le discours de la poétique, refuge des techniciens de la plume et des abbés subtils autant que modérés. Peut-être ne trahirait-on pas trop sa démarche, en disant qu'il radicalise et fusionne, pour les révolutionner, les objectifs du théâtre jésuite et les essais de la comédie sentimentale (Destouches, La Chaussée, Mme de Graffigny, Gresset). Après cette entrée fracassante, le théâtre n'a sans doute pas changé de face. Mais il a changé de base. Je n'en conclus pas pour autant que de là vient l'épuisement définitif du discours chrétien sur le théâtre, malgré un petit regain d'ardeur militante, surtout éditoriale, sous la miraculeuse Restauration. Car s'il fallait, bien légèrement sans doute, inculper un livre de cette douloureuse aphasie, le poids de la faute retomberait sur Rousseau : que laisse-t-il à dire aux champions de l'Eglise, hors des mornes platitudes ? Le *Journal de Trévoux* a beau exulter, en 1758, de la déconvenue des philosophes, ces joies pieuses sont à courte vue : entre le discours réformateur de Diderot et la diatribe conservatrice de Rousseau, l'Eglise a sans doute encore le droit de parler, sans être sûre de l'écoute ni de savoir quoi dire.

L'évêque et le citoyen

C'est là justement mon second point. Le parallèle de Bossuet et Rousseau ne doit pas masquer qu'à qualité supposée égale de génie, et en raison même de la convergence des thèses, le philosophe surclasse l'évêque d'une manière trop écrasante pour être honnête. Que s'est-il donc passé, en un demi-siècle, qui rende la comparaison de ces deux textes consacrés à un problème quasi canonique, si évidemment, si insupportablement déséquilibrée ? Pourquoi la théologie s'effondre-t-elle, en soixante ans, devant la philosophie, sur un terrain balisé et retourné depuis des siècles par la pensée chrétienne ? Poser la question, c'est y répondre. Si Bossuet, malgré sa culture, sa passion, son éloquence, apparaît si étriqué dans ses vues, si monotone même dans sa langue, par rapport à l'incroyable richesse des perspectives et des tons de son successeur et rival, c'est que le talent ne distingue pas ici les hommes, mais les époques. Force est de constater, quitte à faire sourire, mais les textes parlent d'eux-mêmes sans échappatoire, que les Lumières sont passées par là. Invoquer la laïcisation des thèmes théologiques dit tout et rien à la fois. Rien, si l'on se contente de noter que, évidemment nourri des textes canoniques constamment jetés dans le débat, Rousseau traite du problème en homme, et non pas en théologien porteur d'une vérité révélée. Tout, si l'on constate que la laïcisation est une nouvelle liberté de penser, l'audace et le plaisir de joindre la morale, l'esthétique, la psychologie, la politique, la critique littéraire, avec une virtuosité dialectique et littéraire interdite, en 1694, au grand prélat gallican. Rousseau réussit ce que Voltaire avait tenté en 1734, dans les *Lettres philosophiques* : écraser un grand classique pour marquer la révolution de l'esprit moderne. Mais Voltaire, demi-habile, ou présomptueux, ou trop militant, en s'attaquant à Pascal, choisissait trop bien sa cible pour réussir. Le paradoxe secret de la *Lettre à d'Alembert,* c'est qu'un adversaire peut cacher un rival, et qu'en étrillant les philosophes, on éclipse le plus grand docteur de l'Eglise française sous couleur de défendre sa thèse !

Rousseau enfin...

On n'attendra évidemment pas de moi que j'y voie un hasard : Bossuet, Diderot et Rousseau ont en commun, traitant du théâtre, de se tourner irrésistiblement vers la comédie, comme s'ils savaient, d'un sûr instinct, que là se jouait le sort de la bataille. La chose peut paraître moins nette pour Bossuet, mais elle s'impose si l'on veut bien se donner la peine de lire les textes français antérieurs et ceux de 1694. Elle ne fait pas problème, me semble-t-il, avec Diderot et Rousseau.

Je ne connais pas, dans la littérature française, d'exploit dialectique comparable à la *Lettre* de Rousseau sur les spectacles. On reste confondu devant la virtuosité qui rassemble et revivifie, avec une adresse souveraine, les thèmes qu'on pouvait croire épuisés par des siècles de rude corvée rhétorique. S'il fallait résumer d'un trait ce magistral essai, l'un des plus brillants, des plus toniques en notre langue, une merveille de brio, de composition, de subtilité polémique, on pourrait dire que la thèse centrale — le théâtre, inutile et dangereux, ne réforme pas plus qu'on ne le réforme, mais pervertit les peuples bons — se distribue en trois grands mouvements, qui analysent successivement le théâtre comme représentation de pièces, le théâtre comme institution, le théâtre et Genève. Aussi radicale, pour l'essentiel, que les dévots les plus rigoristes, la démarche rousseauiste transcende la tradition en la laïcisant et en la politisant. Si elle n'exclut nullement une approche du théâtre en soi, où la comédie (française) occupe une place centrale, la question de l'utilité des spectacles ne peut plus ignorer qu'un certain Montesquieu est venu écrire *l'Esprit des lois*, est venu inscrire la loi dans l'histoire. D'où le paradoxe provocant qui signe la modernité du rigorisme rousseauiste : les spectacles (pernicieux en eux-mêmes) sont bons pour un peuple corrompu, « et mauvais quand il est bon lui-même » (p. 140, éd. « GF » Flammarion). Paris peut conserver ses théâtres, plus innocents que ses mœurs, mais Genève se doit de les interdire sans regrets. J'y reviendrai, car cette thèse, d'apparence si anachronique aujourd'hui, où la vertu s'agite pour sauver théâtres et cinémas, pourrait bien n'avoir pas épuisé sa saveur.

Près de la scène, loin de soi

Si donc on considère le théâtre en lui-même à travers ses pièces, que constate-t-on ? Qu'il n'obéit évidemment pas à une visée morale, mais à la nécessité de plaire au public, dont les mœurs et les goûts commandent en maîtres absolus. Comment pourrait-il corriger les mœurs et régler les passions, quand le seul personnage interdit de scène, pour cause d'anti-théâtralité, est l'homme de bien, l'homme simple à la vertu tranquille ? (Les théologiens disaient : le héros chrétien ; les Anciens : le sage stoïcien !) Insupportable dans la tragédie, il n'entrera en comédie que pour s'immoler au ridicule. La loi du plaisir public interdit toute contrainte étatique sur le contenu des pièces, soumises entièrement à l'invisible, mais inflexible pression des mœurs dominantes. Voilà qui renvoie à sa futilité tout rêve de moraliser le théâtre par l'intervention d'une puissance tutélaire éclairée, censure cléricale de saint Charles Borromée, à Milan, ou censure mixte, sous contrôle d'Etat, de Luigi Riccoboni, ancien directeur et acteur du Théâtre-Italien rappelé par le Régent en 1716. Ou plutôt, précise Rousseau, songeant évidemment à Athènes, « les lois peuvent déterminer les sujets, la forme des pièces, la manière de les jouer ; mais elles ne sauraient forcer le public à s'y plaire » (p. 74).

Mais, dit-on, la scène nous fait aimer le bien et haïr le mal ? La belle affaire ! L'amour du beau moral étant inné, le théâtre n'y sert de rien, il s'en sert. Nous sommes tous justes, dès que notre intérêt n'est pas en jeu. Que cherche le méchant au spectacle, sinon des leçons de vertu gratuites, stériles ? Le théâtre nous gratifie parce que la fiction nous décharge de toute responsabilité réelle, de toute vertu péniblement active ; il n'excite la moralité que pour mieux l'endormir. Le monde imaginaire nous attire près de la scène pour mieux nous éloigner du monde ; l'imitation théâtrale interdit l'imitation du théâtre, car la scène irréalise la représentation, nous entraîne dans un univers sans rapport avec le nôtre, qui « a ses règles, ses maximes, sa morale à part, ainsi que son langage et ses vêtements » (p. 80) : il serait aussi ridicule d'en imiter la morale (héroïque) que de parler en vers et en toge romaine.

La comédie dans l'étau du chiasme

Mais alors, ne pourrait-on pas rapprocher l'image scénique de la vie réelle, « rapprocher dans la comédie le ton du théâtre de celui du monde » ? Nous voilà donc enfin au problème comique, et au nœud de la réfutation de Rousseau, pointée sur le cœur de Diderot et la tempe de Molière. C'est là que sa dialectique, reprenant le paradoxe de Bossuet pour le porter à son comble, va tenter de pulvériser la théorie du genre sérieux et les prétentions correctrices du genre comique. Rousseau procède en quatre temps, en une superbe figure de chiasme :

1) « On peut, il est vrai, donner un appareil plus simple à la scène, et rapprocher dans la comédie le ton du théâtre de celui du monde : mais de cette manière on ne corrige pas les mœurs, on les peint, et un laid visage ne paraît point laid à celui qui le porte. » (P. 80-81.)

2) « Que si l'on veut les corriger par leur charge, on quitte la vraisemblance et la nature, et le tableau ne fait plus d'effet. La charge ne rend pas les objets haïssables, elle ne les rend que ridicules. »

Il s'agit donc d'enfermer le genre comique, auquel l'argument d'irréalité frappant la tragédie ne semble pas s'appliquer, dans une aporie : qu'elle cherche à atteindre le spectateur par la mimésis ou par la déformation, que le miroir reflète ou grossisse, la comédie voit toujours l'effet s'évanouir. L'invraisemblance et la vérité, la caricature et le portrait rencontrent la même inefficacité radicale, fictions opposées prises tout entières dans l'irréalité du théâtre, dans son impuissance à contrecarrer l'irrésistible pression du public. A tourner son refus tranquille, invincible, de changer, quand le public a payé pour son plaisir, qui est de rester ce qu'il est sans être troublé.

En croyant rénover le théâtre et restaurer la morale par l'exclusion de la caricature, par l'effacement de la charge au profit de l'image, Diderot n'a pas compris qu'il réalisait, en le radicalisant, un des deux possibles fondamentaux du genre comique. Mais si l'on n'avance pas d'un pouce dans l'ordre de la morale, qu'a-t-on gagné à se priver des vertus comiques de la charge, de la déformation ? Inévitables questions de lecteur pressé, mais que Rousseau ne développe pas encore. Car son troisième argument radicalise à ce point la critique du comique, qu'il rend le second presque sans importance.

3) « La charge ne rend pas les objets haïssables, elle ne les rend que ridicules ; et de là résulte un très grand inconvénient, c'est qu'à force de craindre les ridicules, les vices n'effraient plus, et qu'on ne saurait réduire les premiers sans fomenter les autres. Pourquoi, direz-vous, cette opposition nécessaire ? Pourquoi, Monsieur ? Parce que les bons ne tournent point les méchants en dérision, mais les écrasent de leur mépris, et que rien n'est moins plaisant et risible que l'indignation de la vertu. Le ridicule, au contraire, est l'arme du vice. C'est par elle qu'attaquant dans le fond des cœurs le respect qu'on doit à la vertu, il éteint enfin l'amour qu'on lui porte. » (P. 81.)

Il y a donc une permanente illusion comique, qui est de croire corriger le vice par le ridicule, quand on ne travaille qu'à les polir et les raffiner, c'est-à-dire à les rendre aimables. Vieil argument rigoriste : mieux vaut un vice grossier, donc visible et rebutant, que la pseudo-décence du théâtre moderne, qui rassure les consciences. Loin donc de corriger le vice par le ridicule, la comédie, aggravant la logique générale du théâtre, qui est de renforcer les passions en croyant les combattre, les fomente.

Le prophète et le railleur

Mais là n'est pas encore vraiment le fond des choses, que Rousseau va dramatiser par une double interrogation. S'il y a opposition entre le ridicule et le vice, cela ne tient pas essentiellement à l'éducation du vice auprès du ridicule, qui lui apprend les bonnes manières. La comédie ne pèche pas seulement parce qu'elle obtient le contraire de ce qu'elle vise. Elle est intrinsèquement mauvaise, irrémédiablement mauvaise, parce qu'elle transforme le vice en ridicule, parce qu'elle substitue le rire à l'indignation et au mépris, parce que le vice est dans le rire, si le péché n'est pas dans l'homme. Les bons ne rient pas, comme Jésus n'a jamais ri, et l'on ne doit pas rire de ceux qui ne rient pas! Car ils sont le sel de la terre, la voix tonnante de la vertu. Hors du sérieux, point de salut pour la vertu. Extraordinaire éclat, superbe écho de la parole biblique, mais qui surenchérit encore sur Bossuet dans la damnation, la diabolisation du rire, de la dérision. Le rire n'est plus seulement frappé d'irréalité et d'indécence au regard de la condition humaine et de la Croix ; il est la marque propre du mal, le rictus de la perversion, l'assassinat de toute bonté. Remarquons qu'il n'est pas opposé, comme chez certains clercs adversaires du théâtre, à la charité, mais à l'indignation et au mépris, donc à la voix des prophètes qui clament contre le siècle! En Israël, ou à Paris. On ne s'approche pas de Dieu ou de la vertu le rire aux lèvres...

Au théâtre, le miroir grimace

La voilà donc, la première apparition du grand motif en préparation encore invisible, le motif d'Alceste, chef-d'œuvre dans le chef-d'œuvre! Alceste, l'homme bon, l'homme droit, l'homme sérieux, abandonné à la foule des rieurs, aux crachats du ridicule. Jésus et Alceste n'ont jamais ri ? Il faut donc les livrer aux ricaneurs, pour un sacrifice éternellement recommencé. Oui, tout auteur comique, sans le savoir, sans le croire, depuis toujours et à jamais, est serviteur du vice, ennemi intime, absolu, implacable, de la vertu, quoi qu'il fasse, quoi qu'il soit!

Comment s'y tromper? La tragédie est un jeu d'enfant, une innocente misère, contre laquelle il faut bien rompre quelques lances, parce qu'il y a deux genres, et des pièces tragiques, et qu'il faut bien citer Corneille, Racine et Voltaire, et les héros-criminels-qui-ne-sont-pas-si-antipathiques, etc. Mais combien Rousseau manque de flamme, et de mordant, et d'idées! Non, le véritable sujet, le vrai paradoxe, le grand adversaire, c'est le comique, la comédie, Molière – Molière, l'homme qui voulait rire, le prétendu ennemi des vices, le perfide ennemi d'Alceste! Son Ponce Pilate, qui le crucifie tous les soirs.

Mais il reste un quatrième point, après ce vrai coup de théâtre, cet étrange et inattendu cri de haine contre le comique, qui devrait mettre fin au débat avant même qu'il s'engage :

4) « Ainsi tout nous force d'abandonner cette vaine idée de perfection qu'on nous veut donner de la forme des spectacles, dirigés vers l'utilité publique. C'est une erreur, disait le grave Muralt, d'espérer qu'on y montre fidèlement les véritables rapports des choses : car, en général, le poète ne peut qu'altérer ces rapports, pour les accommoder au goût du peuple. Dans le comique, il les diminue et les met au-dessous de l'homme ; dans le tragique, il les étend pour les rendre héroïques, et les met au-dessus de l'humanité. [...] et toujours nous voyons au théâtre d'autres êtres que nos semblables. »

De même que le point trois revenait sur le second pour quasiment l'effacer, ce quatrième argument annule en quelque sorte le premier, le transforme en hypothèse d'école, en fiction rhétorique. La comédie ne peut pas agir sur le monde, du moins dans le bon sens, celui qui irait contre le monde, parce qu'elle est prise dans la radicale incapacité du théâtre à refléter le monde. Paradoxe : soumise au flux invincible des mœurs dominantes qu'elle s'imagine dérisoirement combattre, elle n'a même pas le pouvoir d'en fournir une image ressemblante! Toujours en dessous ou au-dessus de la condition humaine, caricaturale ou héroïsante, la scène est grimace ou flatterie. Jamais dans la vérité, la simple et droite vérité, interdite de plateau.

L'impossible troisième voie

Si la scène ne connaît que l'imitation outrée, si sa nature lui barre, entre tragédie et comédie, la ligne médiane d'une fidèle mimésis, que devient le grand projet de Diderot, vieux d'un an à peine, d'installer, précisément en cette ligne absente, le genre sérieux, soutien et bénéficiaire de la moralisation du théâtre? Une illusion, une fiction, qui bute d'abord (point 1) sur une contradiction interne, entre le moyen et la fin, le reflet et la correction; ensuite (point 4), sur une impossiblité d'essence, une contradiction *a priori* entre théâtre et reflet. Le genre sérieux n'existe pas, parce qu'il ne peut pas exister, puisque le théâtre existe. Ce que Diderot attribue à la routine, à la convention – la réduction du champ théâtral, théorisée par Aristote, à deux branches, à deux genres purs et extrêmes –, est un effet nécessaire de l'essence du théâtre, art de la déformation, de la concentration. L'appareil optique du théâtre peut agrandir, il peut rapetisser, mais il ne peut pas reproduire. Il ne peut pas rendre l'homme à l'homme. Les auteurs, les critiques ont beau viser désespérément la moralité, notamment, suprême espoir, suprême pensée, à travers la comédie, et tout récemment le genre sérieux, radicalisation des ambitions réalistes du genre comique, la morale fuit par les deux bouts, inlassablement, à tout jamais, de toute nécessité, comme cette réalité que le théâtre, nouveau Sisyphe, n'a pas le droit de saisir. Elle fuit par le public, qui résiste de toute la force immense de ses passions et de ses goûts, plus forte que les lois, plus forte que les auteurs, les églises, les coteries, parce que l'argent du public tient le théâtre à la gorge. Par le spectacle, qui dresse entre les spectateurs et lui l'infranchissable frontière de son irréalité, de son irrémédiable outrance.

On devine le paradoxe qui se dessine, conclusion classique, mais intensément ravivée, de tout discours contre les spectacles : « Je crois pouvoir avancer, comme une vérité facile à prouver, en conséquence des précédentes, que le théâtre français, avec les défauts qui lui restent, est cependant à peu près aussi parfait qu'il peut l'être, soit pour l'agrément, soit pour l'utilité ; et que ces deux avantages y sont dans un rapport qu'on ne peut troubler sans ôter à l'un plus qu'on ne donnerait à l'autre, ce qui rendrait ce même théâtre moins parfait encore ! » (P. 82.)

Terrible dialecticien : la réforme est impossible, parce que le théâtre est le théâtre ; elle est inutile, parce que le théâtre (français) est aussi parfait qu'il peut l'être, c'est-à-dire aussi mauvais moralement et aussi bon techniquement qu'il doit l'être ; elle est dangereuse, parce qu'elle romprait ce complexe et fragile équilibre ! (On a reconnu la structure du raisonnement célèbre de Montaigne contre les réformes.)

Diderot, étrange objet

Et pourtant, elle tourne, pourrait dire Diderot de sa réforme. Rousseau, le désignant enfin pour la première fois, lui concède une honorable sortie de scène, la satisfaction d'une réussite individuelle, d'une invention exceptionnelle, unique et sans postérité ! « Ce n'est pas qu'un homme de génie ne puisse inventer un genre de pièces préférable à ceux qui sont établis : mais ce nouveau genre, ayant besoin pour se soutenir des talents de l'auteur, périra nécessairement avec lui ; et ses successeurs, dépourvus des mêmes ressources, seront toujours forcés de revenir aux moyens communs d'intéresser et de plaire. Quels sont ces moyens parmi nous ? Des actions célèbres, de grands noms, de grands crimes, et de grandes vertus dans la tragédie ; le comique et le plaisant dans la comédie ; et toujours l'amour dans toutes deux. Je demande quel profit les mœurs peuvent tirer de tout cela. » (P. 83.)

Ce que Diderot prend pour une structure d'attente inscrite dans la nature des choses, le nouveau principe de gravitation théâtrale enfin découvert, n'est que le produit inimitable du génie, la théorisation, par généralisation indue, de dons individuels : une monstruosité artistique, ou une merveille, peu importe, incapable de troubler l'ordre naturel, soumis à des lois constantes qui engloutiront l'étrange concrétion diderotienne. Le champ théâtral obéit à une logique binaire. La réflexion et l'histoire s'accordent avec Aristote pour rejeter dans un statut d'exception passagère le coup de force génial qui, pour réconcilier la scène et la morale, tente de renvoyer au spectateur une image crédible de lui-même, au risque d'y défaire le théâtre qu'il prétend servir, et de déplaire au spectateur qu'il entend refaire. L'invention de Diderot, que son auto-commentaire théorique s'efforce désespérément de naturaliser, appartient au registre du bizarre, ou de l'originalité.

Le genre sérieux ? L'exception qui confirme la règle de l'impossibilité pour le théâtre de s'installer à hauteur d'homme, dans un rapport de fidélité mimétique au réel, qui légitimerait l'ambition transformatrice assignée aux spectacles. Force est d'admettre que les spectateurs vont au spectacle pour s'oublier, qu'ils regardent pour ne pas voir, qu'ils s'agitent pour ne pas agir. Ce qui suppose, devant eux, sur la scène, des héros et des ridicules, et nul homme. Il est possible que le philosophe veuille y chercher un homme. Pas le spectateur. Au demeurant, les bonnes intentions ne font pas les grandes vertus, et rien de pire, parfois, que les demi-habiles de la morale, les gribouilles de la réforme au nom de la vérité, sautant comme des cabris en criant : le vrai ! le vrai ! On ne saurait certes blâmer tous ceux (Diderot, on le sait, en est) qui déclament contre les valets de comédie. Faut-il pour autant les chasser ? « Je ne décide pas s'il faut en effet les condamner. Il se peut que les valets ne soient plus que les instruments des méchancetés des maîtres, depuis que ceux-ci leur ont ôté l'honneur de l'invention. Cependant je douterais qu'en ceci l'image trop naïve de la société fût bonne au théâtre. Supposé qu'il faille quelques fourberies dans les pièces, je ne sais s'il ne faudrait pas mieux que les valets seuls en fussent chargés et que les honnêtes gens fussent aussi des gens honnêtes : au moins sur la scène. » (P. 95.)

Ironie cinglante, que Marivaux eût certainement partagée, s'il avait daigné composer une poétique ou une lettre sur les spectacles. Difficile, en tout cas, de ne pas renvoyer cette note assassine à l'auteur des *Entretiens sur le Fils naturel,* et de ne pas voir que, par le biais des valets, elle interroge à nouveau la question cruciale de l'esthétique diderotienne du théâtre — sa prétention à ressembler au monde pour le transformer.

Un personnage enquête sur son auteur

Tout semble dit, et pourtant le meilleur reste à venir : la critique du *Misanthrope,* sans doute la plus belle analyse littéraire de l'âge classique, modèle inégalé qui fixe à jamais notre image du chef-d'œuvre de Molière. *Le Misanthrope* est ici plus qu'un exemple. La preuve expérimentale hyperbolique, l'arme absolue : au pays des meilleures comédies, la meilleure comédie du meilleur auteur, le parangon du haut comique, quasiment pur de toute bouffonnerie, toute tournée, dans le ton du meilleur monde, vers la correction des ridicules et des vices, la seule pièce, ou presque, disait le rigide Riccoboni, où la femme aimée n'est pas parfaite, où l'on dénonce l'amour au lieu de l'idolâtrer, où les valets, rappelle Diderot, restent dans l'antichambre, faute d'emploi. La seule pièce de Molière, souligne Rousseau, où le personnage ridicule ne soit pas haïssable ou méprisable, et inspire, malgré des défauts risibles, un respect « dont on ne peut se défendre », ce « respect qu'on doit à la vertu », et que le rire éteint au fond des cœurs. Luigi Riccoboni, pieux partisan de la suppression totale des théâtres, à défaut vertueux censeur, n'y trouvait rien à redire : Bon pour le service théâtral réformé.

Tout ce que Rousseau a à dire sur le rire, sur le comique, sur le théâtre, est dans *le Misanthrope,* que je lirais volontiers, pour ne pas renvoyer aux usages platoniciens du mythe, comme la figure du théâtre que Rousseau dresse en face du *Fils naturel,* en face du théâtre prétendument régénéré, prétendument philosophique, prétendument humanisé. Le rire (confondu chez lui, est-il besoin de le dire, avec le comique) est donc le vice des vices, le vice absolu, et très précisément la face grimaçante de la misanthropie, de la vraie misanthropie, qui est haine du genre humain. « Une pareille haine ne serait pas un défaut, mais une dépravation de la Nature et le plus grand de tous les vices : puisque, toutes les vertus sociales se rapportant à la bienfaisance, rien ne leur est si directement contraire que l'humanité. » (P. 97.) Au fond du rire, il y a Philinte, cet ennemi du genre humain maquillé en sage, en ami des hommes, en ami d'Alceste, usurpant, grâce à Molière, instrument docile et génial du monde, la place d'Alceste. Cette prétention hypocrite, aimable, cette fausse vertu selon le monde, cette ironie froide, ce dehors gracieux couvrant une âme dure et sèche, c'est l'esprit de la comédie, c'est le visage même du comique, c'est Philinte. En lui, la comédie a trouvé son masque parfait, son incarnation absolue.

La prédication sentimentale

Implacable, Rousseau n'en reste pourtant pas là. Après le mythe fait pièce de la comédie, c'est son histoire qu'il convoque, sous le signe d'une double décadence. A Molière succèdent, sans son génie et sa probité, les pièces moralement insupportables de Dancourt et Regnard, qui elles aussi révèlent crûment que l'esprit comique « trouble tout l'ordre de la société [...], renverse tous les rapports les plus sacrés [...], tourne en dérision les respectables droits des pères sur leurs enfants, des maris sur leurs femmes, des maîtres sur leurs serviteurs ! ». Or, voir des filous au spectacle, c'est nous forcer d'entrer dans leurs intérêts, d'espérer leur succès. Il ne s'agit pas d'exclure de la scène les actions blâmables, mais de les présenter en honnête homme. N'est-ce pas pourtant un vœux pieux, puisque Molière l'était, honnête homme, et que le théâtre comique s'y oppose, de toute la force de sa nature ?

L'évolution récente de la comédie, après Dancourt et Regnard, confirme la vanité des appels à la moralisation de la scène comique : « Nos auteurs modernes, guidés par de meilleures intentions, font des pièces plus épurées ; mais aussi qu'arrive-t-il ? Qu'elles n'ont plus de vrai comique et ne produisent aucun effet. Elles instruisent beaucoup, si l'on veut ; mais elles ennuient encore davantage. Autant vaudrait aller au sermon. » Reproches classiques à la comédie larmoyante (n'ironisait-on pas sur le « père La Chaussée » ?), auxquels Diderot répond dès 1758 pour le compte du genre sérieux. Rousseau les scande avec son habituelle énergie : « Dans cette décadence du théâtre, on se voit contraint d'y substituer aux véritables beautés éclipsées de petits agréments capables d'en imposer à la multitude. Ne sachant plus nourrir la force du comique et des caractères, on a renforcé l'intérêt de l'amour » (p. 112), on a féminisé et sentimentalisé le théâtre (tragique et comique), aux dépens des grands intérêts d'Etat, des passions viriles (amour de l'humanité, de la patrie, etc.), des caractères fortement dessinés. Autant de reproches parfaitement courants, développés par Voltaire dans l'ordre tragique, mais qui alimentaient la critique chrétienne du théâtre dès le XVIIe siècle, et trouvaient une application séduisante dans le parallèle de Corneille et Racine. On les retrouve en service tout au long du XVIIIe siècle, ramenés à un plan essentiellement esthétique, comme chez Voltaire, ou plus fortement moralisés, comme chez Diderot.

L'image renversée

Est-il besoin d'ajouter que ce lieu commun prend dans la philosophie de Rousseau une ampleur et une profondeur exceptionnelles, en s'articulant à une théorie de l'histoire, de la nature et de la société, à une morale violemment anti-aristocratique, à une exaltation des sentiments naturels, etc. ? La comédie s'insère dans la crise du monde moderne, dont elle dit, mieux que tout autre symptôme, la dérive anti-naturelle, l'incroyable inversion des rapports les plus évidents. De quoi est-il en effet constamment question dans l'univers comique ? D'assurer la suprématie des femmes, transformées en éducatrices du genre humain, des jeunes sur les vieux (vieux haïssables, s'ils interdisent l'amour, ridicules, s'ils aiment), des valets sur les maîtres, de l'amour sur la raison et le devoir. Le théâtre devient une machine à rêver sur les femmes, à exhiber les femmes, à propager, à travers l'éther de l'espace social, comme son essence propre, l'*odor di femine* et l'adoration de l'amour. En exaltant la seule loi passionnelle du désir, le théâtre révèle son impuissance morale, car il ne dispose, quoi qu'on dise, d'aucune arme contre la séduction du désir amoureux.

Ainsi, la décence de la comédie sentimentale contemporaine, effet conjugué de bonnes intentions et du manque de talent, affaiblit la qualité théâtrale des pièces, et renforce la dénaturation sociale, renverse les rapports les plus légitimes, propage la drogue du rêve romanesque. Rousseau n'est certes pas le premier à le dire : la comédie larmoyante infuse l'esthétique romanesque dans le théâtre. Le même argument sert aussitôt contre le genre sérieux, et Diderot en discute dès 1758.

Le comique ou l'essence du théâtre

Qu'est-ce donc, pour Rousseau, que la comédie ? Bien loin de jouer, comme toujours, à la parente pauvre, à la fille cadette du théâtre, c'est elle, l'orpheline sans dot théorique, la muse d'en bas, qui incarne au mieux la nature du théâtre, sa nature sociale, et donc perverse, la dénaturation de la gaieté naturelle en dérision publique, mercenaire, institutionnalisée. Obligatoire et spécialisée, et pourtant rétive à tout contrôle extérieur, elle n'obéit qu'à la commande sociale des préjugés régnants, qu'elle conforte et légitime dans la raillerie des ridicules. Elle émane du social, et retourne vers lui en passant par cette effrayante caricature du corps social, de l'assemblée du peuple, une salle de spectacle ricanante, convulsée par une opération mécanique qui contraint toute liberté, toute révolte de la conscience individuelle, tout cri de la nature : le rire. Contrairement à ce que croit Diderot, c'est le rire, et non les larmes, la dérision et non le sentiment, qui donnent accès à la véritable nature du théâtre. Ecart révélateur et obligé.

Diderot croit à la possibilité pour le théâtre de percer le voile des « misérables conventions », quand Rousseau voit en lui l'emblème de la socialisation, l'institution sociale la plus perverse, celle qui, esthétisant le procès de dénaturation de l'espèce humaine, le transforme en beauté et en plaisir. La comédie est donc doublement perverse, doublement immorale : parce qu'elle est théâtrale, et parce qu'elle est comique. Perverse par sa fin, le plaisir à tout prix du public, perverse par son moyen, le rire, le rire qui, à lui seul, par sa nature mauvaise, condamne la comédie. Intrinsèquement subordonnée au social, acharnée à le flatter par la dérision de toute déviance, et donc plus avide de ridicules que de vices, la comédie pousse jusqu'au bout, parce qu'elle caricature, le procès de la dénaturation : le renversement des valeurs naturelles, des rapports les plus sacrés. En ce sens (thème que Rousseau ne développe pas, préférant opposer l'Antiquité aux temps actuels), la comédie ancienne anticipait, contrairement à la tragédie, sur l'évolution des sociétés modernes perfectionnées, dont Paris offre le modèle. Alors que la tragédie antique exclut l'amour, et non pas les sentiments naturels ni les grands intérêts, la comédie, d'entrée de jeu, preuve supplémentaire, s'il en était besoin, de sa logique maléfique, exalte l'amour et se moque des parents. En France, pointe avancée des grandes sociétés monarchiques, inégalitaires et vicieuses, l'esprit comique se confond avec l'esprit du monde, dans un rapport spéculaire parfait.

Aux pieds des femmes

La comédie n'est pas seulement la société des riches et des grands. Elle est aussi la femme, par l'amour qui la constitue dès l'Antiquité

(Rousseau n'en souffle mot !), et par l'exaltation de la femme qui, dans la comédie sentimentale contemporaine, exprime la primauté sociale des femmes en l'idéalisant. Au fond, dire que la comédie est la société perfectionnée, c'est dire qu'elle est femme, esprit de la femme, tandis que la tragédie reste toujours aspirée par l'attraction virile des grands sujets qui la définissait à son origine. On pourrait même pousser le parallèle plus loin : comme *Emile* l'expliquera sous peu (livre V), la femme a pour destination naturelle de plaire ; elle ne doit pas viser la raison et la vérité, mais se conformer à l'opinion, etc. Par sa nature, la comédie est femme, femme effrontée, médisante, corruptrice, tyrannique, séduisante, avide de mettre Hercule au rouet. Femme lubrique, femme publique. Bref, il y aurait donc deux genres au théâtre comme ou parce qu'il y a deux sexes !

La féminisation accélérée de la comédie française (la plus achevée, esthétiquement et socialement) mérite attention, parce qu'elle noue l'illusion réformiste, le procès social et l'esthétique. Poussés par la critique cléricale et les bonnes intentions qui peuplent l'Enfer, les auteurs ont voulu réformer la comédie, lutter contre l'immoralité comique, sans en comprendre la nature et les causes. Pris dans cette méconnaissance du théâtre, du genre et de la morale, ils ont imaginé moraliser la comédie en la... féminisant, en la peuplant de femmes idéales, de sentiments romanesques. Poussés dans le dos, sans le savoir, par la logique dénaturée d'une société perfectionnée, ils croyaient moraliser en exaltant la dénaturation ! Et ils croyaient améliorer la comédie en y injectant du romanesque, aux dépens du comique. Par cette double méconnaissance, de l'esthétique et de la philosophie, la comédie contemporaine se perfectionne comme la société, en une décadence accélérée. Perdant en comique sans gagner en morale (sauf à confondre morale et police verbale), la comédie sentimentale juxtapose chimère et grimace, roman et comique. On ne réforme pas le genre comique, on ne moralise pas le rire. On peut tout juste l'exténuer, en le jetant aux pieds des femmes, pour nous ennuyer sans nous rendre meilleurs. Ajoutant ainsi à la méconnaissance la confusion de la morale et du sermon, privant le théâtre de son seul bénéfice, le plaisir.

Illusions philosophiques, erreur cléricale

Faute de comprendre l'immoralité perfectionnée de la société française, qui contraint celle de la comédie, auteurs et philosophes se jettent dans d'illusoires réformes, de chimériques projets de régénération théâtrale, au lieu de se demander si la seule moralité du théâtre, en France et à Paris, ne serait pas une moralité négative : divertissement pervers, le théâtre retient des hommes pervers de plaisirs bien plus noirs. Non pas en les rendant meilleurs, comme l'imaginent naïfs et nigauds. En leur retenant du temps !

Le radicalisme rousseauiste, si volontiers en surenchère, prend ici à contrepied le rigorisme chrétien. Illusoire, confuse, c'est-à-dire mi-vraie mi-fausse, la condamnation absolue du théâtre et du divertissement. Si profondément que la tradition chrétienne ait raison, s'agissant du spectacle, contre les sophismes et les rêveries des philosophes, porte-parole des grands et des riches, la rigueur morale cléricale achoppe sur un obstacle philosophique fondamental. Les auteurs ecclésiastiques, dont Rousseau reprend et déplace la trame, fondent leur réquisitoire sur la nature corrompue de l'homme, qu'il faut contenir par tous les moyens. Tandis que Rousseau appuie son analyse du théâtre sur la dénaturation sociale de l'espèce humaine, générale et constitutive, mais inégalement développée, diversement réalisée. Anthropologie qui permet d'articuler, dans un dosage toujours excitant et constamment paradoxal, sévérité rigoriste et pragmatisme sociologique : le feu noir de Caton, et les fulgurances relativistes de Montesquieu. Nul texte de Rousseau, comme cette *Lettre,* ne permet au fond de saisir sa méthode, son style, l'engendrement ininterrompu des paradoxes dans le mouvement même d'une pensée incroyablement systématique, la rigueur logique et la tension morale, la souplesse et le jusqu'au-boutisme... Cela ne tient pas à un effet de grâce, mais au fait que Rousseau, reprenant un à un tous les arguments d'une dispute séculaire, nous donne à voir, comme en laboratoire, ce que penser à la Rousseau veut dire.

Cette dialectique, l'ai-je bien saisie jusqu'au bout ? Ai-je bien, dans l'impeccable machine, fait jouer ses principaux ressorts ? Questions vaines, je le sais ; le lecteur est là pour perdre, et pourrait avoir l'esprit de tomber avec élégance. Mais un doute me saisit avant de retourner ma dernière carte. Refaisons vite le compte des plis.

Rire ensemble ou rire en salle

Comédie-société, comédie-ville, comédie-monde, comédie-femme, comédie-vice, bref, comédie-rire : parce qu'elle est dérision, la comédie découvre l'essence du théâtre ; et parce qu'elle est théâtre, c'est-à-dire excès, elle découvre l'essence aliénée de tous les arts. Elle pousse à bout la logique des arts, qui apparaissent lorsque la genèse sociale aliène les divertissements naturels et spontanés en activités autonomes, spécialisées, mercenaires. La comédie, par exemple, sans remonter aux chants et danses de sociétés naissantes, aliène en rire grimaçant la gaieté mêlée de licence des cercles masculins genevois, et l'utile médisance des réunions de femmes. L'écriture comique est donc l'écriture même de la dénaturation, dont le procès engendre institutions politiques et activités artistiques. Le rire est bien le propre de l'homme, mais de l'homme dénaturé, socialisé, poussé au malheur par son épuisante perfectibilité. Le combat pour une ville sans théâtre est alors clairement perdu d'avance. On peut retarder, mais pas empêcher la diffusion universelle des spectacles, ce miroir où l'homme peut contempler, enflée dans le tragique, rétrécie dans le comique, l'image de sa nature à jamais perdue.

Sauver le théâtre ?

Mais alors, pourquoi ne s'ouvrirait-il pas, pour le théâtre, ce que *le Contrat social* va dessiner sous peu pour la société : une refonte de fond en comble ? Est-ce à l'antériorité de la *Lettre* sur le *Contrat,* que nous devons l'absence de ce dernier mouvement ? Après avoir surclassé Bossuet dans la critique du théâtre, Rousseau serait-il prêt à reprendre des mains de Diderot le flambeau d'une réforme radicale ? Il est possible que Restif de La Bretonne (*le Mimographe,* 1770), que Louis-Sébastien Mercier l'aient cru (avant bien d'autres !), puisqu'ils s'engagent hardiment dans cette voie. Mais je ne crois pas que cette projection séduisante soit vraiment fidèle à l'esprit de Rousseau. J'y vois même un vrai sophisme. Car ce serait retomber dans ce vice dénoncé dans *le Contrat social* : la représentation. La représentation au carré, la représentation de la représentation ! Il ne faut pas séparer acteurs et spectateurs, il faut donner « les spectateurs en spectacle » (p. 234). C'est aux petites sociétés (sur le modèle des cercles masculins et féminins de Genève) de répondre aux penchants qui mènent à la comédie ; c'est aux fêtes sportives et patriotiques de satisfaire l'élan héroïque qui engendre la tragédie. Et c'est au législateur de savoir s'il ne faut pas même, à Genève ou ailleurs, guérir le mal par le mal, vacciner contre le théâtre par le théâtre : en interdisant la comédie, en choisissant les pièces tragiques, en suscitant des auteurs et des sujets nationaux... Mieux vaut même des farces sur tréteaux, passagères et grossières, qu'un théâtre institutionnalisé où l'on croira s'instruire en se corrompant.

Devant un tel texte, on aimerait ne jamais arrêter le commentaire. Parce qu'au bout du commentaire, on rencontre la lancinante question que la glose a peut-être pour but ultime de refouler le plus longtemps possible : à quoi tout cela rime-t-il ? quelle mouche l'a piqué ? pourquoi diable saute-t-il dans cette galère trouée, dans cette vilaine barcasse pleine de passagers franchement disgracieux ? Ce même malaise qu'on éprouve avec *les Femmes savantes,* et qu'aucune explication ne lève, parce qu'on n'aime pas qu'un Molière, qu'un Rousseau se mette, ou se retrouve de ce côté-là. Sentiment absurde, anti-historique, de détestable méthode, j'en conviens et je le confesse, mais avec lequel il faut bien s'expliquer, ne fût-ce que pour terminer.

Le train, le café et le téléviseur

Dialectiquement, philosophiquement, littérairement, Rousseau, en 1758, surclasse Diderot, et Diderot n'a pas pu l'ignorer tout à fait. Dans ce combat singulier, fer contre fer, des deux anciens amis (Alceste et Philinte ?), le champion rigoriste laisse un texte génial, le champion des philosophes, un essai novateur, plus passionné que passionnant. Comme si Pascal ne cessait de l'emporter sur le réformisme jésuite et les accommodements avec le monde. Reste que le combat janséniste est un combat perdu, sans que leur défaite chagrine vraiment, et que les jésuites sont toujours là, après avoir bien travaillé notre jardin. Bien, large et profond. Il en va évidemment de même pour Rousseau et Diderot. Rousseau a beau pilonner à l'artillerie lourde les positions avancées de son faux ami, c'est chez Diderot que se dessine le théâtre moderne, la sortie hors de la dramaturgie classique française. Je sais bien que ce bénéfice serait parfaitement dérisoire aux yeux de Rousseau. Mais n'est-ce pas son combat que l'histoire semble frapper d'irréalité, mixte déconcertant de génialité éblouissante et de stérilité absolue ? Qui se bat encore contre le théâtre ? Le plus récent essai de s'en approcher préfère s'en prendre à l'Etat, accusé de ne pas laisser le marché s'approvisionner librement en produits libres. Il faut avouer que la chute est rude, si les ventes croissent. Mais ne serait-ce pas la faute à Rousseau, s'il inspire aussi faiblement son honorable épigone ? Que tirer d'un radicalisme assez pessimiste pour conclure que, les choses étant ce qu'elles sont, le mieux est de condamner absolument la télévision, et de payer la redevance, pour que les masses dégénérées, en s'abrutissant à longueur de vie, y évitent au moins d'attraper la phtisie ?

J'en étais là de ma lecture émerveillée et morose, à ma place d'un TGV filant vers le sud, quand ce déraillement sémantique incongru m'a réveillé. Et si, dans ce texte génialement obsolète, au point de ne pas même exciter un professeur au Collège de France spécialiste de la querelle du théâtre, je remplaçais théâtre par télévision ? L'œil hagard, je repris, entre Valence et Avignon, la lettre du citoyen, d'un citoyen assez abandonné des dieux et des hommes pour être privé, jour après jour, en chaque semaine que Dieu fait sur toute l'année, et par ordre formel d'un Etat culturel vertueux, attaché à la vie privée et aux libres exercices spirituels de chaque individu, oui, privé, Bible en main et Constitution en tête, des spectacles fabriqués pour tous les consommateurs du monde en vue d'élever leur culture, leurs connaissances, et leur amour des droits de l'homme.

Mais un souvenir cinglant m'arrêta : n'avais-je pas admiré et vanté le livre d'Enzensberger – *Médiocrité et Folie* – qui montre si brillamment, si drôlement, et la nullité radicale, constitutive, de la télévision, art des demi-analphabètes-consommateurs-citoyens du monde, et la stupidité des bonnes âmes qui n'en finissent pas de gémir pour sa réforme (moins morale que culturelle, mais l'ennoblissement culturel d'autrui est devenu notre morale), et la nécessité de la laisser faire ce qu'elle fait si bien ? Comment avais-je pu trouver ce livre si intelligent et me montrer si bête avec Rousseau ? Je décidai qu'il était temps de rougir, et de polémiquer, dans ma tête, avec quelqu'un, fût-il du Collège de France, dont d'Alembert n'était pas, car requis par au moins six académies.

Instructions rousseauistes aux maîtres des ondes

Et je pus lire enfin dans sa tonique actualité le livre du citoyen de Genève, dont j'extrais, à titre purement indicatif, les quelques propositions suivantes. Derrière lesquelles, chacun pourra s'y amuser texte en main, il n'est pas bien difficile de citer la formulation rousseauiste littérale.

1) Qu'il est douteux que les séries télévisuelles les plus perfectionnées, donc américaines (New York a remplacé Paris, Paris est devenu Genève), obéissent à des critères moraux, purifient la morale du spectateur, bien que certains abbés de la psychologie certifient que le spectacle répété du viol, du meurtre, etc., atténue le désir du viol et du meurtre, en donne même horreur, que le spectateur ne confond jamais l'écran poussiéreux et le pavé gris de San Francisco, etc.

2) Qu'il faut s'inquiéter de l'irruption massive de produits culturels étrangers, répondant à d'autres mœurs, dans un petit pays incapable d'en produire rapidement d'aussi bons ; que la jeunesse est particulièrement sensible à ces modèles étranges ; qu'on fait appel aux autorités publiques pour les interdire ou en limiter le volume ; pour les censurer ; pour défendre et préserver la spécificité nationale, sa langue, sa culture, ses institutions...

3) Que la télévision détruit la sociabilité familiale, sociale, politique. Quand un responsable politique du nord de la France se plaint, après l'échec électoral cuisant de son parti, qu'on ne parvient plus à rencontrer, comme autrefois, les électeurs de gauche au café, ce cercle rouge et viril, que la télévision les enferme chez eux, les isole et les livre à la consommation muette du divertissement, est-on vraiment loin de Rousseau, redoutant que l'introduction du théâtre à Geneve ne détruise les cercles masculins, réunions de citoyens sans doute un peu buveurs et parfois licencieux, mais qui « rassemblent tout ce qui peut contribuer à former dans les mêmes hommes des amis, des citoyens, des soldats, et par conséquent tout ce qui convient le mieux à un peuple libre » (p. 203) ? N'est-ce pas ce même Citoyen de Genève qui dénonce dans le théâtre une machine onaniste, une fabrique de plaisirs solitaires, juxtaposés dans l'ombre et jamais réunis ?

J'écrirais volontiers : *etc., etc.* ; mais je ne résiste pas au désir de cette dernière citation, qu'on voudra bien transposer du théâtre fictif de Genève, imaginé par Rousseau, à notre petit univers médiatique. Il s'agit seulement d'appliquer aux journalistes enlucarnés et dorés sur tranche ce que Rousseau prédit des comédiens : « Je ne leur donne pas trente ans pour être les arbitres de l'Etat. On verra les aspirants aux charges (de l'Etat) briguer leur faveur pour obtenir les suffrages ; les élections se feront dans les loges des actrices, et les chefs d'un peuple libre seront les créatures d'une bande d'histrions. » (P. 229.)

En somme, j'avais découvert tout seul, entre Valence et Avignon, que les grands textes ne sont jamais vraiment apaisés, même si l'histoire les malmène et semble leur clouer le bec. La rumeur sourde des orages passés gronde encore au fond de leur coquille nacrée, prête pour de nouveaux accords.

Cette invention vaut bien un hommage à la SNCF, sans doute.

RÉTIF DE LA BRETONNE

L'AUTOBIOGRAPHIE EN MORCEAUX

« Voici, Lecteur, l'Ouvrage le plûs extraordinaire qui ait encore paru ! Il est uniq dans son genre. Publier la Vie d'un Homme ; la mettre en drame, avec une vérité, qui le fait agir, aulieu de parler, c'est une entreprise hardie, qui n'a pas encore été tentée... » (*Le Drame de la vie,* Avis de l'Éditeur)[1].

La survie des prolétaires de la plume, en cette fin des Lumières, l'exigeant peut-être, Restif ne se priva jamais de ces compliments devant miroir où l'hyperbole ne parvient pas à excéder l'intime conviction. Force est pourtant ici d'apaiser l'exaspération – cette exaspération qu'à l'instar de son frère ennemi, Sade, il excite comme à plaisir – et de lui donner raison. Oui, devancé par J.-J. Rousseau dans l'autobiographie, par L.-S. Mercier dans le drame, Restif, en imaginant le pari fou du *Drame de la vie,* conçoit et mène à bien une entreprise « uniq dans son genre » : très exactement sans précédent, ce qui n'est pas mal, et sans postérité, ce qui est un peu plus difficile. Et comme le théâtre n'aime pas les monstres, pas même les monstres sacrilèges, son audace s'enterra aussitôt dans les 1 396 pages, jamais rééditées depuis 1793, qu'il imprima lui-même, avec un papier douteux, sur sa presse personnelle – acquise donc grâce à la chute de l'Ancien Régime et des monopoles corporatifs. Il est vrai qu'en 1793 la liberté d'éditer se payait au prix fort... Restif considéra alors ses volumes brochés d'un œil perplexe et attendit, semble-t-il, des jours meilleurs pour écouler, vers 1797, la première, et apparemment toujours unique, véritable autobiographie dramatique. Qui tente ici, pour la seconde fois en deux siècles, de se mettre en quête d'un public*.

* Ce texte qui constitue la préface à l'édition du *Drame de la vie* de Rétif de La Bretonne est reproduit ici avec l'aimable autorisation de l'Imprimerie Nationale. Les citations renvoient donc aux pages de cette édition.

Le théâtre seul manquait à sa gloire...

Hasard ? Coïncidence ? il est permis d'en douter, et en tout cas de rêver sur les mystères du calendrier, qui rapprochent en cette année fatidique, régénération collective (Restif s'y rallia d'emblée, en bon réformateur conservateur) et remémoration narcissique : c'est le 10 décembre 1789, en effet, que Restif de La Bretonne s'attaque à ce qui deviendra, mais n'est pas encore, *Le Drame de la vie* (« Cé [Commencé] mad. Parangon», *Journal*). Dès le 23 décembre, il prévoit, outre *Madame Parangon*, les titres de huit autres pièces « régulières » (« Titres des pièces : Zéphire ou l'amante filiale ; L'amour muet ou le prétendu prévouant ; Rose et Eugénie ou le gendre à l'épreuve ; Élise ou l'amante du mérite ; Louise et Térèse ou l'amour et l'amitié ; Virginie ou la coquette ; Sâra ou le dernier amour ; Jeannette Rousseau ou le premier amour » *Journal*). À ce stade, il s'agit donc de consacrer 8 ou 9 pièces aux grandes héroïnes de sa vie, un peu comme il y avait, avant 1791, 8 *Époques* dans le manuscrit de *Monsieur Nicolas*, son autobiographie commencée en 1783, un an après la parution des *Confessions* de J.-J. Rousseau.

C'est précisément au moment où il vient de relire ce manuscrit volumineux et d'en aborder l'impression, qu'on rencontre, le 29 août 1790, la première mention explicite du *Drame* : « Jeté un coup d'œil sur mon *Drame de la vie.* » Entre décembre 1789 et août 1790, Restif a donc conçu l'idée d'une véritable autobiographie théâtrale, pendant dramaturgique de *Monsieur Nicolas* : ensemble organique de dix pièces « régulières » et de douze actes de scènes détachées, qui font du *Drame* l'équivalent de *Monsieur Nicolas* (« C'est tout le cœur humain dévoilé, mis en pièces régulières ou en scènes détachées », *Monsieur Nicolas*). Équivalent évidemment amaigri (« Je ne déguise rien dans *Le Drame de la vie ;* mais je ne fais qu'esquisser : Aulieu que le *Monsieur Nicolas* est une anatomie complette du Moi humain... », *Le Drame,* Avis), mais présenté aussi comme un « supplément », un « accompagnement », une « décharge » : « Quant au *Drame de la vie,* c'est une sorte de supplément au *Cœur humain dévoilé* [sous-titre de *Monsieur Nicolas*] : ces V volumes contiennent quelques faits négligés dans le grand ouvrage, ou des détails trop minutieux, ou des arrangements de dénouement qui ne pouvaient aller dans l'histoire, ou enfin des circonstances que je n'ai sues qu'après » (lettre aux époux Fontaine, 5 novembre 1797). De même que l'Avis de la fresque théâtrale bat d'avance l'estrade pour *Monsieur Nicolas,* le récit autobiographique ne manque pas à son tour de renvoyer au *Drame.* Destiné en effet à précéder *Monsieur Nicolas* (comme une esquisse le grand tableau ?), le *Drame,* écrit pour l'essentiel entre 1790 et 1792, broché dès novembre-décembre 1792, resta dans l'ombre. « N'ose mettre en vente Dr. V. » (9-7-1793) ; « vendu un Dr. vie » (18-10-1793) ; « un livre curieux mais parfaitement ignoré parce qu'on ne l'a pas mis en vente, intitulé *Le Drame de la vie* » (*Les Posthumes,* 1796 ; « Aujourd'hui, je laisse paraître *Le Drame de la vie,* imprimé depuis quatre ans » (*Monsieur Nicolas,* Pléiade, t. 2, p. 999).

Avait-il hésité à lancer dans le public un ouvrage qu'il prétend « très faible et quelquefois niais » (*Monsieur Nicolas,* Pléiade, t. 1, p. 618) ? Faut-il incriminer, avec P. Testud (1980), la prudence politique, ou plutôt (P. Testud, 1990), la crainte d'un scandale non plus politique, ni même vraiment moral malgré les « indécences » dont il entend se justifier, mais littéraire ? Peu importe, car le *Drame* n'aurait pas eu plus de lecteurs en 1793 qu'en 1797...

Restif est donc passé, en quelques mois, d'une célébration des grandes figures féminines de son existence (rêvée !), à l'idée de mettre en scène sa propre vie à l'aide d'acteurs, d'ombres chinoises et même de marionnettes, au sein d'une structure dramatique totalement inédite et parfaitement hors du commun. *Le Drame de la vie* prend place dans une sorte de trilogie : entre *Monsieur Nicolas* (rédigé pour l'essentiel entre 1783 et 1785), « anatomie complette du Moi humain », et le *Kalendrier,* conçu le 14 septembre 1790, peu après le *Drame,* où il regroupe tous les noms de femmes de *Monsieur Nicolas,* et qu'il reproduit aussi en tête du présent ouvrage (« Hier, 14 septembre 1790, l'âme encore émue de la rue Saintonge, que je célébrais ce jour-là, il me vint en idée d'écrire mon Calendrier, c'est-à-dire la liste historique et journalière des Commémorations que je fais des femmes et des hommes dont il est parlé soit dans cet ouvrage-ci, soit dans *Le Drame de la vie* » (*Monsieur Nicolas*). Condensé d'une vie en une seule année, dans un calendrier totalement laïcisé, féminisé, érotisé... *Le Drame de la vie,* soumis malgré qu'il en ait aux contraintes potentielles de la représentation, tiendrait-il le milieu entre l'histoire interminablement détaillée (*Monsieur Nicolas*) et la commémoration statique d'un calendrier purement personnel ?

Si donc la Révolution a joué son rôle dans l'invention d'une œuvre proprement inouïe, c'est moins par la libération explosive de la subjectivité (Restif s'y abandonne dans toute son œuvre) que par l'implosion du milieu littéraire, l'effondrement de la censure et des monopoles corporatif, à vocation policière, de l'édition française. Après 89, Restif pouvait envisager, grâce aux Droits de l'homme et à sa compétence d'ouvrier typographe, d'éditer lui-même certains de ses textes. Espérait-il de surcroît bénéficier de la déréglementation et de l'effervescence théâtrale ? P. Testud ne le croit pas, qui refuse de « parler exactement de théâtre autobiographique : il s'agit plutôt d'une théâtralisation du récit autobiographique [...] *Le Drame de la vie* n'est pas conçu pour un public. C'est fondamentalement une œuvre narcissique, dont le seul lecteur compétent est Restif lui-même... » (*Europe,* 1990). Narcissique ? Certes, et ô combien ! Difficilement accordé aux habitudes et servitudes théâtrales ? Sans doute. Mais nullement irreprésentable (qu'est-ce au demeurant qu'un théâtre irreprésentable ?), et défoulant une tenace frustration de ce passionné de théâtre, grand éjaculateur devant la rampe : « M. Dupuis de Courson était auteur de plusieurs ouvrages, et le théâtre seul manquait à sa gloire. Il venait de composer une pièce [*Le Libertin fixé,* pièce de Restif]. [...] L'ouvrage était en prose ; il y avait quelques beautés, beaucoup de défauts, et surtout un grand éloignement des formes théâtrales actuelles » (*Les Nuits révolutionnaires,* Le Livre de poche, p. 80). On n'écrit jamais pour soi seul, fût-ce une autobiographie, surtout quand on l'édite à la force du poignet. Il ne faut donc pas démordre de ce postulat : le *Drame* est une œuvre théâtrale en attente d'un public, d'une scène, d'acteurs régénérés. De cela aussi, Diderot avait donné l'exemple, en publiant dès 1757 *Le Fils naturel* et les *Entretiens avec Dorval,* roman théâtral où s'exposaient, avant toute représentation, la théorie et la pratique du drame bourgeois. Par la fiction, déjà, d'une cérémonie commémorative purement privée – familiale et pseudo-autobiographique – vécue, écrite, jouée et commentée par le seul Dorval, avec pour complice voyeur, le seul Diderot...

Voir sa vie

Comment mettre en théâtre le parcours d'une existence déjà racontée, avec quel luxe de détails ! dans un récit en prose de plus de 2 000 pages format Pléiade ? Restif imagine un dispositif complexe et peut-être non totalement maîtrisé. En compagnie de Jeannette Rousseau, retrouvée à 63 ans aimante, aimée, et toujours vierge, qu'il épouse sur scène en guise d'épilogue, il assiste, dans la somptueuse demeure parisienne de M. Aquilin de l'Élisée (Grimod de La Reynière, rue des Champs-Élysées), à la représentation de sa propre vie. Si les 406 femmes citées dans la table du *Kalendrier* de *Monsieur Nicolas* n'apparaissent évidemment pas toutes dans le *Drame,* le nombre ne change rien à l'imperturbable démonstration : elles ne furent et ne pouvaient être que des « intermédiaires » (Avis de l'Éditeur), des succédanés ou des incarnations d'un idéal féminin fixé à 14 ans. Qui ne tomberait d'accord avec l'exclamation émue du sensible M. Aquilin : « Quelle constance !... » ? L'encadrement du *Drame* fait donc retour à la scène fondamentale, en ce jour de Pâques 1748, où, à 14 ans, apercevant dans l'église de Courgis « une nimfe angélique », il cessa d'être enfant... Naissance de l'homme ; rencontre de la femme interdite ; constance dans l'inconstance ; permanente logique du malheur (« Mon ami ! Messieurs ! j'ai toujours été malheureux. Mais je présume que c'est pour avoir violé le serment fait, au fond de mon cœur, de n'aimer jamais qu'elle, que j'ai été poursuivi par le sort », Prologue) ; fantasme d'une réparation, par le vieillard et grâce au divorce révolutionnaire, de la « faute » juvénile qui a pourtant ouvert l'aventure d'une vie vouée à l'écriture (« Si je vous avais épousée, quand je le désirais, ma vie aurait été moins extraordinaire ! » Dernière scène) ; clôture impeccable de la vie, du théâtre, et du *Drame* (« Nous emmènerons Catanio. Il représentera, devant les Habitans de Courgis, et de Saci, *le Drame de la vie*. Il y joindra les autres pièces d'Anneaugustin, au nombre de 17, toutes morales, et bonnes pour des Paysans », Dernière scène) : comment ne pas admirer l'intense bénéfice de ce dispositif narcissique, ou plutôt voyeuriste, par où se cherche manifestement sur scène l'équivalent dramaturgique de la coexistence propre au récit autobiographique entre un Je narrant et un Je narré, entre autrefois et aujourd'hui ? Par où s'inscrit dans le présent de la représentation, la perspective temporelle de retour sur soi et de ressaisie globale d'une personne et d'un destin qui fait l'autobiographie moderne.

Mais le théâtre, c'est sa vocation, brise le soliloque autobiographique si spectaculairement transposé sur les planches. Aux côtés d'Anneaugustin apparaissent, embryon de public, Jeannette Rousseau, spectatrice fervente, ainsi que M. Aquilin, ami et admirateur fortuné. Et surtout Castanio, « machiniste-mathématicien » (Dernière scène), chargé d'animer les ombres chinoises, dont il s'était fait une spécialité grâce à l'invention d'une bougie phosphorique émettant une lumière plus vive et plus soutenue. C'est chez Grimod de La Reynière que Restif avait assisté à ces spectacles d'ombres chinoises, alors fort en vogue[2]. Si Jeannette Rousseau, Aquilin, et même Anneaugustin, se contentent, pour l'essentiel, de regarder, Castanio a charge de projeter les ombres, de réciter leurs rôles et de commenter le déroulement du spectacle lorsqu'on passe d'une pièce à l'autre ou des pièces « régulières » aux scènes détachées (voir par exemple p. 67). L'instance du regard (sur soi), propre au discours autobiographique, se trouve donc objectivée et comme dédoublée. Cet étrange quatuor pourrait faire songer au chœur antique. Mais comment ne pas évoquer aujourd'hui la présence fascinante de T. Kantor au milieu de ses acteurs, de ses machines et de ses mannequins ? Car on imagine mal qu'une mise en scène moderne ne confie pas à Anneaugustin les fonctions de Castanio, ou n'incarne pas en Castiano la magie manipulatrice et fabulatrice de l'autobiographie. Castiano, l'Orphée qui ramène et ranime les ombres, et leur prête sa voix. Je me souviens que la télévision polonaise avait l'habitude de ne jamais doubler les films étrangers ; un récitant masculin énonçait tous les dialogues d'un ton volontairement monocorde qui, sans étouffer absolument les voix originales, les rendait inaudibles, à la fois vivantes et silencieuses, absentes et irremplaçables...

Les ombres et les nombres

Pourquoi l'intervention des scènes d'ombres chinoises (regroupées en actes) ? Pour remplir les interstices du « train de la vie » (Avis) : alors que les dix drames évoquent les « faits principaux, dont chaqu'un forme une pièce régulière », les scènes détachées sont seules à même de rendre « des faits, dont les personnages n'ont fait que passer, et qui sont arrivés en plusieurs années », ou qui ont été négligés dans les pièces dites régulières. On rencontre ainsi six « actes des Ombres » (dont 4 avant la première pièce régulière, *Madame Parangon*), un « acte des Cartes », avec marionnettes, et, en queue de volume, cinq « actes de Scènes détachées » qui « sont comme une retouche générale donnée au Tableau » (Avis). Soit douze actes (et non treize comme Restif l'imprime par erreur dans le titre), dont P. Testud (1990) a remarqué qu'ils comportaient (structure silencieuse et fétichiste)... 365 scènes !

Faut-il alors imaginer, à l'œuvre sous le *Drame*, les nombres magiques d'un calendrier invisible : 12 (actes/mois) et 365 (jours/scènes), 10 pièces (nouveau système décimal révolutionnaire) ? Si Restif, comme il aime à le dire, est un « livre vivant », sa vie s'ordonnerait alors à une logique cosmique, de même qu'elle célèbre un calendrier exclusivement sentimental, féminin, fantasmatique et biographique... Ce serait à peine se porter trop loin, car il nous propose lui-même cette explication du chiffre 10 (*Drame*, p. 252) : « sa Vie se trouve partagée en dix grandes époques, d'environ 4 années chaqu'une, au bout desquelles, le ressort de son cœur, fatigué par une passion précédente, semblait se ranimer. Ces renouvellements produisent 10 Avantures... » Que le chiffre 10 ne lui soit pas indifférent, on en a un autre indice dans les 10 Époques de la version finale de *Monsieur Nicolas*. Voire dans les 10 scènes annoncées de l'Acte des Cartes : mais le prote Restif, ici, régularise trop l'écrivain, car ces 10 scènes à marionnettes sont en réalité 17 ! Livre vivant, calendrier vivant, *Drame de la vie*... Soit. Mais le découpage proposé aux hommes de théâtre reste assez vague : « Les divisions en sont naturelles ; on y suit le train de la vie. Peignez la vie, Acteurs, en le divisant [le, c'est-à-dire le *Drame*] par journées égales » (Avis). Dix « journées égales », ou douze ?

Les actes d'ombres ont donc une fonction claire : réintroduire la continuité biographique, le « train de la vie », dans une structure qui polarise l'attention sur dix aventures féminines ; épurer les pièces « régulières » d'une disparate esthétiquement insupportable (les ombres « renferment tous les intermédiaires omis pour ne pas entremêler la représentation des Drames, de scènes trop souvent disparates », *Drame*, p. 404). Reste que leur distribution révèle quelque incertitude, que suffisent à expliquer l'originalité du projet et la fébrilité de la rédaction. Les quatre premiers actes, centrés sur l'enfance et l'adolescence, précèdent logiquement le premier drame. Le cinquième, interrompu par la seconde pièce, fait bloc ensuite avec le sixième et l'acte des Cartes. Défilent alors les huit autres pièces, suivies par cinq actes de scènes détachées dont on indique parfois où elles devraient s'insérer pour respecter la chronologie. L'articulation des pièces « régulières », centrées et unifiées, et des scènes détachées, s'est donc révélée problématique et pour le moins hâtive. Les cinq derniers actes, en tout cas, tiennent un peu du fourre-tout ; mais leur présence garantit l'authenticité du projet autobiographique, au même titre que les documents rassemblés à leur suite (« *Pièces justificatives* », p. 1205-1396 de l'édition originale, non reproduites dans la présence édition). Cette difficulté n'est évidemment pas tout à fait de hasard, elle tient à l'ambivalence du projet de Restif : théâtraliser son autobiographie, ce qui suppose la mise en œuvre de la continuité propre à la narration en prose ; illustrer les dix grands moments de sa vie amoureuse dans le cadre d'une dramaturgie plus ou moins « régulière », c'est-à-dire dans des pièces autonomes qui sont autant de stations sur le chemin de la passion – la Passion d'un Christ de la parternité et de l'inceste en quête de son premier amour ! Il s'agit de combiner le flux du temps qui passe (ombres chinoises, scènes détachées), en emportant dans sa fuite les figures secondaires prises dans la trame des jours, et la fixation sur l'image, l'extase du souvenir réincarné, immobilisée sur dix visions de son fantasme amoureux.

Le Drame mêle ainsi des acteurs parlants (« les Acteurs Dramistes de la Scène italienne », p. 67), protagonistes des pièces régulières (et de l'encadrement ?), des ombres parlées, prises en charge par Castanio, des marionnettes appelées par les cartes (Acte des Cartes). Mais on peut aussi évoquer un quatrième état, qui, dans les *tableaux muets*, transforme l'acteur en mime : l'ombre y devient corps mais perd sa voix. La *scène gazée* constitue un autre mixte : le personnage garde et son corps et sa voix, mais la gaze tend à le déréaliser en ombre, comme le ralenti au cinéma nous arrache à l'illusion mimétique, nous rappelle que nous souffrons et rions avec des jeux d'ombre et de lumière... À moins qu'il ne soit aussi avisé de dire que le ralenti cinématographique et la gaze remplacent la fascination de l'identification par une autre peut-être encore plus intense, la fascination du voyeurisme, obsédante dans l'œuvre entière de Restif. Qu'est-ce que le théâtre, avec son mur ouvert, sinon la réalisation violente d'un tel fantasme, si insoutenablement violent qu'il ne restait à Restif que la ressource de la décharge ? Et qu'est-ce que la gaze, sinon le redoublement du voyeurisme théâtral, sa théâtralisation rendue visible, son emblème ?

La mise en voix, en une voix, du *Drame de la vie*, tentée avec brio par J.-M. Villégier (Théâtre de l'Athénée, 1988), se moule donc sur une des structures de l'œuvre : le système Castanio. Peut-être serait-il vain, dans une mise en scène qu'on espère (aurait-elle besoin, pour nous satisfaire, d'une résurrection intégrale ?), de mobiliser ombres chinoises ou cinéma (sauf à projeter des estampes ?) ; les scènes d'ombres pourraient être récitées (par une ou plusieurs voix), ou récitées et mimées, ou simplement, quitte à effacer les ombres, jouées par des acteurs (comme les pièces régulières ou selon un autre style de jeu, d'éclairage, de musique...).[3]

Au demeurant, Restif envisageait-il réellement la juxtaposition, en un même lieu scénique, d'ombres et d'acteurs ? D'actes détachés et de pièces régulières ? Deux indications invitent à la prudence : « Anneaugustin n'adore plûs que Mad. Parangon, et la pièce commence. Mais c'est pour la prochaine séance. *Nous aurons un Théâtre,* et les Acteurs Dramistes de la Scène Italienne » (Prologue, p. 67) ; « moi, Catanio, ou Castanio, machiniste-mathématicien, qui ai donné toutes les Scènes qu'on a vues, sur un Théâtre *dans le goût* de celui des Ombres-chinoises » (p. 508). Mais il faut aussi verser au dossier certaines scènes de l'acte I de *Louise et Térèse, ou l'Amour et l'Amitié*, 6e pièce régulière. La scène IX est réalisée par les Ombres afin de mettre en scène une conversation d'Ulis et Térèse dans la rue, alors que le décor de la scène se situe dans l'appartement de Louise. Dans la scène IX, M. Onni, un voisin au nom significatif, fait voir Térèse et Ulis sur un tableau magique : ayant enlevé la cloison entre les deux chambres, il tend une gaze, et Louise peut voir, comme avec des ombres chinoises, M. et Mme Onni jouer Ulis et Térèse dans la rue... De tels jeux signalent une vive imagination dramaturgique et l'on pourrait citer aussi le travail du *Drame* sur les bruits, sur la lumière. Il s'agit en tout cas ici, avec les Onni, d'une réflexion sur la focalisation théâtrale, et d'un effort pour retrouver au théâtre, malgré l'unité de lieu, la souplesse itinérante du récit en prose.

La référence aux ombres chinoises permet d'abord de résoudre élégamment, sur le papier (le papier qui efface les ombres et les corps), la principale difficulté d'un tel projet de théâtre autobiographique : la transposition du « trait de la vie », appelant, entre les pièces, une technique de l'esquisse, de la silhouette, de l'événement fugace, bref, une écriture de la vitesse et de la fragmentation (les cinq derniers actes des Ombres en scènes détachées comportent près de... 250 personnages !). Par les voies imprévues d'un irrésistible désir autobiographique, Restif se retrouve alors sur les terres étranges où s'aventurent, avec plus de maîtrise, et pour d'autres chasses, un Lenz et un Büchner...

Pacte autobiographique et perte du nom

La visée autobiographique ne détermine pas seulement l'ampleur grandiose du *Drame* et sa composition binaire de prime abord si surprenante. L'Avis de l'Éditeur, le Prologue, les interventions de Castanio, la structure d'encadrement (qui transforme le spectacle en rétrospection, en re-présentation), les jeux de miroir et d'échange avec *Monsieur Nicolas*, signalent le fiévreux besoin, entre le lecteur (spectateur potentiel) et l'auteur, d'un « pacte autobiographique » obsédant, et toujours défaillant. D'où l'accumulation finale de « pièces justificatives », signe ostentatoire et désespéré, hors-scène mais non hors-livre, de la mise à nu du moi. Et pourtant, chose étrange, ce « *Drame de la vie contenant un homme tout entier* » ne respecte pas la seule clause essentielle (à vrai dire la seule apparemment évidente) du contrat autobiographique : la permanence du nom !

Pourquoi en effet *Anneaugustin*, et non pas *Nicolas* ? « Je fus nommé Nicolas-Anne-Edme [...] ; mais à la rédaction de l'acte, Jacques Bérault, le maître d'école, omit Anne, qui ne fut point sur-ajouté... » (*Monsieur Nicolas*, t. I, p. 20). Soit ! Va pour Anne : l'élève répare la faute du maître et le fils restaure la volonté trahie du père ! Mais Augustin ? Le lecteur du *Drame* serait-il tenu de savoir que le village de Sacy, dans l'Yonne, se vouait à saint Augustin ? Au mieux, il se souvient peut-être que le héros de la 559e *Provinciale* se nomme Augustin, celui de *La Confidence nécessaire*, Austin, et que M. Parangon ironise dans le *Drame* sur le jansénisme de son timide apprenti...

Mais Nicolas-[Anne]-Edme Restif va bien plus loin, puisque le héros du *Drame* change carrément de nom au cours des pièces ! Qu'il se nomme, dans *Madame Parangon*, Edmond, passe encore : « *Mad. Parangon.* – M. Anneaugustin... vous vous nomerez Edmond... puisque c'est le nom de votre Père, et le second des vôtres [Edme]... » (p. 51). Mme Parangon, seconde Mme de Warens, mérite bien un baptême, qui donne à son futur violeur le prénom du père... et de son personnage romanesque le plus connu, le fameux Edmond du *Paysan perverti* (1775). Edmond à Auxerre redevient Anneaugustin à Paris dans *Zéfire*, mais prend le nom de Dulis à la reprise du Ve acte des Ombres (p. 168). Ce qui nous vaut l'explication suivante de l'obligeant Castanio : « Je vais, Messieurs et Dames, reprendre la suite du *Ve Actes des Ombres* pour vous représenter les intervales de la Vie de M. Anneaugustin, qui, dans les grandes pièces, porte différens noms, suivant qu'il les prit, dans ces occasions majeures. » Et de fait, on devine vaguement que ce pseudonyme lui est imposé par la machiavélique Macbell (« *Dulis* [...] Pourquoi pas nom-de-famille ? », p. 170). Mais force est bien de constater qu'on ne trouve rien de tel dans l'épisode correspondant de *Monsieur Nicolas* (Pléiade, t. I, p. 1080-1085), qui triche d'autant moins avec la vraisemblance que le mariage avec l'Anglaise Henriette Kircher est totalement inventé par Restif ! De surcroît, Anneaugustin s'appelle toujours Dulis après le départ (pardon, l'enlèvement !) d'Henriette (scènes XLVIII et suivantes, p. 173) ; même le pervers Gaudet y perd son latin de moine (« *Gaudet.* – Où est Anneaugustin ? Dulis ? », p. 173), et le Ve Acte des Ombres finit fatalement sur un lapsus de l'auteur : « *Anneaugustin.* – Je partirai demain » (p. 176). Dans l'acte des Cartes (p.204), Anneaugustin apparaît « sous le nom anagramme de Robertò » ; dans *Agnès et Adélaïde*, le voilà devenu... Saci ; dans *Rose et Eugénie*, à nouveau Dulis ; Ocolas dans *Élise* ; Ulis dans *Loise et Térèse* ; « Anneaugustin, sous son nom ordinaire », dans *Virginie* ; Daigremont dans *Sâra* ; Anneaugustin « sous son véritable nom » (*sic !*) dans *Félicité* et dans *Filette reconnue*... Il faut attendre *Zéfire* (p. 162) pour surpendre cet aveu furtif : « *Anneaugustin.* – Je me suis caché sous les noms d'Anneaugustin, d'Edmond... » Mais le mythe du paysan perverti recouvre exactement la fable de la personne.

Fascinante mise à distance, on l'avouera, de soi par soi, qu'on est tenté de mettre en rapport avec le recours aux ombres, aux marionnettes, ces marionnettes dont « vous jureriez [qu'elles] sont des Persones-naturelles, et que ce sont elles qui parlent, non les Variloques cachés dans les coulisses » (p. 204), aux gazes, aux scènes muettes...

Au moment même où *Le Drame de la vie* nous propose, avec quels roulements de tambour, un pacte autobiographique proprement révolutionnaire au théâtre, il jette le doute comme à plaisir sur la véracité du dévoilement en affichant le jeu des masques et le travail de la transposition. Si Edmond et Dulis renvoient sans conteste aux fictions rétiviennes d'avant le *Drame*, et d'avant *Monsieur Nicolas*, les fictions deviennent autobiographiques, et l'autobiographie fiction. Si toutes les pièces parlent du même personnage, mais qu'il change de nom, chaque pièce s'autonomise et installe une marge où la frontière de la fiction et de l'autobiographie se déplace obscurément, insidieusement. Tout se passe alors comme si le théâtre (car on ne voit rien de tel dans *Monsieur Nicolas*) travaillait sourdement contre l'entreprise autobiographique, apparemment si contraire (l'histoire le prouve) à sa vocation. De sorte que la comparaison du *Drame* et de *Monsieur Nicolas*, de la scène et du récit, à laquelle Restif nous invite si vivement, conforte la perspective autobiographique et la mine : le théâtre suppose, écrit-il aux époux Fontaine en 1797, des « arrangements de dénouement qui ne pouvaient aller dans l'histoire [de *Monsieur Nicolas*]« . « *Qui ne pouvaient aller dans l'histoire »* : le critère, on le voit, n'est pas de vérité historique, mais de vérité littéraire dans l'ordre des genres. Puisqu'une vie est faite pour être racontée sous toutes ses coutures, c'est qu'elle est de l'étoffe qu'on retaille : en romans, en nouvelles, en pièces, en récit autobiographique, en théâtre autobiographique, au gré des rêves et des fantasmes, et pour des effets plus beaux qu'une triste vie semblable à toutes les autres.

Le théâtre ou le voile du mystère

L'instabilité du nom, effet propre du théâtre et qui a peu à voir avec la figure canonique du travestissement, pose la question de la rétrospection et de l'interprétation de soi, difficilement séparable du projet autobiographique moderne, tel du moins que Rousseau l'a canonisé. Je ne sais si les spécialistes de Restif (au demeurant peu nombreux) en tomberaient d'accord, mais *Monsieur Nicolas*, comparé aux *Confessions*, ne témoigne pas d'un effort extrême pour se ressaisir, s'analyser et se comprendre. D'où un passage sans doute plus facile vers le théâtre : il s'agit moins d'une recherche de soi que de faire revivre le passé (largement imaginaire ?) pour jouir, jusqu'au vertige, de ses vestiges ressuscités. Quoi de plus frappant, à cet égard, que le début du *Drame*, si l'on songe à l'extraordinaire livre I des *Confessions* ? Les scènes campagnardes n'expliquent rien ; elles ne tendent à nulle genèse de la personnalité. Mais elles installent fortement la nostalgie d'un état édénique, qu'il importe moins d'interpréter que de faire durer, de figer dans sa plénitude poétique (voir les séquences du jeu du Loup et du Curé, étirées et répétées comme dans un rêve de Bob Wilson).

Il n'est bien entendu pas question d'ignorer que cette évocation idyllique du monde paysan, de ses chants, de ses jeux, de ses danses, va contraster avec l'univers urbain, fait écho aux dernières lignes du *Drame*, au rêve d'un retour aux origines, et remplit donc une fonction strictement littéraire d'encadrement et de bouclage. Suivre le temps dans son travail amer et l'effacer tout en le perpétuant, tel est bien le désir de l'autobiographie. Reste que le *Drame* ne nous propose qu'une interprétation fruste et sommaire du passé, comme en témoigne suffisamment le commentaire d'Anneaugustin à son épouse, sorte de sommaire éloquent des ellipses de l'autobiographie théâtrale : « C'en est assez pour donner une idée des amusements de ma jeunesse, et du premier attachement de mon enfance !... [...] Je n'ai point dit... [...] Je ne parlerai pas... [...] » (p. 40). Mon propos n'est pas de désigner ici une carence, mais un choix manifeste de restriction du commentaire rétrospectif au profit de la représentation, de l'analyse au profit de la jouissance. Pour reprendre l'exemple des scènes de jeu, elles obéissent sans doute à une intention moralisatrice et idyllique, mais que le texte se garde soigneusement d'expliciter. C'est pourquoi on ne doit pas s'étonner de constater la quasi-disparition (mais il se rattrape dans *Louise* et *Térèse* !) de tout ce que la dramaturgie classique conservait du récit, malgré tous les avantages qu'un théâtre autobiographique pourrait y trouver. Restif pousse jusqu'au bout l'ambition représentative du drame bourgeois. Il est logique, mais plus surprenant, d'observer aussi le faible usage (margré l'impressionnant exemple de Figaro !) qui est fait du monologue pour démêler et interpréter le moi du héros.

À vrai dire, ces frustes remarques techniques font toucher du doigt un trait essentiel du *Drame*. Tout lecteur de cette immense autobiographie théâtrale ne peut qu'éprouver le sournois plaisir dont fait état J.-M. Villégier : « Aussi bien dans ma relation avec le public que dans ma relation avec le texte, je sens bien que je joue beaucoup sur la frustration [...] L'œuvre même de Restif me semble jouer beaucoup sur la frustration et c'est son intérêt. Des choses ont lieu dont on ne connaît ni les tenants ni les aboutissants, dont on voudrait savoir plus, un peu comme un pied, une chaussure entrevue à la montée d'un carrosse et qui laisse à deviner la femme » (*Le Monde*, 30 novembre 1988). La mise en scène théâtrale de l'autobiographie, qui prétend viser au dévoilement et à la représentation directe, débarrassée du discours interprétatif et rétrospectif (« agir, au lieu de parler », Avis de l'Éditeur), enveloppe toute cette vie d'un voile étrangement mystérieux. Comme si la prétention à l'immédiateté par effacement de l'instance narratrice propre au récit autobiographique s'inversait aussitôt en une mise à distance de nature quasi fantastique. Comme si la scène la plus familière, la plus intime, celle du moi, en passant du récit au théâtre, perdait toute vraisemblance et prenait les couleurs du rêve. Faut-il penser, avec peut-être quelque naïveté, que ce halo déréalisant tient au manque de détails ? Restif lui-même ne parle-t-il pas d'une esquisse ? Le lecteur se verrait alors fermement convié à doubler sans cesse le drame par le récit, Anneaugustin par Nicolas, pour rétablir une vision binoculaire moins dépaysante. Mais ne serait-ce pas priver étourdiment *Le Drame de la vie* de son intérêt le plus vif, manquer sa vérité essentielle, qui nous révèle le secret si soigneusement masqué de *Monsieur Nicolas*, cette fabrique de fantasmes camouflée en histoire véridique ?

On pourrait aussi invoquer le narcissisme d'une écriture qui, fascinée par ses songes et ses souvenirs, semble parfois oublier que le lecteur n'y accède pas aussi immédiatement. Tout se passe en effet comme si l'auteur du *Drame*, tel l'enfant, accordait au lecteur un droit d'entrée directe sur sa scène intérieure, n'éprouvait pas vraiment le besoin de présenter les lieux, les personnages, les situations – surgis aussi mystérieux et familiers que dans les rêves.

En effet, j'inclinerais à croire que l'étrangeté onirique du *Drame* vient plutôt d'ailleurs : de l'ombre qui entoure le héros, jusqu'à le transformer en fantôme nébuleux presque inconsistant. Que sait-on vraiment de lui, au terme de cette immense épopée narcissique, sinon qu'il désira et perdit, avant la dernière qui fut aussi la première, les idoles de son cœur errant et fidèle ? Qu'il fut malheureux et vertueux, sensible et aimé ? Les pièces ne sont pas agencées pour qu'il dise ce qu'il sent, ce qu'il pense des êtres et de choses, pour engendrer des conflits où se définiraient des valeurs et des points de vue sur le monde. Au fond, voilà peut-être le plus stupéfiant dans ce théâtre du moi, ce par quoi il s'éloigne le plus radicalement, non seulement de la tragédie classique, mais aussi du drame *bourgeois* (c'est-à-dire *privé*) à la Diderot, à la Mercier, à la Lessing – et même de Lenz : la scène n'est plus le lieu d'un conflit, d'un débat entre personnages autour d'un enjeu. En ce sens, la théâtralisation de l'autobiographie telle que Restif la tente, entre 1790 et 1792, avec une brutalité presque irréfléchie, tend véritablement vers une dissolution de ce qu'il était convenu jusqu'à lui et presque jusqu'à nos jours d'appeler le théâtre : une machine à nouer intrigues, conflits et dialogues.

L'impossible contradiction

L'action (conflit initial, péripéties, nœud, résolution...) cesse d'obséder sa dramaturgie et s'efface au profit de la description, de la contemplation, de la jouissance de moments isolables et statiques. Il ne s'agit pas ici d'une tendance vague et timide, mais d'une caractéristique massive, qu'aucun lecteur du *Drame* ne saurait manquer : « Il nous laisse beaucoup à deviner, mais prend le temps d'écrire en long et en large des scènes apparemment peu utiles à l'avancement de l'action, qui sont des scènes de contemplation : les enfants jouent au loup, une petite société de typographes prend le café à la table familiale avec le patron, on joue à M. le Curé, on se donne des gages. De temps en temps, le regard de Restif s'arrête et prend le temps de contempler un peu comme celui de Visconti, dans *Le Guépard*, s'arrête sur le bal, cesse d'être le regard d'un narrateur pour devenir celui d'un peintre ou d'un sage » (J.-M. Villégier, *Le Monde*).

Le dialogue restivien ne court pas impérieusement vers une fin ; il n'oppose pas des points de vue hostiles ou contradictoires ; les scènes et les actes ne construisent pas une machine lancée à toute vitesse vers le dénouement. Il n'y a guère à craindre et à espérer, et l'on pourrait le plus souvent couper les dialogues, intervertir les scènes, voire supprimer des actes...

Plutôt que d'incriminer la naïveté, la maladresse, l'inexpérience, demandons-nous où l'on pourrait bien retrouver ces rapports entre personnages si inhabituels au théâtre, si étrangement déplacés. La réponse ne fait guère de doute : dans la vie de tous les jours ! Dans la vie de tous les jours, telle que le roman, et encore plus la narration autobiographique, autorisent, en cette fin des Lumières, à l'accueillir. Le dialogue théâtral restivien s'estime en droit de mimer, sous couvert d'autobiographie, le dialogue romanesque, nullement subordonné, lui, aux finalités pressantes d'une action en cours. Et il lui faut surtout transposer en dialogues le récit autobiographique. De sorte que la bizarrerie de la dramaturgie et du dialogue à la Restif prend, pour nous, des allures excitantes d'hyper-réalisme ! Largement déraisonnable en 1789, le projet restivien semble, deux siècles plus tard, viser un effet de réel... Bien entendu, il ne s'agit nullement de montrer, comme dans le théâtre contemporain, l'inanité de la parlerie quotidienne. C'est même tout le contraire, puisque chaque mot, chaque réplique baignent dans le halo d'un narcissisme extasié. L'incroyable célérité de la rédaction laisse soupçonner une sorte de quasi-écriture automatique sous la dictée du fantasme et d'un narcissisme sans contrainte. Comme si les pseudonymes et l'extériorisation théâtrale libéraient totalement la censure intérieure. Où, ailleurs qu'au théâtre, l'auto-adoration inhérente au désir autobiographique pourrait-elle se dire, aussi continûment, aussi crûment, aussi ingénument, puisqu'il lui suffit, ô bonheur, de passer par une autre bouche, de faire briller d'autres yeux ?

Loiseau. Mes Amis ! Anneaugustin est le chef-d'œuvre humain ! Il est bon ; il est passionné ; il est dévoué à ses Amis ; et surtout, il possède au plûs haut-degré, la faculté de supporter un bienfait.

Mad. Deschamps. Il a un cœur incapable d'être ingrat.

Renaud. Voilà le mot .
(*Zéfire*, p. 146).

Voilà pour Loiseau, le parangon des amis. Mais une voix de femme a aussi son charme : « *Aurore.* – Vous, et vos Amis, vous êtes bons : Mais Dulis seul est aimable ; lui-seul se fait aimer ; lui-seul n'humilie jamais » (p. 174). Ces choses-là, il faut l'avouer, ne coûtent rien, et font du bien. Mais il faut plus de rouerie pour les loger dans un récit autobiographique, malgré toutes les ressources de la conversation surprise. Art grossier, le théâtre ne trahit pas le discours sur soi : il en révèle le fond primordial, infantile, attisé, chez Restif, par l'amour et l'admiration de sa mère – la grande absente, avec le père, de la transposition théâtrale.

À travers *Le Drame de la vie*, on comprend peut-être mieux ce qu'est l'autobiographie pour Restif : un abandon à l'hallucination, à la rêverie, au fantasme. Se rêver le plus malheureux, le plus aimé, le plus fécond... Revivre sa vie et, au fil des œuvres, vivre des vies revisitées, des « revies » comme dit Restif. Mais si le *Drame* met à jour ce que *Monsieur Nicolas* parvient peut-être à dissimuler sous l'abondance des détails – l'absence d'une véritalbe auto-analyse rétrospective –, il ne faudrait pas oublier ce qui en tient lieu, la production de grandes images de soi : l'adolescence pubertaire, l'homme aimé de toutes les femmes, le héros « romantique » qui apporte le malheur (cliché répétitif mais peu crédible), l'ouvrier typographe, l'époux trahi, le vieillard, le pédagogue, l'écrivain qui immortalise, etc. La distance rétrospective se dit peut-être dans ce figement en images simples, quasi mélodramatiques, dont on sait quel parti génial un Hugo sut tirer. Dans cette projection, sur les planches, de la scène mentale et de ses violents désirs, il n'y a évidemment personne pour donner la réplique, animer un débat, nouer un durable conflit. Autant et plus que du théâtre, le *Drame* est de la vie rêvée. Aucune œuvre théâtrale, sans doute, ne montre avec tant de force et dans une nudité aussi dévoilée, la nature infantile et forcenée des fantasmes qui peuplent nos songes éveillés. On ne saurait donc s'étonner qu'elle échappe si résolument au principe de non-contradiction, qu'on n'y rencontre ni véritables pertes, ni obstacles irrémédiables. Rien n'est vraiment tragique, puisque la mort appelle la renaissance ; la femme perdue se retrouve (vierge et aimante) ; les filles naturelles aident leur père, qui aide ses filles légitimes ; le gendre affreux est tué comme le méritent les traîtres, d'un coup de pistolet, mais non sans avoir pris soin d'assassiner la femme détestée de son beau-père ; les femmes adorées par le héros meurent sans relâche, pour sa délectation morose, mais se réincarnent dans leurs filles...

L'épique et le dramatique

Il y a donc bien, dans *Le Drame de la vie*, un rapport nécessaire entre l'autobiographie et une forme théâtrale qui rompt si spectaculairement, par son statisme et l'effritement de l'action, avec les modèles français et même avec l'héritage aristotélicien.

Est-il en effet étourdi d'avancer que, sous la poussée du désir autobiographique et de la frustration théâtrale, Restif tend à réhabiliter la fonction épique en affaiblissant (jusqu'à l'exténuer ?) la fonction dramatique ? « Le romancier Döblin a donné une excellente définition de ces deux genres [le dramatique/l'épique] en disant qu'au contraire de l'ouvrage dramatique, une œuvre épique se laisse découper, comme avec des ciseaux, en parties capables de continuer à vivre de leur vie propre » (Brecht, *Écrits sur le théâtre*, L'Arche, 1973, p. 258) : n'est-ce pas définir l'originalité du *Drame* ? Une telle audace eût été impossible sans la montée en puissance du roman

(Richardson, Rousseau) ; sans l'ébranlement du modèle tragique français et du prestige des règles par les tenants du drame bourgeois (Diderot, Mercier, Sedaine, Beaumarchais, Restif, Lessing), drame bourgeois lui-même incompréhensible sans le roman ; sans l'irrésistible aspiration autobiographique, libérée et réalisée par Rousseau, mais anticipée et modelée par la fiction romanesque (pseudo-mémoires à la manière de Prévost et Marivaux)...

Le drame bourgeois abandonne à la tragédie pure la sphère politique et historique (que *Le Drame de la vie* rappelle furtivement dans les scènes détachées de la fin) pour se consacrer, comme la comédie, mais sans visée satirique et trivialisante, à la représentation de la sphère privée contemporaine. Pour briser la distance (historique et sociale) entre héros tragiques et spectateurs, il convient d'en effacer le signe esthétique majeur (l'alexandrin), et de représenter, avec le maximum de vérité, les conflits pathétiques susceptibles de surgir dans l'ordre privé (familial et professionnel). C'est ainsi que la menace de l'inceste retrouve, dans le drame bourgeois, une troublante actualité, tandis que la figure du père garant de l'ordre familial, et donc social, se charge d'une sacralité redoutable, qui avait largement déserté le roi des tragédies. Alors que la tragédie et la comédie pures sont accusées de glacer l'émotion, de s'installer délibérément à distance du spectateur, le drame vise de toutes ses forces la sensibilité par les chemins de l'identification. Cela suppose, outre la privatisation des conflits, une concordance au moins souhaitée du décor, des costumes, du jeu, du texte. Cela appelle aussi de redonner toute leur place au corps de l'acteur, aux gestes, aux mimiques, et de savoir ramener le silence au théâtre – d'où la fascination du *tableau*, qui réhabilité l'œil contre la tyrannie de l'oreille, agressée sans relâche par le moulinet à vers. Car seule la prose (hachée ou pas) permet à l'acteur d'adapter le texte au jeu, et d'apprendre à se taire pour laisser voir le langage silencieux des passions enflammées. Le drame (*bourgeois*, ou *sérieux*, ou *honnête...*) n'exige pas le mélange des genres, mais il appelle un comique renouvelé, débarrassé des intrigues de valets et des recours farcesques.

De tout cela, Restif est évidemment tributaire, et il ne ménage pas les signes de reconnaissance : style haletant, copieusement exclamatif, pathétisme exacerbé, effusion morale, privatisation qui s'étend bien au-delà des sphères habituelles du théâtre, fût-il bourgeois (ouvriers, prostituées, prisonniers, policiers, etc.).

Mais le drame français (il faudrait dire européen, comme le prouvent Lillo et Moore et Angleterre, Lessing en Allemagne) ne se libère pas pour autant du modèle « aristotélicien » : unité de temps et de lieu (au sens large), unité d'action surtout ; vraisemblance ; dramatisation et résolution de conflits à valeur universelle au sein d'un groupe humain restreint. Qu'on relise Diderot, Mercier, Beaumarchais dans ses drames (*Eugénie* plutôt que *La Mère coupable* !), qu'on relise Lessing, Lillo ou Moore, et l'on verra combien leur dramaturgie reste inflexiblement dominée par la construction de l'action, combien leur dialogue court vers sa fin avec une logique impérieuse, combien il s'agit, dans chaque pièce, d'articuler les scènes et les actes en un mécanisme rigoureux. Dans *Le Drame de la vie*, au contraire, on a tenté d'en déceler certaines raisons, l'économie théâtrale semble se dissoudre, comme si la notion d'action changeait véritablement de nature. Peut-on encore, au sens propre, parler d'exposition, de péripéties, de nœud, de dénouement final, bref, d'une action liée, concentrée et distribuée logiquement en scènes et en actes, en fonction de caractères et d'intérêts précisément et préalablement définis ? Est-ce parce qu'une telle structure s'esquisse vaguement dans *Madame Parangon*, à travers Gaudet, l'ami tentateur, et M. Parangon, le puissant opposant, tandis que la victime, Mme Parangon, produit le dénouement par son pardon, que Restif préférait cette pièce à toutes les autres ?

Alcibiade et Figaro

Reste que Restif viole délibérément et spectaculairement les grands principes aristotéliciens : « L'unité de l'histoire ne vient pas, comme certains le croient, de ce qu'elle a un héros unique. Car il se produit dans la vie d'un individu unique un nombre élevé, voire infini, d'événements dont certains ne forment en rien une unité, et de même un individu unique accomplit un grand nombre d'actions qui ne forment en rien une action une [...] Ainsi [...] l'histoire, qui est représentation d'action, doit l'être d'une action une et qui forme un tout ; et les parties qui constituent les faits doivent être agencées de telle sorte que, si l'une d'elles est déplacée ou supprimée, le tout soit disloqué et bouleversé. Car ce dont l'adjonction ou la suppression n'a aucune conséquence visible n'est pas une partie du tout » (Aristote, *La Poétique*, chap. 8, traduction Dupont-Roc et Lallot, Seuil, 1980). La première infraction majeure de Restif est donc de substituer l'unité d'une vie à l'organicité de l'unité d'action dramatique. La seconde, qui en découle, est de confondre la chronique et le théâtre, ce qui a eu lieu réellement dans une histoire vérifiable (c'est la fiction de l'autobiographie) et « ce qui pourrait avoir lieu » dans l'ordre épuré du théâtre : « [...] le rôle du poète est de dire non pas ce qui a eu lieu réellement, mais ce qui pourrait avoir lieu dans l'ordre du vraisemblable ou du nécessaire. Car la différence entre le chroniqueur et le poète [...] est que l'un dit ce qui a eu lieu, l'autre ce qui pourrait avoir lieu [...] : la poésie traite plutôt du général, la chronique du particulier. Le « général », c'est le type de choses qu'un certain type d'homme fait ou dit vraisemblablement ou nécessairement. C'est le but que poursuit la poésie, tout en attribuant des noms aux personnages. Le « particulier », c'est ce qu'a fait Alcibiade ou ce qui lui est arrivé » (Aristote, *La Poétique*, chap. 9, éd. citée). Certes, Restif avoue bien (et *Monsieur Nicolas* l'y oblige) avoir arrangé certains dénouements ; il n'empêche que son entreprise relève incontestablement de ce qu'Aristote appelle la chronique, c'est-à-dire l'histoire de ce qui a eu lieu réellement dans la vie d'un homme réel. Et comme Restif fait tout avec excès, son autobiographie théâtrale est encore plus gigantesque que son *Monsieur Nicolas.* En face du tout-dire restivien, les *Confessions* rousseauistes relèvent d'une concentration tout aristotélicienne !

Hegel, tout en glosant l'opposition aristotélicienne (« Dans un poème épique, les caractères, les circonstances, les incidents, les événements doivent être pour ainsi dire étalés en largeur, alors que l'effet produit par le drame est d'autant plus profond qu'il est plus condensé, plus centré sur un conflit déterminé et ses péripéties », *Esthétique*, traduit par S. Yankélévitch, Aubier-Montaigne, t. 8, p. 352), pose la question de la subjectivité du poème dramatique, sans aller cependant jusqu'à l'hypothèse, sans doute absurde à ses yeux, d'un drame explicitement et entièrement autobiographique. « Étant donné cependant que le drame présente l'action dans son actualité sensible et que les individus parlent et agissent en leur propre nom, il pourrait sembler que, plus encore que dans le poème épique où le poète apparaît du moins pour raconter les événements, le poète dramatique doive s'effacer derrière son œuvre. Cette opinion n'est que relativement exacte, car, ainsi que je l'avais dit au début, le drame ne naît qu'à des époques où la conscience subjective a déjà atteint un degré de développement très élevé, où la vision du monde et la conception de l'art sont devenues une affaire personnelle [...] Ajoutons encore cette dernière remarque que, parmi les différents genres de la poésie dramatique, la tragédie offre moins de possibilités à la libre manifestation de la subjectivité du poète que la comédie qui est, pour ainsi dire, par définition, le domaine du subjectif et de l'arbitraire. C'est ainsi, par exemple que dans les *Parabases*, Aritophane se trouve souvent aux prises avec le public athénien, soit [...], soit [...], soit en livrant sa propre personne et en étalant toutes ses singularités » (*ibid.*, p. 352 et 355). On voit que cette dernière remarque n'exclut pas, tout en la réservant à un genre, l'expression quasi autobiographique de la subjectivité du poète.

Mais Restif pourrait aussi se réclamer d'Aristote ! Aristote ne reconnaît-il pas (chap. 6) « que ce qui exerce la plus grande séduction dans la tragédie, ce sont des parties de l'histoire : les coups de théâtre et les reconnaissances » ? Or, Restif, avec tout le drame bourgeois, adore les reconnaissances, évidemment favorisées par la prolifération fantastique de ses filles naturelles, qu'un sort irrésistible, ou plutôt le cri du sang, jette immanquablement dans ses bras. Qu'il s'agisse chez lui d'un fantasme essentiel, et de plus en plus obsédant avec l'âge, impossible d'en douter. Mais envisagé d'un point de vue purement technique, il conduit à la question suivante, inspirée d'un peu loin par le chapitre 18 de *La Poétique* : la déconcertante simplicité de l'action dans le *Drame* ne cherche-t-elle pas une sorte de compensation dans l'intensité des effets (rapports sexuels exécutés en scène, avec cuvette et éponge, viols, incestes, reconnaissances, paroxysmes de joie et de douleur, morts, etc.) ? Le pathétique, visée essentielle du drame bourgeois, masque sans doute aux yeux de Restif le dangereux, mais si original, relâchement du dramatique.

On pourrait aussi se demander si l'articulation des pièces « régulières » et des scènes détachées ne revient pas précisément à combiner la structure épique condamnée par Aristote et l'unité d'action dix fois recommencée. Il faudrait certes que chaque pièce puisse être montée pour elle-même tout en s'intégrant dans un ensemble plus vaste. Idée absurde ? Hypothèse d'école ? C'est pourtant ce que tente au même moment un certain Beaumarchais, ami de Restif et protagoniste de son *Drame*, avec la trilogie de Figaro, ou « roman de la famille Almaviva », qui se propose d'embrasser la vie d'une famille à travers trois moments symboliques : la jeunesse, l'âge mûr, la vieillesse ! L'idée d'une totalisation « épique » de l'existence par le théâtre flottait dans l'air... Mais elle n'enlève rien à l'audace démesurée du projet restivien d'occuper tout un théâtre pendant au moins une décade avec la chronique d'un individu quasiment anonyme, et *comme inexistant* : « Ma conduite n'est pas ordinaire, ni mes Ouvrages non-plûs : Pauvre avec satisfaction, assis au dernier degré de la société, je n'y existe jamais personnellement : L'auteur du PAYSAN n'existe que là, et dans le reste de son Œuvre ; individuellement, et personnage vivant, il n'est rien. On ne le voit nulle-part ; il s'arrache la subsistance corporelle pour la donner à son existence littéraire [...] Aussi je ne suis rien à Paris... » (*Le Drame de la vie*, p. 1334-1335, lettre à La Reynière). Peut-être. Mais la jouissance autobiographique se situe bien au croisement de l'existence individuelle et de la consistance littéraire, de même que le *Drame* est à la fois théâtre et livre, attente d'un spectateur et quête d'un lecteur – lecteur-spectateur qu'on renvoie à une autobiographie parallèle et à un théâtre à inventer. Mais ce statut ambigu du *livre de théâtre* est-il si étrange ? On peut en douter, avec Hegel : « ... il existe de nos jours, surtout chez nous, en Allemagne, une tendance très répandue à voir dans l'organisation d'un drame en vue de son exécution scénique un détail tout à fait secondaire, ce qui n'empêche pas tous les auteurs dramatiques [...] de souhaiter ou d'espérer l'exécution scénique de leurs œuvres. C'est ainsi que la plupart de nos drames modernes ne sont jamais représentés, pour la simple raison qu'ils ne sont pas dramatiques. Nous ne voulons pas dire par là qu'une œuvre dramatique ne soit pas de nature à satisfaire par sa seule valeur poétique interne... » (*Esthétique*, t. 8, p. 358). Œuvre à lire, œuvre à jouer : le dilemme traverse déjà, en filigrane, *La Poétique* d'Aristote. Mais il est certain que personne n'avait jamais poussé le défi aussi loin que Restif. Car le *Drame* apostrophe violemment public et acteurs : je vous livre ma vie, mon sang et ma chair, aurez-vous le front de refuser la vérité au profit de la vraisemblance, l'histoire d'un homme tout entier au profit de la convention ? Pourquoi refusez-vous de voir (dans mon *Drame*) ce que vous vous empressez de lire (mes romans, mon autobiographie) ? Ces questions sont troublantes : pourquoi en effet le lecteur complaisant devient-il un spectateur rétif ? Mais elles n'auraient guère troublé le tranquille empirisme d'Aristote : « Notre thèse est que la tragédie consiste en la représentation d'une action menée jusqu'à son terme, qui forme un tout et a une certaine étendue ; [...] car la beauté réside dans l'étendue et dans l'ordonnance ; c'est pourquoi un être vivant ne saurait être beau, s'il est très petit [...] ni s'il est très grand [...] La limite à fixer à la longueur en fonction des concours et de la perception ne relève pas de l'art » (*La Poétique*, chap. 7). Il n'est peut-être pas raisonnable de confier le soin de cette limite au bon plaisir d'un autobiographe ivre de souvenirs et de songes. L'incroyable démesure du *Drame de la vie* révèle, mieux encore que *Monsieur Nicolas*, combien, en cette fin des Lumières, la génération des Mercier, des Sade, des Restif, avait rompu avec l'esprit classique et composait sans doute moins des œuvres qu'un immense livre vivant, inachevé.

Voir et écrire

La transposition théâtrale de l'autobiographie, on l'a vu, conduit Restif à briser la coulée continue de la prose narrative au profit d'une structure binaire – scènes détachées cursives, pièces régulières homogènes, centrées sur un lieu et une aventure. Cette recomposition du passé obéit à un principe de valorisation qui travaille également *Monsieur Nicolas*, voué à l'accumulation monstrueuse des détails, acharné à tout dire (à produire l'illusion de tout dire) ; la discrimination tente alors de passer, autre singularité restivienne, par les choix typographiques, calligraphie didactique de la mémoire. Tentative significative, mais dont l'évidente infériorité ne fait que souligner le paradoxe de la théâtralisation du moi, puisque l'extériorisation du souvenir s'accompagne aussitôt du renforcement spectaculaire de la subjectivité, inscrite et affichée cette fois dans la structure même de l'œuvre. Une chose est en effet de chanter Mme Parangon dans un récit qui s'attache parallèlement à l'histoire des lectures du héros, de son travail, de ses amitiés, de ses autres amours, de ses premiers essais littéraires, de ses promenades, etc. ; autre chose de lui consacrer une pièce où il n'est question que d'elle. Les pièces remplissent alors la fonction des estampes, si essentielles dans l'imaginaire restivien : elles focalisent et valorisent les grandes émotions de la mémoire. Forme théâtrale étrangement peu *épurée* au regard de la tradition aristotélicienne (et de l'histoire du théâtre), *Le Drame de la vie* a néanmoins exigé de Restif un remarquable effort de filtrage et de cadrage des souvenirs, qu'il n'est peut-être pas impossible de suivre sur quelques pas, dans les quatre actes des Ombres qui précèdent *Madame Parangon ou le Pouvoir de la vertu.* On s'aperçoit aussitôt, en consultant la liste des estampes prévues, mais non réalisées faute d'argent, pour *Monsieur Nicolas*, que le dramaturge est parti de là pour composer ses scènes. Il décide d'ouvrir le *Drame* sur le deuxième sujet (« Il a une fille à la joue ! »), en éliminant la première estampe (« La main au feu »). Exclusion significative : *Le Drame de la vie* se refuse en effet toute représentation du foyer parental ; bien plus, il fait une impasse qui ne doit rien au hasard sur l'instance paternelle. Troisième estampe : « L'écurie aux mules ou la première virilité » ; quatrième : « Le vallon ». La cinquième (« Julie Barbier ou l'école de Joux ») ne saurait être retenue, car le *Drame* choisit de faire silence sur l'apprentissage de la lecture. La sixième (« La fête patronale de Nitry ») saute pour raison d'économie et de double emploi. Les estampes n°s 7, 8, 9 et 10 (« Le bon chapelain », « Les petits curés », « Fayel ou l'amitié », « Les jolies sœurs grises ») sont également éliminées (thème religieux ; séjour à Bicêtre). Mais on retient la onzième estampe (« Jeannette allant à la communion ») pour ouvrir l'acte II, en écartant les sujets 12 et 13 (« Le soleil levant », « La fenaison »), jugées non indispensables. La quatorzième (« Avec Marguerite, chez Mad. Jeudy ») renvoie à un épisode auxerrois exclu du *Drame* ; mais la scène II de l'acte II fait bien entrer en scène Marguerite. Restif exclut les 15e et 16e estampes (« Le catéchisme », « L'incendie »), mais retient significativement la 17e (« Les traces de fille » ; voir *Le Drame...*, III, VI) : preuve, s'il en était besoin, de la focalisation du *Drame* sur les femmes, aux dépens de l'instance paternelle. La 18e estampe (« Le paltoquet » – Nicolas devant Mme Parangon) nous conduit au début du quatrième acte (sc. I et suiv.) ; la 19e (« Arrivée à la ville » – Nicolas avec ses paquets, dans la grande salle de M. Parangon) nourrit la scène IV de l'acte IV. Pourquoi Restif ne retient-il pas la 20e (« L'imprimerie ») ? C'est qu'il a décidé d'éliminer l'apprentissage, comme il a éliminé la lecture et le catéchisme, et que l'embarras du jeune paysan (« Deux jeunes filles rient de son embarras ») a déjà été mis en scène. La 21e (« Toinette délivrée » – des assauts de M. Parangon) engendre les scènes VI à XII de l'acte IV et donne lieu à un travail intéressant. Si l'on examine le texte du sujet (« M. Nicolas, après s'être précipité dans un appartement où l'on appelait « Au secours ! » est pétrifié en voyant le maître acharné sur Tiennette : « Vous êtes bien hardi d'entrer où je suis ! »), on s'aperçoit que Restif transporte le « Au secours ! » et l'entrée de Nicolas (Anneaugustin) sur Aimée (sc. XI) et regroupe en une séquence les aventures dispersées de M. Parangon. La scène XIII de l'acte IV s'appuie sur l'estampe 22 (« L'apport, Edmée Servigné » – « M. Nicolas à Vaux, dans une prairie, au milieu d'un apport, ou foire [...] Aimée Châtelain dit... ») pour filer la thématique essentielle de ces quatre premiers actes. La 23e estampe (« L'arrivée de la maîtresse. Le déchausser ») ne relève plus des scènes d'ombres, mais du monde charnel de la première pièce régulière.

À partir de là, Restif fait un grand saut et passe à des séquences de *Monsieur Nicolas* bien postérieures (Pléiade, Tonton Lenclos, p. 611 ; adieux à Colombe, p. 615 ; duel avec Tourangeot, p. 878...). Les scènes XV et suivantes de l'acte IV s'inspirent en effet de la 40e estampe (« Adieux à Colombe ») ; les scènes XX à XXIV de la 49e (« Le duel » – Restif a soudé deux scènes d'amour dans un fossé de *Monsieur Nicolas*, p. 611 et 878, en sautant plus de 250 pages, ou, si l'on préfère, en sautant de la 40e à la 49e estampe). La 50e (« Le vieillard patriote ») qui ferme la sixième partie de la quatrième *Époque de Monsieur Nicolas*, sert ici à conclure la première journée (*Drame*, IV, XXV, XXVI, XXVII) : la fonction narcissique de cette auto-célébration se révèle encore plus forte dans le *Drame* que dans *Monsieur Nicolas*.

De cette recension un peu ingrate, qui ne saurait valoir pour le reste de l'œuvre, on conclura d'abord que les projets d'estampes servent à l'évidence de prédécoupage du texte. Elles plantent le décor, et c'est autour de l'estampe que s'organise la séquence dramatique. Car il ne suffit pas de se souvenir et de rêver, ni de vouloir tout dire ; il faut aussi que la plume choisisse et agence.

C'est à Auxerre (quatrième *Époque* de *Monsieur Nicolas*) que le schéma se trouve le plus perturbé en raison notamment des sélections et cadrages du *Drame* (exclusion de l'apprentissage, des amitiés masculines, etc.) et de la mise en réserve de Mme Parangon, héroïne de la première pièce régulière à venir. Tout se passe, dans le *Drame*, comme si les épisodes du séjour à Auxerre présentés dans les scènes d'ombres précédaient la rencontre de Mme Parangon ; comme si le retour triomphal à Auxerre après le duel constituait la véritable entrée dans la ville, avant la rencontre décisive qui transforme sa vie. Certes, Castanio, dans le Prologue, a bien replacé l'arrivée de Mme Parangon « après la partie de Vaux » (IV, XIII), et le texte des Actes mentionne l'amour que lui porte Anneaugustin. Mais l'effet de structure l'emporte et sert incontestablement à l'idéalisation théâtrale de Mme Parangon : comment la succession des ombres et de la pièce régulière jouée, elle, par des acteurs, ne transformerait-elle pas ce qui précède l'entrée de Mme Parangon (« ma créatrice à la ville », *Monsieur Nicolas*, p. 520) en un prologue, un préambule ? Alors que *Monsieur Nicolas*, en suivant un ordre strictement chronologique, est bien obligé d'inclure Mme Parangon dans la trame quotidienne du récit, le *Drame* la met à part, lui dresse l'autel d'une représentation exclusive, où le théâtre déploie enfin, pour la première fois, toute la magie, érotique et mystique, de son mystère charnel. Les pauvres variations de la typographie peuvent-elles rivaliser avec cette puissance orchestration des ombres et des corps, où l'adoration de la femme, comme toujours au siècle des Lumières, ne rêve que viol et que larmes, vertu célébrée et corps profanés ? *Le Drame de la vie*, en effaçant l'image du père et les figures masculines (Nicolas Ferlet, J. Restif, les frères, et même Gaudet d'Arras, chichement cantonné dans *Madame Parangon*), reconstruit une autobiographie quasi totalement féminisée, érotisée, soumise à la seule loi de la séduction et du désir. Si le théâtre autobiographique viole allégrement les unités de temps, de lieu, d'action, et s'engage résolument dans le sens d'un traitement « épique » (romanesque) du dialogue et de l'action, c'est donc au profit d'une sorte d'homogénéisation fantastique de la représentation de soi.

Cinq actes et un viol

Madame Parangon ou le Pouvoir de la vertu ne manque pas non plus de s'appuyer sur toutes les estampes concernées (23, 26, 27, 34, 38, 42, 44, 47, 51). Mais on observera plutôt, sur sa pièce préférée, le travail du dramaturge. Le premier acte se compose de trois séquences (scènes I à VI, VII à X, XI à XVII) ; mais il se construit en fait entièrement sur une antithèse (narcissique ?), opposant Edmond et Tourangeot, comme s'opposent la sensibilité et la vulgarité, le sentiment et le comique. Pourtant, l'ivresse brutale de Tourangeot, substitut de M. Parangon, dit aussi, sur un mode comique et grossier, et sous les apparences du contraste, l'identique désir de viol et de revanche qui anime le jeune apprenti. Entre le mari, représenté par un ivrogne libidineux, et le jeune homme qui la guette, une femme (mariée sans l'être) est l'enjeu du drame : qui l'aura ? Tout ce travail plus adroit qu'il ne semble s'opère sans doute à partir de telle remarque furtive dc *Monsieur Nicolas* (« Mais ce tartare [Tourangeot] n'était-il pas moins brutal que moi ? », p. 677), mais en fonction d'objectifs spécifiquement dramaturgiques : remplir l'acte ; passer du registre sentimental au comique ; pasticher *Tartuffe* (« Ce pauvre garçon ! »).

Moins avouée, l'influence du *Mariage de Figaro* (acte II) est sans doute décisive dans la transformation, pour la scène, des rôles de Mme Parangon et de Toinette (dans *Monsieur Nicolas*, p. 547, bien loin d'imiter Suzanne, la candide Toinette s'indigne qu'on puisse croire Nicolas amoureux de sa maîtresse). Sans aller jusqu'au « songe délicieux » (*Monsieur Nicolas*, p. 381-382) où Colette s'offre de l'épouser, le théâtre s'installe entre le pur fantasme et la version de *Monsieur Nicolas* : d'entrée de jeu, ici, Colette surprend l'amour du jeune homme et, à la fois sûre de sa vertu et troublée, propose à ce dangereux Chérubin de la lacer... Molière, Beaumarchais : les maîtres sont bons ; mais le maître ne fait pas l'élève.

Le deuxième acte obéit, comme le premier, à un modèle binaire contrasté assez simple (M. Parangon dans ses œuvres/Mme Parangon), où Restif fond sur Madelon, en s'appuyant sur la 44e estampe, plusieurs scènes qui, dans *Monsieur Nicolas*, concernaient Toinette. Là encore, la comparaison avec l'acte I du *Mariage de Figaro* serait trop écrasante pour être utile.

L'acte III, celui du retournement, se fonde à nouveau sur une opposition. Les huit premières scènes tissent autour de Mme Parangon ce rêve de communion et de transparence immortalisé par *La Nouvelle Héloïse* : café, dominos, lectures, effusions, confusion délicieuse de l'amitié, de la tendresse, de l'amour, de la sœur, de la mère, de l'amante, de la patronne. Les scènes IX à XVIII font au contraire monter la tentation, puis la décision du viol, sous la triple influence de Gaudet (« Ose ! Ose ! » [...] Profane-les [...] Croque toujours l'aînée... »), du désir allumé par Madelon, et enfin du voyeurisme (on le pousse par jalousie à regarder un rapport sexuel, qui le confirme dans son projet : la violence sur les femmes est d'évidence un ménagement de leur délicatesse...).

Puisque le viol est l'enjeu de la pièce, et que la décision en est prise, le quatrième acte pose problème : un viol, fût-il savouré, n'a jamais fait un acte. Il ne reste donc à Restif que le recours d'intercaler, dans la séquence qui mène au viol, des scènes (VI à X) de... visite. Contretemps fâcheux pour un violeur, mais qui permet de meubler l'attente et d'apaiser l'effroi par un comique de conversation et même, ô Alceste !, une scène des portraits ! Embarras technique, mais aussi effet d'art : la futilité mondaine s'oppose violemment aux orages de la passion, du crime et de la vertu, la sphère sensible à la sphère comique.

On sait combien cette scène de viol, très certainement fantasmée, a hanté, en ses diverses versions, du *Paysan perverti* au *Drame*, l'imaginaire restivien. Par rapport à *Monsieur Nicolas* (qui renvoie, p. 579, au *Drame*), le changement décisif tient dans un décalage : contrairement au récit, le viol, ici, ne suit pas immédiatement la scène des paquets (sc. XI). Le monologue du héros (sc. XII) et le changement de lieu (il décide de monter violer Mme Parangon dans sa chambre) achèvent de transformer le viol en un acte totalement réfléchi, que sa mise hors scène, en fin d'acte, dramatise encore plus. Cette transformation est un effet obligé de la théâtralisation : la pièce reposant sur lui, il était impossible de conserver au viol la complexité ambiguë de son statut narratif.

Privé de matière au quatrième acte, Restif en déborde au cinquième : tentative de suicide, aveu de Mme Parangon aux deux pères, pardon, départ... Le sur-découpage des scènes, réduites parfois à quelques lignes, souligne brutalement l'écriture paroxystique du drame bourgeois en passe de tourner au mélodrame. Par rapport à *Monsieur Nicolas*, et jouant sur une gamme de variations déjà éprouvée dans ses textes romanesques, Restif invente ici l'aveu et le départ immédiat pour Paris. Non pas l'aveu canonique à l'époux, interdit par le statut satirique de M. Parangon, mais signe des temps bourgeois, l'aveu aux pères. Cette dramatisation ne suffit pourtant pas au dramaturge, qui tient à inscrire, dès sa première pièce, les thèmes fondamentaux et récurrents de la mémoire (sc. XVIII) et de l'écriture (sc. XIV), ainsi que l'annonce de la mort de Colette Parangon, première d'un long cortège de femmes vouées au tombeau pour la beauté du souvenir et l'auréole romantique du *héros maudit*.

Car *Le Drame de la vie* n'efface si soigneusement l'ombre du père et les intercesseurs virils de la culture (curés, abbés et autre maître d'école) que pour mieux exalter, en 10 tableaux et 365 scènes, la sublime et fascinante féminité, ce mythe majeur des Lumières dont Restif, loin d'avouer, comme Rousseau, sa probable misère sexuelle, fait l'étoffe chatoyante de sa vie recomposée. Femme créatrice, femme salvatrice, femme pervertie, toujours innocente et toujours coupable, faite pour aimer, pour souffrir, pour mourir – dans l'ombre fatale de l'homme, seul voué à la culture des formes qui surmontent le temps. Toute femme touchée par Restif s'enflamme, enfante, s'éteint, et peut alors se coucher sur la page qui l'immortalise. Le fantasme de la procréation (les femmes enfantent des femmes qui enfantent des femmes...), leitmotiv obsédant des autobiographies restiviennes, se confond donc avec l'expérience quotidienne de l'écriture qui enfante des livres et arrache à l'oubli ce peuple de femmes, mortel et renaissant, caché dans les boutiques, les ruelles, les bordels. Le lecteur peut suivre, au fil du *Drame* (par ex. p. 250, 251, 276, 300, 304, 366, 389, 390, etc.), le tissage obstiné, dans la trame de l'œuvre, de cette fable de l'écriture qui affirme inlassablement le pouvoir vital de la littérature : « *Mad. Oursillaume*. – Hô ! quel Homme ! quel Homme ! Autant d'Enfans que de Livres ! Autant de Livres que d'Enfans ! » (p. 395). Un peu plus loin (p. 439), une putain brutale se baptise l'Araignée, d'après *Le Pornographe*. Il faudrait donc qu'Anneaugustin la monte, elle qui croyait que tous les auteurs sont morts ! Le voilà violé, à 40 ans, par une putain mi-chair, mi-livre... Le rapport spéculaire du livre à l'œuvre, de l'œuvre à la vie, s'accomplit quand Restif résume le projet de *Monsieur Nicolas* et lit la fin du quatrième acte de *Madame Parangon* (p. 463). Faut-il regretter que l'érotisation du travail littéraire tienne lieu d'une genèse autobiographique de la création, dont Rousseau avait pourtant donné le modèle ? Qu'on n'en accuse pas le théâtre : on constate la même impasse dans *Monsieur Nicolas*.

Aimez-vous le comique ?

Edmond.	Je n'aime pas le comique.
Mad. Parangon.	Ni moi.
Toinette.	Ni moi.
	(*Madame Parangon*, p. 90).

Cette véhémente répulsion rousseauiste semble trancher toute question : *Le Drame de la vie*, placé, malgré Jeannette Rousseau, sous le signe compulsif du deuil et du vieillissement, de l'exil et de l'interdit, ne pourrait donc s'ouvrir au comique qui dérange les larmes. Est-ce alors à dire qu'une unité de ton, le ton sensible de la fin des Lumières, viendrait compenser secrètement le spectaculaire éclatement des formes et de la structure ? Qu'on se rassure, il n'en est rien, et tout discours critique qui négligerait sa veine rieuse ferait à Restif un tort bien grave. Mais le comique ne lui pose pas moins problème, à lui comme à Rousseau ou Mme de Staël, car il y a pour eux, dans la gaieté, quelque chose d'infernal, de desséché, de tristement, d'aristocratiquement asocial :

Boudard.	J'aime le comique.
Loiseau.	Comme les Grands.
Anneaugustin.	Pourquoi les Grands ?...
Gaudet.	Comme les Sots.
Renaud.	C'est la même chose.
Loiseau.	C'est qu'ils sont plus tristes que les autres Hommes : ils veulent que tout soit en caricature
	(*Zéfire*, p. 147).

Il faudrait donc exclure la satire :

Sofie.	De la satire !
Élise.	C'est que tu m'as donné de l'humeur, en voulant mettre de l'esprit, ou de la plaisanterie, où il ne faut que du sérieus et de la vérité...
	(*Élise*, p. 271).

Ces scrupules démarquent évidemment les cœurs sensibles et les belles âmes que *Candide* révulse. Mais ils désignent aussi l'ambition, propre au drame bourgeois et aux dernières générations des Lumières, d'inventer un comique nouveau, un comique régénéré, à même de s'accorder aux exigences du sentiment et de la vertu. Comment moraliser le comique, comment museler et socialiser sa rage destructrice, démoniaque, sans assécher les cœurs et pervertir le lien social ? Les lumières, surtout après 1750, tournent et retournent ce problème, dont on devine qu'il est esthétique, moral, politique, et que Beaumarchais fait mine de trancher d'un coup d'épée, en rétablissant « l'ancienne et franche gaieté ». Restif ne saurait aller dans ce sens, mais le *Drame* fourmille de tentatives ingénieuses, naïves et rouées, pour concilier le comique et le sentiment (voir par exemple *Madame Parangon*, actes I et IV ; *Zéfire*, p. 148-150 ; p. 424-426, etc.). C'est sans doute dans *Élise*, qui met en fable comique un grand fantasme restivien, qu'on aperçoit le plus clairement le sens et les difficultés de sa recherche. Toute la structure de la pièce (fondée sur une de ses figures de prédilection – le quiproquo) vise en effet ici à produire du comique sans paraître tomber dans le vice de la satire cruelle et desséchante. Mais on peut méditer sur le sort final de l'instigatrice des quiproquos, révélateur du soupçon qui pèse sur le comique – fût-il moralisé. Il est vrai qu'Élise paie aussi ses prétentions à la culture et à l'autonomie.

Reste qu'on peut préférer *Sâra, ou la Fausse Tendresse*, qui tout en ne se donnant pas pour une comédie, révèle des dons comiques éclatants (voir les rôles de Mme Hébée et de Kavalette !). Pour la première fois peut-être avec autant d'aisance, Restif exerce son humour sur lui-même, ou plutôt sur Anneaugustin-Daigremont, nous gratifiant ainsi, une fois n'est pas coutume, d'une savoureuse reconnaissance comique : « *Mad. Hébée. (à sa Fille).* A-genoux ! ma'm'selle ! devant votre Papa, et qu'il vous donne sa bénédiction !... Ce n'est pas-là un Pépé comme Monsieur ! C'est votre naturel » (*Sâra*, p. 360). De tels traits, qu'on pourrait multiplier sans peine, donnent à réfléchir : et s'il y avait dans le *Drame*, grâce au théâtre, bien plus de distance et de sel comique, de joie et d'humour qu'on ne s'y attendrait ? Nul doute qu'une représentation serait tentée de faire basculer tout *Le Drame de la vie* dans une irrésistible dérision, qui ne serait peut-être pas, après tout, le plus mauvais service à lui rendre. Ni le plus futile hommage aux étranges pouvoirs du théâtre, et de sa résistance aux séductions autobiographiques.

* *
*

Je n'ai parcouru ici, à grandes enjambées, que quelques corridors de cette immense bâtisse, capricieuse et tordue, bruissante de fantômes jacassants et bizarres. Il faudrait pousser d'autres portes. Derrière se cachent des bordels spécialisés, des prisons à la Piranèse, des chambres d'ouvriers et de grisettes, des salons où l'on cause, derrière s'ouvrent les nuits et les mystères de Paris. Car ce palais mental, qui rappelle une vie comme l'on se souvient d'un songe, ressemble à une ville, à la Ville épiée par le Hibou au long manteau des *Nuits de Paris*. Seul un Fellini nous donne l'idée et la couleur de ce qui cherche à se dire, avec une énergie maladroite et poignante, dans le miroir brisé de cette autobiographie en morceaux. L'heure est-elle venue de lancer sur scène ce cortège de fantasmes en quête de personnages, ce peuple d'ombres bavardes surgies d'un rêve éveillé qui se prend pour un drame, pour une vie ? Je ne sais. Mais il ne serait pas raisonnable d'ignorer plus longtemps un des textes les plus étranges et les plus fous jamais écrits pour le théâtre.

NOTES

1. Les citations de la Préface sont données avec l'orthographe de l'édition réalisée par Restif.
2. Restif se serait-il souvenu, en imaginant les ombres chinoises, d'une pièce jouée, dans les années 1780, chez Audinot ? On trouve en effet dans la préface des *Provinciaux à Paris*, de L.-B. Picard, ce curieux passage : « C'est une idée bizarre que celle de cette lanterne magique que j'apelle *Panorama moral*, et dont les tableaux représentent une partie de ce que je n'ai pu mettre en action. C'est un épisode où je ne me borne pas à sortir de ma pièce ; je prends le ton de la comédie satirique, et c'est pour ainsi dire une comédie d'un autre genre que je me place dans ma comédie [...]. Je crois que voulant faire la Grande Ville, il me fallait cette lanterne magique ou un cadre épisodique du même genre pour placer tout ce que j'avais à dire. » Et il ajoute en note : « Cette idée de lanterne magique n'est pas neuve. Sous le titre même de *La Lanterne magique*, on a joué, il y a trente ans, chez Audinot, une petite comédie fort spirituelle » (*Théâtre de L.-B. Picard*, éd. de 1812). C'est l'occasion de rappeler aux amateurs le charmant théâtre de Picard.
3. Castanio est-il, comme j'aime à le croire, le grand « variloque » des scènes d'ombres, une voix multipliée, incarnant, à mi-chemin de la lecture et de la représentation, l'étrange statut du *livre de théâtre*, ou bien se contente-t-il de commenter les images qu'il est censé projeter ? : « On se rappelle que tout ce qui est en caractères italiques est dit par Castanio » (note de Restif, page 477). Il figure alors l'intrusion, par les didascalies, du dramaturge dans un texte théâtral ! On sait que l'inflation des indications scéniques caractérise le drame bourgeois.

BEAUMARCHAIS

VALET PHRASEUR ET RÉVOLUTION BAVARDE

Un événement

Dire du *Mariage de Figaro* que c'est un chef-d'œuvre revient sans aucun doute à le distinguer du *Barbier de Séville* (1775), comédie d'un immense talent, toujours vivante, et de *la Mère coupable* (1792), qui clôt le cycle de la famille Almaviva sur un fascinant et irrémédiable ratage, figure de ce naufrage qu'est la vieillesse. C'est aussi le distinguer des douze à quinze mille pièces de théâtre parties au XVIIIe siècle à la conquête du succès, et dont ne surnage plus qu'une petite trentaine, maigre troupe comique rassemblée pour l'essentiel derrière Marivaux. Au théâtre encore plus qu'ailleurs, la littérature est d'abord un immense cimetière. Et, pourtant, ce statut de chef-d'œuvre, partagé par quelques dizaines de titres dans l'histoire du théâtre occidental, ne définit pas encore suffisamment le caractère exceptionnel du *Mariage,* qui cumule des privilèges rarement réunis avec une telle prodigalité : une genèse tumultueuse, où le roi de France ne dédaigne pas de dire son mot ; un triomphe sans précédent ; la naissance immédiate d'un jumeau au moins aussi génial, à Vienne et sous la plume de Mozart ; la rencontre incongrue et pourtant inoubliable d'un domestique phraseur (Figaro) et d'une révolution bavarde (1789), qui fait d'une comédie un syndrome historique, et du valet Figaro un mythe. C'est beaucoup, mais ce n'est pas tout. Car cela laisserait supposer que *le Mariage* doit presque tout aux circonstances, à la chance d'être là au bon endroit, au bon moment. Or l'œuvre multiplie aussi les exploits dramaturgiques. Bref, *le Mariage de Figaro* est un événement, au carrefour de l'art, de l'histoire et du mythe.

Une genèse incertaine

Tenté, depuis les années 1760, par le théâtre, lieu des triomphes littéraires les plus enivrants, il est naturel que Beaumarchais ait voulu prolonger aussitôt le grand succès du *Barbier* (1775). La préface du *Mariage* fait remonter à 1776 une première version de la pièce, qui serait restée « cinq ans au portefeuille » (de 1776 à 1781, date de son acceptation enthousiaste par les comédiens-français). Mais une lettre de 1782 dit que *le Mariage* « repose en paix [...] depuis quatre ans », soit depuis 1778 ; 1776 ou 1778 ? Il semble certain qu'un texte, pas forcément semblable au texte actuel ni aux trois manuscrits connus (tous trois postérieurs à 1781), circule à partir de 1778. Il n'en reste que des traces fugitives, marquées par une expression plus directe des allusions érotiques, satiriques et personnelles (le grand monologue de Figaro, à l'acte V, évoquait alors la police de Paris, la Bastille, les droits d'auteur, sujet de discorde publique entre Beaumarchais et les comédiens-français, etc.).

Pourquoi Beaumarchais ne porte-t-il pas aussitôt sa nouvelle pièce à la Comédie-Française, pourquoi attend-il 1781 ? On a avancé des raisons plausibles. Il s'est engagé depuis 1777 dans une lutte difficile avec les comédiens-français au sujet des droits d'auteur, allant jusqu'à fonder la Société des auteurs dramatiques. Le différend trouvera un épilogue provisoire avec un arrêt royal du 9 décembre 1780.

Petites et grandes affaires

Ce n'est pas que Beaumarchais ait besoin de ses recettes pour vivre ! Le fils d'horloger s'est immensément enrichi et brasse de multiples affaires : une édition en 70 volumes des œuvres complètes de Voltaire, dite de Kehl (en Allemagne, en raison de la censure) ; des opérations commerciales de soutien aux insurgés américains en lutte contre les Anglais, qu'il engage pour le compte du gouvernement français, etc. On comprend que ces activités d'armateur et de commerçant, mi-privées, mi-officieuses, mais sincèrement dévouées à la cause américaine, l'obligent à une certaine discrétion, peu compatible avec la verve satirique de sa comédie, sans doute plus acerbe dans son premier état. Est-ce à propos de cette version initiale que Louis XVI aurait dit : « Il faudrait détruire la Bastille pour que la représentation de cette pièce ne fût pas une inconséquence dangereuse » (d'après Mme Campan, *Mémoires,* 1822) ? En tout cas, l'affaire du *Mariage* — Beaumarchais ne cesse de courir d'affaire en affaire, à coups d'intrigues, de procès, de mémoires, d'appels à l'opinion publique – débute en 1781. Les comédiens acceptent la pièce, le censeur aussi, mais le roi n'en démord pas après lecture : « Je vous renvoie, monsieur, la comédie de Beaumarchais. Je l'ai lue et fait lire. Le censeur ne doit en permettre ni la représentation ni l'impression. »

« Donc on la jouera »

Démarches, pressions, censures (défavorable en 1782, favorable en 1783, réservée en 1784), lectures et même représentation privée dans la haute aristocratie, avec l'accord du roi, qui venait d'interdire la pièce à Versailles (1783) ; transfert de l'action (ou seulement du grand monologue ?) en Espagne ; gommage de certaines saillies satiriques ; radoucissement progressif du roi ; cinquième et sixième censure (1784). Enfin, en mars 1784, un « tribunal de décence et de goût » donne son feu vert. Après un aussi long et intense suspense, c'est à partir du 27 avril 1784 un triomphe sans équivalent sous l'Ancien Régime : 67 représentations dans l'année, chiffre alors inouï. L'archevêque de Paris tient à entretenir le succès en condamnant la pièce (1785), tandis que Beaumarchais, aussi sensible qu'en verve, propose à l'occasion de la

50e représentation de fonder un institut de bienfaisance pour les mères nourrices pauvres ! On imagine le déchaînement...

Moralité : « Le roi ne veut pas qu'on joue ma pièce ; donc on la jouera. » Ce qui n'empêche pas le glorieux auteur de se retrouver, du 8 au 13 mars 1785, à Saint-Lazare, prison infamante, pour une lettre maladroite à un journal, qui semble viser le roi. Comme si la vie avait à cœur d'authentifier le célèbre monologue de Figaro (V, 3) et la dramaturgie des péripéties rebondissantes propre aux comédies de Beaumarchais.

Un monstre sacré

Le Mariage de Figaro n'est pas seulement le plus grand succès du théâtre de l'Ancien Régime, c'en est aussi la plus longue pièce, et l'on ne voit pas de comédie qui, avant celle-ci, développe une intrigue aussi complexe, aussi chargée d'incidents, de personnages, de scènes, d'objets, de décors, passant avec une telle ampleur du rire au drame, du verbe à la musique et à la danse, voire à la peinture, mêlant avec une telle intensité de sens les âges, les sexes, les conditions. Quelques indications suffiront ici.

Sans compter les nombreux figurants (valets, paysans, paysannes), l'action concerne 16 personnages — deux fois plus que dans *le Barbier de Séville* ou les pièces de Marivaux ; 16 personnages répartis sur 92 scènes, un record pour le théâtre classique, à quoi on peut ajouter la palme, inattendue et provocatrice, du plus long monologue connu avant 1789 ! Alors qu'une tragédie classique compte entre 1 600 et 1 900 alexandrins, *le Mariage* ne totalise pas moins de 1 600 répliques : chiffre énorme, même s'il dit autant la vitesse des échanges que leur durée ! Alors que *Phèdre* de Racine (1677) s'octroie à peine deux péripéties, le critique J. Scherer en répertorie une trentaine dans *le Mariage.*

Expérimenter et innover

La scène en pente de la Comédie-Française est débarrassée depuis 1759 (grâce aux efforts de Voltaire et d'un généreux donateur) des rangées de spectateurs massés sur les côtés et au fond, qui interdisaient pratiquement toute mise en scène crédible et mouvementée. Beaumarchais a donc pu déployer une action trépidante et spectaculaire, jusque-là réservée surtout aux tragédies et aux opéras. Mais on devine qu'il ne se contente pas de dramatiser et de visualiser l'action de sa comédie, à l'instar de la tragédie rénovée par Voltaire, qui, depuis *Zaïre* (1732), multiplie les péripéties, les décors, les tableaux impressionnants, bref, s'efforce de montrer ce que la tragédie tend toujours à raconter. Dans *le Mariage,* Beaumarchais va manifestement beaucoup plus loin.

L'avalanche de records évoqués plus haut dénote une volonté d'expérimentation et d'innovation, le désir de frapper un grand coup, de transgresser les limites des genres et des tons convenus.

Avançons donc l'hypothèse suivante, qu'il faudra confirmer : *le Mariage* est une tentative (masquée) de dépassement de la comédie, comme *Tarare* (1787) un essai (avoué) de rénovation de l'opéra, et *Eugénie* (1767) l'inscription, entre comédie et tragédie, d'un genre nouveau, le drame bourgeois, préconisé par Diderot dès 1757 *(le Fils naturel, Entretiens sur le Fils naturel).* Dépassement par l'importance qu'y prend la musique, par l'enchevêtrement des intrigues et l'abondance des péripéties, par la richesse exceptionnelle et la gravité des thèmes entrecroisés, qui renvoient à une symbolisation de la vie humaine et de la société à travers le projet inouï d'imaginer — au théâtre ! — le roman d'une famille, la courbe totale d'une existence racontée en trois pièces, en trois moments cruciaux, emblématiques : *le Barbier de Séville* (acte I), *le Mariage de Figaro* (acte II), *la Mère coupable* (acte III). La jeunesse, l'âge mûr, la vieillesse.

Le chef-d'œuvre du drame bourgeois ?

Il s'agit donc d'une pièce totale et proprement unique, où fusionnent le comique et le sérieux ; la parole, la musique, la danse, la poésie ; l'individuel, le social, le satirique et le symbolique ; le présent, le passé et l'avenir. Comment s'y tromper ? Seul un innovateur, c'est-à-dire, à ce moment de notre histoire théâtrale, un théoricien et un praticien du drame bourgeois, dépris de la convention rigide des genres constitués, avide d'expérimenter et d'inventer, pouvait avoir l'audace de concevoir une telle pièce. Comme seul un autre tenant du drame bourgeois, Restif de La Bretonne, en ces mêmes années, osait écrire, entre 1789 et 1792, la première et presque unique autobiographie théâtrale : *le Drame de la vie,* en dix pièces et douze actes d'ombres, où Beaumarchais figure comme personnage !

Le Mariage de Figaro serait-il alors le chef-d'œuvre introuvable du drame bourgeois ? On pourrait le soutenir, mais pour quel profit ? Mieux vaut le considérer comme une pièce inclassable, ni drame ni comédie classique, qui intègre la tradition et tente de la dépasser. Ce qui revient peut-être à définir, contrairement à ce que croient certains critiques, une pièce révolutionnaire ! Révolutionnaire non pas au sens de 1793, mais au sens de 1789, le seul auquel Beaumarchais, comme tant d'hommes des Lumières, adhérera.

Les Bastilles de Figaro

L'interprétation du *Mariage* traîne en effet, au moins depuis Napoléon, une lourde croix : qu'en est-il de la portée révolutionnaire de la pièce, dénoncée par l'Empereur avec une vigueur toute militaire (« c'est déjà la Révolution en action »), niée ou minimisée par beaucoup ? C'est poser le problème des rapports entre œuvres d'art et histoire. Problème fascinant, car peu esquivable, sauf à se boucher les yeux, et irritant, car peut-être indécidable. Il faut éviter de s'installer dans le scepticisme qu'engendrent le carrousel des citations et l'échange plus que séculaire des opinions. Car l'historien Michelet, par exemple, refuse aussitôt, avec un haut-le-cœur, de reconnaître en Figaro, valet mesquin, l'esprit sublime et généreux de 1789 ! Or l'ancienneté du débat n'appelle pas forclusion. S'en trouve souligné, au contraire, l'appel irrépressible, mais énigmatique, que ce texte de théâtre ne cesse de lancer depuis deux siècles. Est-ce un hasard magnifique (ce dieu hasard que célèbre Figaro dans *la Mère coupable,* en pleine Révolution) si un joyeux valet de comédie se trouve projeté en plein mythe, devient le héraut inattendu du « plus grand événement de tous les siècles » ? Mieux vaut peut-être ne pas faire trop belle la part du hasard. Il faut partir de ce fait irrécusable : *le Mariage de Figaro* ne serait pas vraiment ce qu'il est devenu sans sa rencontre avec l'histoire. Comment le nier ? Beaumarchais, pas plus qu'un autre, n'a prévu, et donc voulu, le cours des choses ; mais il ne s'ensuit nullement qu'il n'ait pas du tout cherché à nouer, dans sa dramaturgie, le dialogue du théâtre et de son temps. L'histoire s'est aussitôt engouffrée dans ses pièces *(le Mariage, la Mère coupable).* Plutôt que de dénoncer vainement, une fois encore, une « illusion rétrospective », le « mythe » toujours renaissant dont Napoléon porte le témoignage abrupt (voir p. 289), on cherchera surtout à comprendre par quels mécanismes — plus subtils et retors sans doute qu'il n'y paraît — ce théâtre, et pas un autre, se prête à une telle lecture, tout en la contestant.

Une fable anodine ?

De cette ambiguïté du sens et de l'oscillation permanente de la critique, le critique Jean-Pierre de Beaumarchais propose l'explication suivante : « la pièce change de sens et de couleur selon qu'on y pénètre par l'intrigue ou par les mots d'auteur », ces mots « qui fonctionnent comme autant de slogans, transformant par instants la scène en tribune, revendiquant la liberté d'être, de jouir, de "blâmer". Mais ces formules, par leurs conditions d'énonciation, sont ambiguës, et la réconciliation finale en atténue la portée. [...] D'une façon générale les comédies de Beaumarchais — à l'inverse de ses drames — ne traitent de l'actualité que d'une manière symbolique ou par allusions personnelles » (*Revue d'histoire littéraire de la France*, 1984). Il faut donc se demander si l'audace, l'irrévérence, la fronde, etc., ont une fonction ornementale, saupoudrent de sel critique une action passablement anodine, créditée après coup, par les circonstances et la coïncidence des dates, d'une résonance largement imaginaire (thème classique de la critique : Jouvet, Scherer, Conesa, etc.). Ou bien si circonstances et coïncidences n'ont pas ici bon dos et ne servent pas de deus ex machina (voir p. 332) aussi commode qu'inconsistant. Car Jean-Pierre de Beaumarchais se garde bien d'aseptiser la fable du *Mariage* : « L'un des enjeux du *Mariage de Figaro* — enjeu à la fois idéologique, spatial et donc théâtral —, c'est justement l'entrée d'Aguas-Frescas dans le droit commun [...]. Mais cette liberté-là, celle de jouir tranquillement de et en son domaine, suppose que chacun reconnaisse désormais le pouvoir de la loi comme principe régulateur des appétits individuels » *(ouvrage déjà cité).*

Vous avez dit « révolution » ?

Un tel enjeu a-t-il, oui ou non, une « portée révolutionnaire » ? On touche ici du doigt une des ambiguïtés majeures qui pèsent sur le débat et l'enveloppent de confusion. Pour s'entendre sur la chose, mieux vaudrait d'abord définir le mot, et s'efforcer de ne pas confondre 1789, 1791, 1793, 1795, 1917 ! Il y a plusieurs révolutions dans la Révolution française, et bien des sens aux mots « révolution » et « révolutionnaire ». Mieux vaudrait aussi se demander si ce n'est justement pas une fonction de l'art que de cristalliser l'imaginaire historique et d'attraper du réel, ou du moins des signes du réel, dans ses fables. *Le Mariage de Figaro,* gaiement, obscurément, tenacement, dit le désir d'une transformation des rapports humains, qui prendra le visage grandiose et terrible de la Révolution française. Mais celle-ci aussi a commencé comme une fête, en de folles journées, et elle aussi vieillira, glacée dans ses rancunes. Nul ne peut plus lire ou voir les aventures des heureux personnages du *Mariage* comme si 1789 n'avait pas eu lieu. Et, si quelqu'un le fait, nous savons bien qu'il fait semblant de faire semblant.

Temps, espace, objets au théâtre

L'espace

Il ne s'agit pas ici de la structuration du lieu scénique lors de telle ou telle mise en scène, mais de la construction mentale de l'espace dans l'acte de lecture. L'espace d'une pièce est imaginaire, donc subjectif. Une mise en scène réelle ne peut d'ailleurs en figurer une des représentations possibles sans y projeter l'imaginaire du spectateur et du réalisateur (généralement collectif). Tout espace scénique incarné est bourré d'imaginaire, de signes à interpréter. L'espace se conçoit à partir de deux sources : les indications de l'auteur, lorsqu'elles existent (les tenants du drame bourgeois les multiplient, contrairement aux dramaturges du XVIIe siècle ou à Marivaux), et les indices présents dans le dialogue.

La dramaturgie classique s'inscrit dans un espace homogène, correspondant à une action continue et logique, c'est-à-dire à un temps également homogène et continu. L'espace peut évoluer dans le temps de la pièce et est peuplé d'objets qui le constituent en tant que tel, au même titre que les personnages ; ces derniers ne contribuent pas seulement à le définir (espace nobiliaire, paysan, etc.), ils l'animent et le polarisent (voir, par exemple, *Huis clos,* de Sartre). Car l'espace théâtral n'est jamais neutre. C'est au contraire le lieu électrique des conflits, des dangers incessants. Il y a l'espace où les personnages agissent et parlent, et l'espace dont ils parlent, où ils ont agi, où ils vont agir (hors-scène). Ces deux espaces se distinguent nettement à la représentation, bien moins à la lecture, où ils relèvent d'une seule et même activité de symbolisation.

Le temps

On peut distinguer deux sortes de temporalité : *a)* le temps du spectacle représenté (Beaumarchais avait minuté le temps de chaque acte ; voir sa préface, note p. 65) ; *b)* le temps de la fiction, qui mord toujours sur un passé plus ou moins lointain, plus ou moins actif, et agite en tous sens les projets des personnages. *Le Mariage,* partie médiane d'une trilogie, donne évidemment une valeur symbolique éminente au temps d'avant et d'après la pièce.

La dramaturgie classique, pour rendre vraisemblable la représentation, pour la rapprocher d'une action réelle possible, pose comme règle l'unification de l'espace et la concentration du temps : un seul lieu (édifice ou ville), une seule journée. Temps de la fable et temps de la représentation peuvent ainsi tendre idéalement à coïncider. Idéalement : il n'est donc pas très intéressant de perdre son temps à s'interroger gravement sur la vraisemblance d'une telle accumulation d'événements en 24 heures. Mais il est rare qu'une pièce classique ne glisse pas dans le texte des indications de temps pour scander les fatidiques 24 heures (verbes, adverbes, etc. : voir « temps » dans l'index thématique, p. 255).

Temps et durée

On distinguera le temps objectivement mesurable (longueur du texte par scènes et actes) et le temps vécu par le spectateur (durée). Ce qui pose, comme en musique, le problème du tempo : le texte indique-t-il le rythme de sa représentation ? Vise-t-il à suggérer une durée, un certain rythme du temps ? Étant entendu qu'un roman vif et un roman lent peuvent avoir le même nombre de pages, que deux mises en scène de la même pièce n'ont pas le même tempo, il y a, dans une même pièce, des qualités de temps différentes : longues tirades/courtes répliques ; monologues/dialogues ; dialogues/tableaux ; actions/paroles... Le temps (sa maîtrise est une des qualités essentielles d'un metteur en scène) est donc rythmé : mais peut-on vraiment, sans expérience du théâtre, le repérer précisément à la lecture ?

À quels signes ? Certains sont grossiers : nombre de scènes, volume du texte, nombre et longueur des répliques, nombre de personnages en scène, fréquence et qualité de leur présence, nombre de péripéties, de récits, etc. Ils se prêtent à des mises en tableaux rassurants, et parfois suggestifs comme dans l'article de Y. Stalloni, in *Analyses et réflexions sur... « le Mariage de Figaro »*.

Mais, bien entendu, la qualité intime du tempo d'une pièce (inégale d'une scène à l'autre, d'un acte à l'autre) n'éclate qu'à la représentation, dans le travail conjoint et complexe des acteurs et du metteur en scène sur la partition de l'auteur, plus ouverte que celle du musicien.

Temps, objets, idées

Les objets peuvent servir à marquer le temps : changements de décors, d'éclairage, de costumes, maquillage des acteurs, ou objets symboliques comme l'épée et le brevet de Chérubin, qui marquent la fin de son enfance, la sortie du château, l'entrée dans le monde de la responsabilité adulte — et chez Beaumarchais, qui dit adulte dit adultère (voir *la Mère coupable*).

Comme l'espace, le tèmps est inséparable de l'idéologie de la pièce. Par exemple, le drame bourgeois selon Beaumarchais refuse l'idéologie de la tragédie traditionnelle, c'est-à-dire le poids du passé et de la fatalité. C'est au fond un des enjeux essentiels de *la Mère coupable* que de refuser avec la dernière énergie le verrouillage tragique d'une situation apparemment bloquée, l'enfermement désespéré dans le passé hérité du *Mariage* (*la Mère coupable,* ou la sortie hors du château de la mémoire stérile, porteuse de haine irréconciliable). Le drame bourgeois veut faire succéder ses valeurs propres, et notamment sa propre conception du temps, à l'univers spécifiquement tragique.

Objets

Ce terme, en attendant mieux, remplace, dans le discours « moderne », les vieux mots sans doute trop simples de « décors, accessoires »... Mais on pourrait entendre par là, de manière plus large (comme dans le roman et le poème), tous les mots du texte entrant dans la catégorie des objets. On se limite ici aux objets figurant sur la liste des accessoires nécessaires à la représentation, tels qu'ils figurent dans les didascalies ou le texte ; il s'agit des objets fonctionnels, apparemment indispensables (bien qu'on puisse toujours en symboliser certains lors de la représentation, ou leur en substituer d'autres, ou en supprimer : le fauteuil du premier acte peut devenir divan, lit, etc.). Le théâtre fonctionne avec des êtres vivants et des choses concrètes, visibles. C'est l'art de la manipulation concertée des corps, des voix, des choses et de la lumière, dans un espace circonscrit et public.

L'objet permet d'identifier l'espace, d'inscrire la fiction dans l'histoire (le costume, par exemple, désigne telle ou telle époque, ou traverse des époques), de reconnaître des positions sociales (trône, épées au côté, tribunal, outils, etc.), de marquer l'écoulement du temps (chandelle, persiennes, cheveux blancs, etc.), les changements de lieux, la transformation des relations entre personnages. Mais il peut aussi diviser l'espace, en contredire la continuité (cachette, issue). Il peut effacer la présence et nier l'absence. Bref, l'objet est au théâtre le siège d'un travail qui peut faire éclater toutes les connotations de ce signifiant fondamental du langage dramatique. L'objet théâtral a presque toujours plusieurs sens, pour la simple raison qu'il n'est jamais là par hasard, qu'il obéit, comme sur un tableau, à l'intention d'un manipulateur de signes.

Une vie dans un objet

D'où quelques questions : y a-t-il beaucoup ou peu d'objets ? lesquels ? jouent-ils un rôle, important ou accessoire ? Une pièce peut se jouer tout entière sur un seul objet (voir *la Cerisaie,* de Tchekhov, où l'objet se confond là avec l'espace) ; une vie peut s'incarner dans un objet (la cassette d'Harpagon, dans *l'Avare* de Molière ; l'écrin à double fond de *la Mère coupable*). Dans ce dernier cas, l'écrin à double fond réifie la double vie de la comtesse et manifeste la présence permanente, oppressante, du passé, la rémanence de la faute et de la mort – la mort de Chérubin, de la jeunesse, de l'innocence. Au théâtre, un objet est toujours plus qu'un objet, il tend toujours à devenir un foyer de sens qui s'alimente à plusieurs réseaux de signification. Avant même d'abriter Orgon, la table du *Tartuffe* devient au minimum le signe d'un milieu social, d'une époque, d'un style, comme le fauteuil du *Mariage*...

Temps, espace, objets dans *le Mariage de Figaro*

La profusion

Il s'agit bien entendu d'une profusion relative : par rapport à la tradition, dans le cadre de la dramaturgie classique fondée sur le vraisemblable et l'homogénéité du temps et de l'espace.

En scène

• **Les lieux**

L'acte I se déroule dans une chambre au statut instable, ni chambre ni antichambre, lieu privé sans l'être, un entre-deux : brillante et originale variation sur l'antichambre, ou chambre à tout faire, des tragédies classiques, archi-usée. L'enjeu de la pièce s'inscrit aussitôt dans l'espace que mesure Figaro sans pouvoir le clore : devra-t-il ou non partager sa chambre avec le comte, y laisser circuler un désir étranger, accepter le viol de son intimité, de cette propriété ambiguë, concédée, suspecte ? L'acte II ouvre l'appartement de la comtesse, lieu entièrement privé mais délaissé, où le comte ne vient plus. La chambre de Figaro attend son lit ; celui de la comtesse est vide. La chambre de Figaro est à peine meublée, en attente de son statut, comme de son mariage, celle de la comtesse déploie la richesse d'une prison dorée, où le superflu s'accumule, où manque le nécessaire. Chez la comtesse, l'argent du comte paie son absence ; chez Suzanne, sa présence. À ces lieux privés succèdent deux espaces publics, la salle d'audience et la galerie (actes III et IV), tandis que le parc de l'acte V installe un espace inédit, qui réunit le privé, l'intime (la nuit, les kiosques) et le public, l'intérieur et l'extérieur, le social et le naturel, bref, re-présente les quatre espaces précédents (voir p. 325, l'analyse de Jean-Pierre de Beaumarchais).

On ne brise donc pas l'unité de lieu, mais on la pousse au bout de ses ressources, avec une virtuosité et une précision jusqu'alors sans exemple. D'autant qu'il faut ajouter à ces cinq lieux leurs subdivisions internes : le fauteuil (I), le cabinet et l'alcôve (II), les kiosques, et la nuit qui transforme tout l'espace en cachettes (V).

• Le temps

La succession des lieux ne découpe pas seulement l'espace, mais aussi le temps. Ces cinq lieux sont aussi cinq moments, qui rythment *la Folle Journée,* du matin au soir. Il y a donc une orchestration du jour et de la nuit, de l'ombre et de la lumière (les candélabres s'allument à l'acte IV, un feu d'artifice doit illuminer la fête prévue au soir). Le soir, c'est la fête collective, la magnificence éblouissante de l'argent et du pouvoir ; et c'est aussi la clandestinité du plaisir, la face d'ombre du pouvoir et de l'argent. La loi et l'envers de la loi, l'effraction du désir, l'infraction. S'agit-il ici d'une reconstitution artificielle ? Non, car le travail sur l'ombre et la lumière (déjà présent dans *Eugénie*) mobilise l'espace et les objets. Ces cinq moments sont des moments spécifiques, qui mettent en correspondance le temps, le lieu et les phases de l'action. Même l'entracte peut devenir un moment autonome : le passage de l'acte II à l'acte III n'est pas la transition d'un lieu à un autre, mais la transformation et l'aménagement d'un lieu, en écho à la scène 1 de l'acte I. Le temps est donc vigoureusement et même spectaculairement intégré à la dramaturgie, par la succession de lieux/moments autonomes, par la grande opposition de la lumière et de l'ombre (du visible et du caché, du licite et du clandestin, de la loi et du désir ?), pour ne rien dire du cadre de la trilogie.

• Les objets

Impressionnante et inédite, la liste des accessoires ! Sièges, miroirs, candélabres, lit, meubles entassés, vêtements, rubans, voiles, gants, flacon d'éther, pinces, papiers, bourses, taffetas, épingles, biscuit, orange, instruments de musique, fusils, bouquets, lanterne de papier, portrait du roi, etc. Tous ces objets contribuent à évoquer la vie quotidienne, raffinée, luxueuse, de l'aristocratie, inséparable de notre image du XVIIIe siècle.

La sensualité si caractéristique du *Mariage* est aussi une sensualité du quotidien, où Beaumarchais semble appliquer au théâtre la théorie romanesque des détails caractéristiques, particularisants, de son maître Diderot. *Le Mariage* baigne dans la lumière qui entre à flots par les élégantes fenêtres donnant sur le parc ; il baigne dans la chaleur qui énerve les désirs et les rêves, avant que le soir ne tombe et n'attire les personnages sous les arbres, et, dans ces kiosques, ou temples, qu'on imaginerait volontiers marqués par l'esthétique des ruines, ou, plus conventionnellement, par le style néoclassique qui triomphe alors. Au XVIIIe siècle (l'*Encyclopédie* en témoigne par ses célèbres planches), l'objet envahit l'espace social, et cet espace se fragmente, se spécialise (Versailles se transforme sur le modèle des grands hôtels parisiens, avec partage des lieux publics et des appartements privés). La disposition des actes I et II, en écartant les appartements du comte et ceux de la comtesse, synthétise — en l'adaptant au théâtre — le plan de ces hôtels aristocratiques, où les salles de réception, et non pas la chambre des domestiques, auraient séparé les époux, rejetés à chaque aile de l'édifice.

Hors-scène

Cette profusion si frappante, si exceptionnelle (qu'on compare avec *les Fausses Confidences* de Marivaux, sa pièce la plus riche en objets et détails réalistes) n'épuise nullement le foisonnement des lieux, des objets, du temps. Car l'espace visible de la scène mobilise tout un arrière-monde — le hors-scène —, qui, dans les grands récits de Figaro (III, 5 et V, 3), évoque un univers hétéroclite et cocasse, de statut romanesque. Il faut donc distinguer l'objet (potentiellement) visible et l'objet de récit. Mais il y a aussi un troisième type d'objet, propre au monde théâtral : l'objet mimé. Explicite dans la tirade de *God-dam* (III, 5) ou dans la séquence du fauteuil (I, 7 à 9), son champ peut s'étendre, se raréfier ou disparaître au gré de l'acteur (par exemple, dans le monologue). Ni chose visible ni pur signe linguistique, cet objet présent/absent participe de l'illusion théâtrale, convoque l'imaginaire, comme tout ce qui relève du hors-scène. Cela valant évidemment pour l'espace comme pour l'objet, on peut distinguer espace immédiat et espace du récit (qui vont se recouvrir dans les scènes du fauteuil, de même que le présent y réitère le passé). Ainsi, les cinq lieux du château ne suffisent pas : il faut y adjoindre l'appartement du comte, la chambre de Fanchette, les cuisines, la terrasse, le potager, la melonnière, le chemin du bourg, de la ferme (I, 10, 11 ; IV, 4), la route de Séville et l'hôtel. Autour du château se tisse un espace imaginaire mais précis, de nature romanesque, par extension et complexification. Mais il y a aussi constitution, dramatique et spectaculaire, d'une structure verticale de l'espace (déjà expérimentée, sur scène, dans *le Barbier de Séville*) : le couple appartement de la comtesse/potager ouvre une dimension inattendue de danger, d'héroïsme, propre à l'ùnivers du roman. Quant à l'espace du récit, il nous emmène en Catalogne, à Séville, à Madrid, à Paris, à Londres et dans l'Angleterre satirique du *God-dam*.

• L'étagement du temps

Il n'est pas moins complexe : Chérubin a été surpris la veille chez Fanchette et renvoyé ; Figaro a emprunté de l'argent à Marceline et signé une promesse de mariage ou de remboursement ; il y a trois ans, le comte a arraché Rosine à Bartholo. Interfèrent donc le passé du château, du *Barbier de Séville,* de la vie aventureuse de Figaro, des relations de Marceline et Bartholo. Et l'avenir : celui de l'ambassade à

Londres, celui de Chérubin, qui sera « dans trois ou quatre ans » le plus grand petit vaurien, à moins qu'il ne meure à la guerre, après avoir violé et engrossé la comtesse (voir *la Mère coupable*). D'où la possibilité d'un élargissement cosmique : « Il y a des mille et mille ans que le monde roule, et dans cet océan de durée où j'ai, par hasard, attrapé quelques chétifs trente ans... » (*le Mariage,* III, 16).

Passé, présent, avenir, cette trilogie n'est pas de hasard. Elle mobilise des enjeux décisifs. Comment oublier, avec Beaumarchais et Figaro, que le théâtre est lutte incessante, transformations, dynamisme, avancées et reculs, pertes et capitalisations, embrouilles et surprises ? Beaumarchais manipule temps, espace, objets, avec une virtuosité diabolique, sans exemple avant lui.

La manipulation

Le temps comme enjeu

Quel est l'objet de la pièce ? Un « certain quart d'heure » (même pas un cinq à sept, c'est la faute aux unités) du comte avec Suzanne (I, 1). Comment cela se traduit-il ? Par un problème de vitesse : Figaro veut accélérer son mariage, le comte le retarder. Inversement, le comte veut accélérer le départ de Chérubin, qu'on s'efforce de retarder. Que tout, dans la vie, tienne au temps, Beaumarchais le savait, et Figaro aussi (I, 2 ; II, 2). Le motif ne cesse de courir dans la pièce ; on attend, on calcule, on court, on s'essouffle : *Tempo è galant'uomo* (III, 5). Mais le temps peut aussi se figer dans l'espace du rêve, du désir informulé, suspendu entre l'aveu et le silence (II, 4), ou dans le retour sur soi, assez agité et vagabond, il est vrai (V, 3). Pour l'essentiel, cependant, ce qui domine, c'est le temps des quiproquos, des rebondissements, le temps de la surprise et du jaillissement inventif (dans le dialogue, dans les situations).

Le jeu avec l'espace et les objets

Les objets rythment et animent le dialogue. On les convoite, on les arrache, on les échange. Ils servent de prétexte (le flacon d'éther, III, 9) et aussi de tremplin (le flacon appelle une brillante réplique sur le mal de condition, III, 9). Ils peuvent supporter, susciter le mouvement même du processus théâtral, comme en III, 15, où le contrat de Marceline est immédiatement exploité dans sa matérialité : faut-il lire « Et, ou, où, virgule, sans virgule » ? Y a-t-il une tache, etc. ? Chacun se saisit du document, l'ausculte, l'interprète selon ses intérêts. Même procès avec le billet de la comtesse au comte : tout un scénario s'engendre et se développe sous nos yeux : il faut en faire accepter le principe par Suzanne, le dicter, le cacheter (d'où un sous-scénario), le passer au comte, qui se pique, jette l'épingle puis la ramasse, est observé par Figaro, etc. S'enclenchent ainsi des effets multipliés, inattendus, un système d'échos et de transformations, une incessante circulation d'objets électrisés — épingle, ruban, brevet, etc. — qui contribue à l'unification de l'univers dramaturgique.

Ce jeu de cache-cache, ces transformations à vue des objets sont inséparables d'un travail sur l'espace, qui s'en trouve profondément affecté, comme on le voit avec le fauteuil de l'acte I, avec le cabinet de l'acte II, les kiosques de l'acte V. Il s'agit d'une virtuosité apparemment tout à fait nouvelle, sans équivalent en tout cas chez Molière ou Marivaux, qui trouvera sa consécration dans le vaudeville, chez Feydeau, ou au cinéma, dans la dramaturgie des gags. Avec Beaumarchais, le grand théâtre littéraire se met à jouer avec l'espace et les objets comme avec les mots. C'est en se faisant spectaculaire et visuel que le théâtre de Beaumarchais signe sa modernité.

Une révolution dramaturgique ?

De quoi s'agit-il exactement ? Peut-être de la plus grande innovation de Beaumarchais, peut-être d'une véritable révolution dramaturgique. En quoi consiste-t-elle ? À installer sur scène un espace qu'on traite non pas comme un espace conventionnel, ludique, libéré par la grâce du théâtre des pesanteurs ordinaires, mais comme un espace mimétique du monde réel. Alors se posent des problèmes jusqu'alors presque inconnus au théâtre : comment se cacher sur scène dans une pièce à demi démeublée ? comment s'échapper d'une pièce fermée à clé, etc. ? Ce nouveau rapport à l'espace et au temps vient d'une ambition majeure des tenants du drame bourgeois : rapprocher le théâtre du roman, pour obtenir sur scène l'effet du réel compromis à leurs yeux par les conventions et les artifices de la tragédie et de la comédie traditionnelles. Mais — et là éclate tout le génie de Beaumarchais dans *le Mariage* — cet espace et ce temps mimétiques du monde ordinaire, s'ils opposent leur résistance inédite aux actions et aux désirs des personnages, ne nuisent nullement aux effets comiques et dramatiques. Tout au contraire, ils deviennent la source d'effets jusqu'alors pratiquement inconnus, effets qu'il paraît tout à fait opportun d'appeler des gags (voir les guides de lecture des actes I et II). Ce que la critique, et notamment J. Scherer, a repéré en parlant d'une accumulation de péripéties éclairs, qu'elle suppose liées à une approche ludique et irréaliste du théâtre, a en réalité partie liée avec cette nouvelle conception de l'espace et du temps scéniques. Qu'on les examine : on verra qu'il s'agit souvent de séquences enchaînées de gags. Et si l'on s'imagine que Beaumarchais exhibe alors ludiquement la « théâtralité du théâtre » il restera à expliquer pourquoi cette fameuse théâtralité, active depuis des siècles dans le théâtre européen, n'avait jamais encore produit les effets en question.

La condensation

La profusion qui fait l'originalité de Beaumarchais n'est pas un entassement anarchique. Elle obéit à un jeu dynamique et précis, à une invention réglée en vue d'effets dramatiques en perpétuel jaillissement. On manquerait un aspect essentiel de l'écriture de Beaumarchais si l'on minimisait son travail sur l'espace et les objets, car c'est un travail sur le signifiant théâtral le plus spécifique, celui où il innove peut-être le plus. C'est pourquoi objets, temps, espace entrent dans des réseaux de sens, et que s'opère à travers eux une condensation de significations.

L'échange

Il s'établit un vaste réseau d'échanges, subtil et précis, entre ces signifiants, d'eux à eux, et d'eux aux personnages. Soit l'épingle de la comtesse, minuscule objet qui attache le vêtement, donc qui cache le corps, donc qui s'interpose entre Chérubin et le corps imposant, désiré, interdit, de la comtesse, sa marraine. L'épingle, dès qu'elle apparaît dans le texte, est donc pur signe linguistique, où se marque le désir de Chérubin, sa rêverie érotique. Ces épingles, elles sont enlevées par Suzanne, qui est en face de lui et qu'il ne dédaigne pas non plus. L'épinglage est aussi la marque du travail de Suzanne, de sa position sociale qui la rend moins imposante, moins inaccessible. Mais ces jeux de langage vont appeler les objets, ils préparent l'apparition et la circulation des objets concrets que seul le théâtre permet. Dès l'acte II, Suzanne a la bouche pleine d'épingles : à défaut de la comtesse, c'est Chérubin qu'on va déshabiller et travestir en fille, dans une atmosphère de trouble équivoque. La rêverie érotique de l'adolescent gagne la comtesse, par le relais non plus des épingles, mais du ruban, qui va désormais condenser sur lui, jusqu'à la fin de la pièce, les désirs confus, errants, de la comtesse, en s'associant au sang : sang de Chérubin, mais aussi, symboliquement, sang de la première nuit conjugale, puisqu'il devient jarretière de la mariée lancée aux garçons. Le ruban est donc devenu substitut de Chérubin, alors qu'il était d'abord substitut de la comtesse, associé non pas au sang mais aux cheveux de nuit, aux cheveux abandonnés et dénoués. Ce substitut de Chérubin, la comtesse le cache sur elle, avant de s'en défaire, enfin, au cinquième acte.

Le ruban et le désir

Le ruban polarise évidemment la tentation de la comtesse, tentation née de l'abandon où la laisse le comte, et de l'humiliation qu'il lui inflige par ses frasques libertines. Garder ou non le ruban, c'est donc hésiter ou non entre le comte et Chérubin, entre la vertu et la vengeance, entre les devoirs d'épouse et l'appel du corps, appel conforme à la loi de nature... Le délaissement de l'épouse négligée (thème tabou du théâtre classique) est figuré sur scène par la « grande chambre à coucher superbe », le « grand lit en alcôve », par, paradoxalement, la surabondance des objets, masque et substitut luxueux de l'époux absent. La triste comtesse Almaviva, seule dans sa belle chambre et son grand lit vide, comblée de cadeaux et privée de caresses, n'a que ses souvenirs et de vagues tendresses. Mais le comte reviendra, sous la forme d'un époux outragé, en tenue de chasse, pinces à la main et fureur aux lèvres : la petite tache de sang risque de s'étendre, la chambre vide de devenir cellule de couvent, prison. Entre la chambre délaissée et la cellule menaçante, il y a la chambre funèbre de *la Mère coupable* où la comtesse, le jour anniversaire de la mort de Chérubin, s'enferme seule, depuis vingt ans, en face d'« un bouquet de fleurs noires et rouge foncé, un seul œillet blanc au milieu », attaché « d'un crêpe noir » (I, 1). Ce bouquet « de fleurs obscures » est donc la dernière métamorphose du ruban, tandis que la tache de sang passe du ruban sur la lettre d'adieu de Chérubin-Léon d'Astorga à la comtesse : « Blessé à mort, je rouvre cette lettre, et je vous écris avec mon sang ce douloureux, cet éternel adieu. Souvenez-vous... » (le reste est effacé par des larmes, les larmes que la comtesse, « très malheureuse, et d'une angélique piété », verse depuis vingt ans).

L'épingle et le ruban

Est-ce à dire que les épingles n'ont servi que de simple motif préparatoire au grand thème du ruban ? Pas tout à fait, car elles sont loin d'avoir tout dit. Une épingle peut en effet remplacer un cachet, c'est-à-dire une signature, devenir le substitut, anonyme et précis, discret et voluptueux, piquant et subtil, de la personne. De la personne qui, à travers elle, s'offre et se dérobe, se dit et se cache. Mais, renvoyée par le destinataire, elle devient le substitut d'une réponse en règle, le retour chiffré d'un message codé : signe d'une langue secrète entre partenaires complices. L'épingle, ici, a deux faces, comme l'objet théâtral transfiguré par le travail de Beaumarchais : simple objet utilitaire, le plus menu, le plus discret, qui finit par condenser l'infinie subtilité des rapports humains. Si menu qu'il s'agit en vérité d'un objet invisible, dont l'acteur mime la présence !

Il y a donc plusieurs Suzanne aux épingles : celle de Chérubin, à l'acte I ; celle de Figaro (IV, 15 : « Pour la mignonne aux fines épingles... ») ; sans oublier celle du spectateur, qui la voit à l'acte II la bouche pleine d'épingles, espiègle et désirable. Et il y a donc deux réseaux, celui du ruban et celui des épingles, qui courent parallèlement. Tous deux touchent au sang ; tous deux parlent le désir amoureux ; tous deux condensent des sens extrêmement subtils et précis, en constant mouvement. Rien d'étonnant si ces réseaux se croisent ; le moment le plus brillant se trouve en IV, 3 : la mignonne aux épingles n'en a plus ; la comtesse détache sa lévite et laisse tomber le ruban qui, de ses cheveux, est maintenant passé dans son sein, après avoir entouré le bras de Chérubin, et avant de devenir jarretière ! En quelques lignes, on voit défiler l'épingle, le cachet, le ruban, c'est-à-dire des signifiants qui renvoient au comte et à Chérubin, avant que n'apparaissent (IV, 7 et 8) le front de Chérubin, le baiser de la comtesse et le chapeau qui le masque. Mais épingle et ruban ne se confondent pas : le ruban n'est pas un signe trompeur comme l'épingle, qui égare le comte et Figaro. L'épingle a rapport au libertinage, au jeu. Le ruban, lui, exhume des latences profondes, douloureuses ; le sang du comte n'est pas celui de Chérubin, il ne fait pas trace. Le comte ne sera jamais voué à la souffrance ni à la mort, ni au rêve, ni à la nostalgie. Le ruban, on l'a vu, est filé dans *la Mère coupable* par la lettre de Chérubin, écrite avec son sang, imbibée des larmes de la comtesse qui, en effaçant les signes, rachètent le sang. Cette lettre, la comtesse l'enfouit pendant vingt ans dans son coffret secret à double fond (son cœur), comme elle cache le ruban dans son sein. Le ruban appartient à l'espace du rêve, du non-dit, du refoulé, qui aura donc un retour si violent, raconté dans la dernière pièce de la trilogie.

Il n'est pas bien difficile de voir qu'il en va de même avec le fauteuil de l'acte I ou les kiosques de l'acte V. Le fauteuil joue clairement comme substitut du lit et en polarise l'érotisme. Beaumarchais ne pouvait pas dire les choses aussi crûment que Feydeau, mais l'art n'en souffre pas forcément. Car nul ne s'y trompait, et Beaumarchais retient, d'une observation goguenarde de la censure, l'idée de ne pas laisser la comtesse et Chérubin dans le même kiosque. Il suffit de comparer avec le médaillon des *Fausses Confidences* de Marivaux pour mesurer l'abîme qui existe entre les deux esthétiques dans le traitement de l'objet et de l'espace théâtral. Mais ce travail magistralement rigoureux et novateur, Beaumarchais ne le maîtrise que dans ses comédies, et surtout dans *le Mariage.*

« Ô saisons ! ô châteaux ! » (Rimbaud)

L'espace a une indéniable portée sociale et politique, évidente dans le décor du tribunal, inscription scénique de l'espace social (voir aussi les propositions d'Eisenstein, dans *De l'indifférente nature,* pour une mise en scène théâtrale du *Père Goriot*). Le conflit central du *Mariage* porte sur le statut de l'espace privé en régime seigneurial, c'est-à-dire sur la propriété, ici identifiée à la possession de la femme (légitime), comme en témoignent clairement les *Notes et réflexions* de Beaumarchais. Pour défendre cet espace privé, c'est-à-dire son droit, légitimé par la loi, qu'il mesure et circonscrit dès le début de la pièce — à la fois concédé et convoité par le comte détenteur du pouvoir —, Figaro fait un double recours à l'ordre public. Il installe d'abord avec insistance, dans la fable même de la pièce, l'espace du regard public, en convoquant la foule des vassaux, qui envahit le boudoir de la comtesse, puis le parc... Il défend sa cause devant un tribunal, instance ritualisée de règlement des conflits privés sous ce même regard public. La pièce mobilise donc deux instances d'appel contre les abus de pouvoir : le droit, qui devrait mettre en conflit les devoirs publics du juge (le comte) et ses intérêts privés ; l'opinion, c'est-à-dire la société, représentée ici par la foule des serviteurs et vassaux. Ce sont les deux forces sur lesquelles Beaumarchais joue constamment, dans sa propre vie, quand l'intrigue tourne mal. Il s'agit donc d'assigner à chacun son espace, son domaine, ses droits et devoirs, pour éviter les transgressions, permutations, confusions, bref, le désordre dont la scène des kiosques donne la magnifique image. Ce désordre qui peut mettre en cause jusqu'aux fondements de la société, en mariant la mère et le fils, Marceline et Figaro...

Il faut donc rendre Marceline à Bartholo, le comte à son épouse, Suzanne à Figaro, Chérubin à son destin adulte, qui serait d'aimer hors du château.

Trouver sa place

Qu'est-ce qui empêche chacun de trouver sa place et d'y rester, de circonscrire, comme Figaro tente de le faire d'entrée de jeu (I,1), son espace privé dans l'espace collectif, sa chambre dans le château ? Il y a évidemment d'abord l'abus de pouvoir, incarné par le comte, qui prend deux formes :
a) le privilège abusif, condamné par la raison, en l'occurrence le droit de cuissage, ou droit du seigneur, qui n'a rien d'un

vestige suranné, à l'époque, dans les colonies à esclaves, mais qui, dans la France du *Mariage,* a une valeur surtout symbolique. Le droit du seigneur symbolise la mauvaise loi, le droit injuste, le droit du plus fort légalisé et le temps passé, le temps du préjugé illégitimement prolongé. Chacun, dans *le Mariage,* y compris le comte, admet que ce droit antique n'a plus lieu d'être, qu'il appelle réforme et instauration d'un ordre nouveau. Bon gré mal gré, le comte a supprimé l'abus, établi un droit plus juste ;

b) le contournement du droit. La suppression du droit abusif ne supprime pas en effet l'infraction au droit. Le comte veut obtenir par l'argent et l'intrigue ce qu'il obtenait jusqu'ici par la loi. Son désir n'a pas changé, mais il passe dans la clandestinité des conduites illégitimes ; non seulement injustes, mais illégales. Le comte est une grande figure du droit, puisqu'il incarne ce qui, en chaque homme, contredit le citoyen, ce qui, en chaque sujet de la loi, travaille à violer la loi, à la soumettre à son désir individuel. Beaumarchais, instruit sans doute par sa propre expérience (affaire Goëzman, voir p. 6), mais mû aussi et surtout par la logique de son propos, qui est un propos philosophique, n'hésite pas à pousser la parabole jusqu'au bout, en faisant du comte un triple sujet du droit : à la fois législateur (il réforme la loi), une des grandes figures mythiques des Lumières ; juge (chargé du maintien de la loi), figure qui intéresse le drame bourgeois en quête de conflits pathétiques ; citoyen assujetti à la loi.

Le comte est donc bien autre chose qu'une figure comique du tyran des tragédies, ce qu'il est sans doute aussi. Il nous intéresse moins par l'excès de sa démesure, par la violence de son vouloir, que par la médiocrité, et donc l'universalité de son désir, qui est de tourner la loi à son profit, sans jamais admettre la moindre réciprocité (on sait que pour les Lumières — Voltaire ne cesse de le répéter — la morale tient en une seule maxime : ne pas faire à autrui ce qu'on ne voudrait pas qu'il nous fît). Cette inconséquence se traduit évidemment dans la violence meurtrière, la rage qui le saisit lorsqu'il rencontre la figure de son propre désordre : chez Chérubin, chez la comtesse. Vouloir enfreindre la loi pour son compte tout en lui conservant sa contrainte sur les autres, telle est la folie, éminemment humaine, du comte Almaviva, sa grande signification philosophique. Car là s'origine sans doute, d'après *le Mariage,* une cause essentielle du désordre social, ce désordre dont les pérégrinations libertines du comte et l'abandon jaloux de sa femme donnent l'image. Le maître du château, en refusant le règne de la loi, se fait fauteur de troubles. *La Mère coupable* tire le bilan assez terrifiant de ces vies gâchées, de cette famille murée.

L'ordre et l'appétit

Il faudrait donc que la loi règle les appétits individuels, en rendant à chacun son dû. Mais est-ce vraiment possible ? Peut-on véritablement régler la circulation des désirs dans l'espace social, remettre chacun dans son kiosque, préserver l'intégrité des territoires et des propriétés soigneusement délimités ? Beaumarchais, si l'on en croit la trilogie, ne partage certainement pas un rêve aussi utopique et, sans doute, aussi effrayant. Force naturelle et primordiale, nécessaire à la conservation de l'espèce, le désir traverse les propriétés, viole les délimitations, s'approprie les objets d'autrui, suscite les rêves, les secrets, les mensonges. Le comte change alors d'allure, et l'on comprend que Beaumarchais ait tant voulu qu'on ne le ridiculisât pas. S'il y a du ridicule dans la jalousie forcenée du comte, il y en a aussi, et tout autant — car c'est la même — dans la fatuité tranquille de Figaro, mesurant et clôturant ce qui lui appartient : des mètres carrés, un lit, une femme, un métier, un maître... Or cette femme le trompera avec un traître, le sinistre Bégearss de *la Mère coupable,* la comtesse aura un fils de Chérubin, le comte une fille d'un autre lit. C'est sur l'âge que compte manifestement Beaumarchais, l'âge et l'indulgence, pour apaiser les conflits, les rancunes, les haines accumulées.

Telle est la leçon sympathique et douloureuse de *la Mère coupable,* qui nous donne à voir, vingt ans après, les fringants, les agiles héros du château d'Aguas-Frescas : dans quel état ! Fripés, vidés, éteints, sans désirs ni esprit. Bons pour la morale et l'esprit de famille. Cheveux blancs et idées grises. Dumas, plus attentif aux ventes, n'aura pas tout à fait ce courage dans sa trilogie des trois mousquetaires qui sont quatre *(Vingt Ans après) !*

La place du mort

C'est dire si Chérubin, figure incarnée du désir naissant, errant, impossible à fixer dans un espace socialement productif, dans un espace borné, furet insaisissable, en perpétuel mouvement, en constante métamorphose, joue un rôle capital dans l'idéologie du *Mariage !* Et dans la signification de la trilogie, où il occupe la place du mort. Il ne faut pas moins de vingt ans, et une crise gravissime (une révolution interne) pour que la famille Almaviva accepte enfin de regarder en face le suicide de Chérubin, enfant amoureux qui convoita la femme de son seigneur, la femme interdite par la loi, interdite par la religion (quasi-inceste en régime catholique d'une liaison avec sa marraine), et en mourut. Il faut vingt ans (Dumas s'en souviendra, et Péguy aussi) pour que ce désir désordonné, perturbateur, noir et rouge, non pas s'efface mais se régénère dans le mariage de son fils Léon, « jeune homme épris de la liberté, comme toutes les âmes ardentes et neuves », et de Florestine, fille naturelle du comte, « jeune personne d'une grande sensibilité ». Sans fin, donc, la lutte avec le désordre, grotesque dans *le Barbier* (Bartholo), séduisant dans *le Mariage* (le comte, Chérubin...), odieux dans *la Mère coupable* (Bégearss, « homme très profond, et grand machinateur d'intrigues, fomentant le trouble avec art », bref, ce qu'on appelait il y a peu un « agitateur »).

Le rapport alors pourra paraître saugrenu, mais on y échappe difficilement dans *le Mariage,* entre la course amoureuse de l'agile Chérubin et la carrière aventureuse du fertile Figaro, entre le célèbre monologue de l'acte V et le fauteuil qui, de toute sa pauvre éloquence muette, en dit presque autant à l'acte I : labilité sociale et labilité pulsionnelle sont les deux faces d'un même désordre, de la même agitation atomistique de désirs rivaux en lutte perpétuelle. Toute place est déjà prise, toute position menacée, tout vouloir combattu. Autant dire que ce désordre, cette foire d'empoigne des appétits, si magnifiquement mis en mots par Figaro (V, 3), se confond avec l'existence, avec la vie sociale, avec la vie tout court, et prend donc des allures énigmatiques d'ordre cosmique.

Le matérialisme contre l'utopie

En son fond le plus solide, la philosophie de Beaumarchais est à coup sûr d'essence matérialiste. Cela n'appelle pas forcément le fatalisme, cela n'exclut sans doute pas la réforme des abus les plus criants, voire une régulation mieux réfléchie des choses de ce monde : en témoignent suffisamment le plaidoyer de Marceline au nom des femmes, celui de Figaro en faveur de la liberté, etc. Mais, du *Mariage,* il est impossible de tirer la moindre aspiration à une société régie, comme dans les modèles utopiques, par une raison impérieuse, par un législateur inflexible, ni même la plus minime nostalgie, comme dans le rousseauisme, d'une communauté autoréglée, dans le silence des lois, par les mœurs et la vertu. Toute valeur morale n'est certes pas abolie ; mais les abus du comte ne peuvent masquer qu'il obéit à une pulsion vitale qu'il est vain d'espérer maîtriser. Le mariage canalise et socialise le désir ; il ne saurait le fixer. Faut-il alors, comme le soutient Rousseau et comme fera le Code civil, punir beaucoup plus sévèrement l'infidélité féminine, qui met en péril la filiation des familles, et donc l'ordre social ? Il faudrait, pour répondre, examiner méticuleusement *la Mère coupable.* Contentons-nous ici de remarquer le subtil équilibre entre le titre qu'eût dû porter *la Folle Journée, l'Époux suborneur* (voir la préface, p. 41), et celui de *la Mère coupable,* équilibre qui débouche, dans la dernière pièce, sur une double faute équivalente et un pardon réciproque, sinon sur un sentiment intérieur identique. Il ne semble pas que Beaumarchais, en sa trilogie, participe de la grande terreur rousseauiste de la femme, maquillée en défense de la famille, de la vertu et de la société. C'est aussi un des aspects les plus sympathiques du *Mariage* que de ne pas monter la garde devant le ventre des femmes. Même s'il est vraisemblable que Beaumarchais partage, avec presque tous ses contemporains, ces propos du comte dans *la Mère coupable :* « Ah ! ce n'est point légèrement qu'on a donné tant d'importance à la fidélité des femmes ! Le bien, le mal de la société sont attachés à leur conduite ; le paradis ou l'enfer des familles dépend à tout jamais de l'opinion qu'elles ont donnée d'elles » (II, 2). L'égalité devant l'adultère n'apparaîtra dans la loi française qu'en 1945.

D'un château l'autre

Des cuisines au tribunal, du potager au boudoir, le château d'Aguas-Frescas inscrit sur scène bien plus que le cadre d'une action dramaturgique : une représentation de la société. Mais il n'est pas que cela, qui est déjà beaucoup, et au fond sans équivalent jusque-là dans le théâtre français. Le château est aussi l'enfance de Chérubin, mains chaudes et goûter à la crème. Il est, dans la chaleur d'été, malgré tout ce qui l'agite et annonce les orages à venir, espace du bonheur, de la jeunesse. Beaumarchais le sent si bien qu'il se garde d'y placer la nuit d'amour, tendre et violente, crime et erreur, de Chérubin et de la comtesse. Le lieu résiste de toute la force de ses investissements symboliques : c'est au château de Chérubin-Léon d'Astorga, acheté par le comte, que la comtesse se réfugiera lors du départ d'Almaviva pour le Mexique... comme le ruban s'était réfugié dans son sein.

Et le château est aussi devenu autre chose. Il est devenu l'Ancien Régime, sa douceur de vivre, son élégance, son esprit... Sur lui, comme sur Chérubin, plane une ombre de mort. Fête et défaite de l'aristocratie. Quoi qu'on fasse, ce château est forcément l'image mythique d'une certaine civilisation française dont il est impossible de ne pas rêver, à la pointe ultime de sa perfection, à la veille de son effondrement. À la symbolique des âges, que Beaumarchais a manifestement voulu inscrire dans sa pièce (dans le double registre des sexes), l'histoire a ajouté une surdétermination bien plus efficace encore : la symbolique des régimes, la grande brisure française ouverte par la Révolution et jamais vraiment cicatrisée. Ce n'est évidemment pas cette représentation révolutionnaire du temps, cette césure brutale entre avant et après, que Beaumarchais veut représenter dans *le Mariage.* Le temps, pour lui, on l'a vu, assagit, apaise, améliore (voir *le Mariage,* III, 16 et la préface de *la Mère coupable*). Le temps ouvre l'espoir et prépare la réforme ; dans toute situation, même apparemment bloquée et désespérée, gît une ressource, une porte de sortie imprévue, quitte à sauter dans le vide, sur un potager. Avec de l'esprit, on rebondit toujours. Le temps du *Mariage* est structuré par ce rythme échevelé de renversements précipités, d'avancée saccadée (péripéties éclairs). Rien de plus révélateur à cet égard que le fameux monologue, où le découragement suscite un temps accablant, le temps du retour, de la répétition, fût-elle cocasse, dans l'échec.

La réussite assez prodigieuse de Beaumarchais, c'est de parvenir, bien aidé par l'histoire (mais elle ne fait jamais de don gratuit), à unir, dans *le Mariage* et dans *le Mariage* seulement, le temps de l'action, de l'énergie revendicative, et peut-être révolutionnaire, ainsi que le sentiment poignant d'un temps trop beau pour durer. Le temps des fêtes et des feux d'artifice, des baisers volés, dans l'air du soir, sous de grands marronniers. L'esprit français, l'élégance française et le talent de Beaumarchais, qui est plus que du talent, mangent ici leur pain blanc : les temps modernes battent la semelle aux portes du château. Les choses sérieuses vont commencer. Le triste XIXe siècle, tout habillé de noir, s'approche. « Ô saisons, ô châteaux ! »

« C'est déjà la Révolution en action »

« Le théâtre est un laboratoire de l'imagination sociale » (Heiner Müller, *Fautes d'impression,* L'Arche, 1991)

Politique et comédie

Quoi qu'on pense du mot de Napoléon à propos du *Mariage,* « c'est déjà la Révolution en action », on a rarement pris garde au paradoxe d'une interprétation politique des pièces de Beaumarchais. À lire bien des critiques, une seule question se pose ; sont-elles, ne sont-elles pas, et dans quelle mesure, « révolutionnaires » ? Mais, pour qu'une telle interrogation, absolument inévitable, ait lieu, encore faut-il que ce théâtre donne prise à la politique, pointe quelque chose vers l'Histoire, aille un peu à sa rencontre, fasse un bout de cet imprévisible chemin. À moins de supposer — ce qui serait un postulat déconcertant chez des critiques littéraires — qu'il puisse n'y avoir, entre les textes et leurs lectures, qu'un rapport purement arbitraire. La question devient alors : comment parler de politique dans une pièce de théâtre, au XVIIIe siècle, avant que Beaumarchais ne propose ses propres solutions ?

La réponse est simple : il faut écrire des tragédies. C'est là que les rois, les révolutions, les guerres, les modes de gouvernement, les théories et les stratégies politiques ont leur place naturelle, obligée. Or, d'entrée de jeu, avec *Eugénie* et sa préface (*Essai sur le genre dramatique sérieux,* 1767), Beaumarchais semble s'interdire cette tribune, puisque le drame bourgeois veut se tourner vers les conflits de la vie privée dans la société contemporaine, et donc exclure la politique avec les rois et les princesses : « Que me font à moi, sujet paisible d'un État monarchique du dix-huitième siècle, les révolutions d'Athènes et de Rome ? » (préface d'*Eugénie,* 1767). Emprisonné sous la Révolution, ou en exil, Beaumarchais a sans doute médité ce propos innocent ! Par là, le drame se situe fondamentalement dans le champ traditionnel de la comédie. La division classique entre tragédie et comédie n'est pas seulement de style et d'effet (rire/larmes), de niveau social (« grands » / peuple ; personnages historiques/anonymes), elle est aussi thématique : la comédie ne traite pas de politique, d'affaires de gouvernement, mais de mœurs. Or c'est par la comédie, et non par le drame sérieux, que Beaumarchais va d'abord porter son théâtre au-devant de la politique. Car il faut attendre la Révolution pour que *la Mère coupable* fasse allusion explicite aux bouleversements en cours. Discours politique et discours comique vont de pair dans le théâtre de Beaumarchais. La rénovation de la comédie ne porte pas seulement, en effet, sur le rire (« ramener au théâtre l'ancienne et franche gaieté, en l'alliant avec le ton léger de notre plaisanterie actuelle », préface du *Mariage*), sur l'action, mais aussi sur un nouveau rapport de la comédie et du politique, dont les témoignages contemporains nous restituent mieux l'originalité que les considérations actuelles sur le sel critique qui assaisonnerait *le Mariage* sans vraiment s'y fondre.

La lecture révolutionnaire des comédies de Beaumarchais ne tombe pas du ciel. Fausse ou vraie, c'est à discuter, elle récompense une visée qui n'a rien de « naturel », et dont on ne peut rendre compte par « l'air du temps » ou la « flatterie » à l'égard du public. Car on risque alors de prendre l'effet pour la cause, le succès pour l'explication.

Les incrustations idéologiques

Comment Beaumarchais s'y prend-il ? Il procède d'abord par ce qu'on pourrait appeler un système d'incrustations idéologiques ; entendons par là les répliques, formules, mots d'esprit, aphorismes, etc., qui, en prenant pour cibles la censure, les ministres, les mœurs littéraires, la justice, voire la politique elle-même, renvoient explicitement de la scène du théâtre à la scène du monde et convoquent sur scène un personnage qui ne figure pas au générique : la société et ses abus. Impossible de douter que telle soit bien son intention : il suffit de lire la préface du *Mariage* et les considérations, reprises de Diderot, sur les « conditions » substituées aux « caractères » classiques. Cela implique, dans le champ comique, une fonction satirique de la comédie, dont la brillante formule de la « disconvenance sociale » ne suffit pas à rendre compte. En passant du drame à la comédie, Beaumarchais s'ouvre ainsi tout l'espace des abus sociaux. L'affaire Goëzman a peut-être joué un grand rôle dans cette découverte. Chacun a évidemment le droit, au plan du goût, de regretter cette débauche d'esprit satirique. Encore convient-il d'en saisir l'enjeu, qui est fondamental et va permettre à Beaumarchais, sans le savoir et tout en y travaillant, de se trouver brusquement identifié à tout jamais à une Révolution qui a failli, un moment, l'emporter !

Mais comment inscrire dans une intrigue de comédie cette dénonciation des abus qui oblige le spectateur à lire la pièce comme une critique sociale, une image satirique du monde tel qu'il va, à dépasser donc la sphère privée où s'agitent les personnages comiques ? À qui confier ces discours, à qui attribuer ces incrustations dont on a souvent dit qu'elles étaient, somme toute, inutiles à l'intrigue (ce qui est vrai) donc gratuites (ce qui est dangereusement faux, tant elles définissent et l'esprit et l'enjeu de ce théâtre) ? Il a donc fallu inventer Figaro, malgré les protestations de Diderot, qui dénonçait l'incongruité absolue de ces valets à statut de confident : bel exemple d'une signification sociale qui s'obtient par le biais d'une invraisemblance sociale (comme l'écrit Beaumarchais dans la préface de *la Mère coupable,* bien des objections théoriques disparaissent dans la pratique). On voit clairement (trop clairement sans doute), dans le sujet peu propice du *Barbier,* comment Beaumarchais expérimente cette orientation satirique de la comédie, qui trouvera dans *le Mariage* son plein épanouissement, grâce à une intrigue mieux appropriée. Que la critique sociale, dans *le Barbier,* puisse apparaître comme un saupoudrage, un sel destiné à faire briller l'exposition (I, 2), soit. Mais *le Mariage* interdit une telle lecture, qui appauvrit le travail du dramaturge sans bénéfice pour le spectateur. Il n'est pas de bonne méthode de se servir du *Barbier* pour édulcorer *le Mariage,* qui permet au contraire de comprendre les difficultés que le sujet de sa première comédie oppose à ses nouvelles ambitions. Dans *la Folle Journée,* en effet, la critique se répand à pleines mains, pour culminer dans le fameux monologue, sombre feu nocturne de l'esprit satirique, dont personne mieux que La Harpe, témoin éberlué, n'a décrit l'effet : « Je n'oublierai pas dans quel étonnement me jeta ce monologue... »

Esprit satirique ou esprit révolutionnaire ?

On vient de circonscrire une volonté de faire jouer à la comédie une fonction qu'il n'est nullement excessif d'appeler « politique ». L'après-coup presque immédiat de 1789 lui donnera un écho formidable qui ne s'est pas vraiment éteint. Encore fallait-il cette base textuelle pour que l'événement résonne sur le texte, sur ce texte. Mais il ne s'en trouve pas démontré que ces traits satiriques, ces abus raillés et dénoncés témoignent véritablement d'un esprit révolutionnaire.

Le débat est obscurci par des confusions fâcheuses. Il ne s'agit pas de savoir si les critiques (explicites) de Beaumarchais sont originales, si elles font « révolution » dans l'histoire des idées, car les révolutions ne se font pas à coups d'idées inédites, d'inventions singulières, mais par mobilisations collectives autour de désirs simples, de thèmes souvent lentement acculturés. Les « idées » de Beaumarchais ne sont ni moins ni plus « originales » que celles de ses contemporains qui ont traversé, fait et/ou subi les événements révolutionnaires. C'est ce processus historique qui, lui, présente une extraordinaire originalité, assez forte pour bouleverser les plus grandioses producteurs d'idées neuves (Kant, Hegel, etc.). Il ne s'agit pas plus de savoir si Beaumarchais désirait une telle révolution, car la réponse ne fait pas de doute. Il ne la désirait pas plus que ses contemporains, pour la bonne raison qu'il n'en concevait même pas la possibilité. La monarchie française semblait aux yeux de tous, y compris et surtout les élites dirigeantes, un bloc indestructible, ce qui ne signifie pas incapable de se réformer.

Une troisième confusion altère généralement les analyses les mieux intentionnées du théâtre de Beaumarchais : on ne saurait confondre tout de go Révolution de 1789 et destruction du régime monarchique, voire désir violent de bouleversement social ! Qu'on songe aux cahiers de doléances, aux premières années du processus révolutionnaire. De quoi s'agit-il donc ? D'un désir irrépressible de réformes dans le cadre d'un régime monarchique constitutionnellement réglé, débarrassé de la toute-puissance royale et des privilèges aristocratiques, ouvrant enfin aux élites roturières un espace social plus vaste et plus gratifiant, soumis à une seule loi. Il ne semble pas absurde de constater que la satire des comédies de Beaumarchais (justice, censure, incurie, gaspillage des compétences, privilèges des nobles, etc.) entre évidemment en résonance avec ces aspirations, déjà ressenties par la monarchie lorsqu'elle tenta — mais en vain — de se réformer elle-même. C'est pourquoi on ne s'étonne pas de voir Beaumarchais, en 1792, chanter encore cette révolution, fût-ce en forçant un peu le ton : « Ô heureuse Révolution ! [...] Et l'on dit qu'il n'en faut point faire ! Tout homme a droit d'améliorer son sort » (*la Mère coupable,* dernière tirade, version de 1792, phrases supprimées en 1797, après l'expérience de la Terreur). C'est bien parce que l'urgence de réformes profondes s'impose au grand jour — y compris jusqu'à la Cour — que les sarcasmes de Beaumarchais apparaissent au spectateur, avec un léger recul, comme des symptômes particulièrement incisifs d'une insatisfaction générale, du malaise d'une société bloquée. Si bloquée que son théâtre ne propose — heureusement ! — aucun projet de réforme... sinon le monopole des travaux de couture pour les filles ! (*le Mariage,* III, 16). Il n'est donc pas question d'y lire en filigrane le projet tout tracé des transformations révolutionnaires. Dramaturge, homme d'action et d'affaires, extrêmement sensible aux aspirations de ses contemporains, apte comme personne à les traduire dans une forme prodigieusement brillante, mais nullement prophète, même en son pays... Sans doute a-t-il ce pouvoir de résonance, si rare, parce qu'il parle au théâtre à travers un personnage tel que Figaro, dont la scène du XVIIIe siècle avait perdu le secret.

Une explication insuffisante

Beaumarchais aurait donc réussi ce tour de force, sans une idée neuve, de capter dans sa comédie l'air du temps « pré-révolutionnaire » et, sans doute aidé par la longue interdiction de sa pièce, de polariser, grâce à l'exceptionnelle concentration satirique qu'il réalise dans *le Mariage,* l'atmosphère frondeuse, inquiète et gouailleuse des dernières années de l'Ancien Régime. Au point de devenir l'emblème de la pré-Révolution. Pourquoi Figaro, ancien pensionnaire de cachots humides, n'aurait il un peu poussé la Bastille ?

Il n'y aurait donc pas à proprement parler détournement d'héritage historique, mais monopolisation ! L'interférence complexe des circonstances (les démêlés avec la censure jusqu'au niveau royal, l'emprisonnement de l'auteur, l'énorme succès de la pièce), l'orientation nette, hardie, nouvelle, de la comédie dans le sens de la satire (les témoignages en font foi), le brio exceptionnel de cette satire auraient aidé à cette simplification et à cette identification dont les mythes historiques ont besoin. Pourquoi la postérité, avide, ou anxieuse, de trouver un support et un symbole de l'esprit révolutionnaire, de son surgissement énorme et déroutant, irait-elle chercher ailleurs ce qui s'offre ici de si bonne grâce, avec tant de bonnes raisons ?

Et pourtant, et pourtant... Force est de reconnaître qu'une telle argumentation n'emporte pas toute la conviction, même si l'on sous-estime souvent, en fonction d'une conception vieillie de l'action théâtrale, l'audace artistique et l'intelligence historique qui poussent Beaumarchais à rapprocher vigoureusement satire et comédie. Quelques citations dénichées de La Fontaine, La Bruyère ou Molière ne sauraient altérer l'efficacité et l'originalité d'un dispositif dramatique, qui tiennent d'abord à la netteté du choix, à l'effet de masse, dont le déluge verbal du monologue est comme l'emblème. Reste que ces brillantes et percutantes variations satiriques ne suffisent pas à rendre compte du mot de Napoléon. La preuve en est que Mozart et Da Ponte, sur l'ordre de l'empereur Joseph II, ont pu les supprimer presque toutes sans compromettre vraiment la portée de la fable. Il est vrai que la musique de Mozart rattrape les censures du livret ! S'interroger sur la portée du *Mariage* conduit donc à d'autres aspects du texte.

Le seigneur, le valet, le tyran

Une triple thématique à valeur politique structure l'œuvre.

Le noble

Figaro aurait-il pu devenir ce qu'il est sans faire couple avec Almaviva, comme Dom Juan avec Sganarelle, Alceste avec

Philinte ? Dès *Eugénie,* le noble apparaît dans le théâtre de Beaumarchais comme un fauteur de troubles, dont le désir libertin égare les familles. Ce motif traverse toute la littérature du XVIIIe siècle et s'épanouit au même moment chez Laclos et Sade. Cela ne rejette pas toute la noblesse du côté des seules anti-Lumières, ni dans la réalité historique ni dans la fiction : à preuve *le Barbier de Séville,* où l'ennemi du progrès n'est pas Almaviva mais le bourgeois Bartholo. Mais, même dans *le Barbier,* Almaviva reste lié à une thématique libertine discrète mais perceptible, qui revient en force au centre du *Mariage.* Sans son désir libertin, pas d'action, pas de désordre, pas de signification historique possible. C'est bien lui qu'il s'agit de neutraliser, voire de convertir comme dans *Eugénie* aux joies paisibles du foyer, aux vertus de la famille (thème capital du drame bourgeois et du roman européen des Lumières). Dira-t-on que n'importe qui pouvait remplir cette fonction dramaturgique d'opposant ? Impossible ! *Le Barbier* ne perd pas grand-chose si Bartholo cesse d'agresser les Lumières ; il suffit de couper quelques lignes. *Le Mariage* se désagrège littéralement en comédie de boulevard si, par hypothèse, le comte Almaviva n'était plus que M. Almaviva, mari volage et jaloux (ils le sont tous !), qui trousse les bonnes et aime sa femme. Cette vertigineuse perte de sens empêcherait radicalement toute rencontre avec l'Histoire, tout dépassement de l'action dans la mythologie fondatrice de la nation française moderne. Cette comédie, Beaumarchais pouvait l'écrire. Mieux, il l'a écrite, puisque *le Mariage* est bien aussi une comédie du triangle, la première peut-être. Mais elle est beaucoup plus, infiniment plus que cela, parce qu'elle inscrit au cœur de son dispositif la figure du noble en tant que représentant de la classe nobiliaire, de sa puissance, de son mode d'existence. D'où la fonction primordiale, parfois mal comprise ou sous-estimée, du droit de cuissage, ou droit du seigneur, comme Voltaire intitule une de ses comédies. Car c'est la question cruciale du privilège que la pièce, à sa façon bien entendu, mais de manière éclatante, installe au centre de l'action. Privilège fictif, anachronique, relayé par des arguments plus modernes (l'argent) ? Certes. Mais il n'est pas question de lire *le Mariage* comme un reflet mécanique, inerte et brut, de la « réalité » historique ; c'est une pièce de théâtre, pas un document.

Une révolution contre les privilèges

Reste que le privilège est une question centrale de la Révolution française, celle qui, pour Mme de Staël, la définit et la justifie : pour elle, la Révolution a accompli sa mission historique et civilisatrice quand on a substitué l'égalité civile, c'est-à-dire l'égalité devant la loi, l'égalité formelle des citoyens, à l'inégalité héréditaire. Non pas l'inégalité héritée des fortunes, des conditions, des éducations, à quoi les Jacobins, selon Mme de Staël, ont voulu monstrueusement s'attaquer, mais l'inégalité des statuts légaux de l'Ancien Régime.

Que de soins, chez Beaumarchais, pour qu'on n'oublie jamais le statut aristocratique du comte (qu'on compare avec les pseudo-marquis de Marivaux, que rien ne distingue des riches roturiers) : le château toujours présent, le régiment, l'ambassade, la chasse, le droit de justice et les autres fonctions féodales... Et que veut-il, ce grand seigneur dont le théâtre français n'a pas présenté d'équivalent depuis le Dom Juan de Molière ? Il veut, abusant de sa « toute-puissance » (voir la préface), attenter à la dignité humaine de ses serviteurs, à leur droit naturel sur leur propre personne, non certes sur le mode sadique ou sadien, mais avec la tranquille impudeur des grands. Il ne s'agit pas de séduire Suzanne (on ne séduit pas une femme de chambre – Suzanne l'a fort bien compris –, sauf chez Marivaux), mais de l'acheter. D'où l'enjeu symbolique inscrit dans l'espace du premier acte : cette pièce que le comte accorde au couple roturier, sera-ce l'espace privé, clôturé, possédé, que Figaro mesure et savoure comme la récompense de son trajet social, ou l'espace transgressé et violé d'une chambre-antichambre, faux-semblant de propriété, don fictif comme l'est le renoncement au droit de cuissage, figure risible et visible de la véritable condition de Figaro auprès du comte ?

C'est ici que la formule de Napoléon, apparemment si brutale, prend toute sa portée. Elle désigne du même mouvement un sens historique (la Révolution française comme soulèvement social antiaristocratique) et un dynamisme dramatique (« la Révolution en action ») qui lui donne forme, vie et vigueur comme à nulle pièce du XVIIIe siècle.

La forme-valet

En face de Dom Juan, qu'y a-t-il ? Un faisceau de fuites et de dérobades, au demeurant fascinant d'ambiguïté indéchiffrable, Sganarelle. Face au comte, Figaro. Le discours de Sganarelle ne prend forme que par Dom Juan. On dirait volontiers que le comte n'existe que par et pour Figaro. La formule est peut-être excessive dans ce qu'elle semble retirer à Almaviva, pas dans ce qu'elle accorde au valet.

On ne peut se tromper sur Almaviva : il n'est pas qu'un grand seigneur, mais il l'est d'abord et incontestablement. Mais qui est Figaro ? Le travail de Beaumarchais consiste en effet, d'un côté, à durcir la condition d'Almaviva en accumulant les signes de son statut nobiliaire et, de l'autre, à problématiser systématiquement l'inscription sociale de Figaro. Et cela dès l'ouverture du *Barbier :* musicien, parolier, auteur dramatique, barbier, chirurgien, vétérinaire, ex-valet, ex-candidat aux bureaux.

Puis, dans *le Mariage,* concierge (homme de confiance, régisseur), valet de chambre, possible courrier diplomatique, ex-journaliste, ex-banquier de pharaon, locataire de quelque prison. Dans *la Mère coupable,* le voici défini par son ennemi Bégearss (II, 23) : « De valet, barbier, chirurgien, vous [le comte] l'avez établi trésorier, secrétaire ; une espèce de factotum. Il est notoire que ce monsieur fait bien ses affaires avec vous. » Étonnante série, rigoureusement filée, de transformations ! *Le Barbier* (I, 2) comme *le Mariage* (V, 3) soignent particulièrement l'orchestration de cet écart fondamental, de cette labilité sociale spectaculairement exhibée.

Exhibée et inscrite comment ? Par le narré autobiographique (celui du personnage et celui, reconnaissable, de l'auteur). Ce narré, c'est le privilège exclusif de Figaro, jusqu'à *la Mère coupable*. Car, dans cette dernière pièce, seul compte le passé des maîtres. Vingt ans après, Figaro n'a plus de passé, parce que ses maîtres, en souffrant, en ont acquis un, et qu'il s'agit précisément de le liquider. Il y a un cadavre dans le placard aux souvenirs, et de mauvais révolutionnaires sans scrupules veulent s'en servir pour dépouiller un ex-aristocrate trop confiant ! Figaro, lui, ne se souvient plus de rien, pas même qu'il fut drôle et insolent, autrefois, il y a si longtemps... Reste que, dans les deux comédies, le « roman de la famille Almaviva » suscite en creux le roman du sans famille Figaro. Qui n'est pas une autobiographie à la Rousseau, le tracé d'un caractère, mais l'histoire d'une trajectoire sociale exemplaire dans le monde, seule famille des orphelins symboliques (famille de loups, bien entendu). Ainsi, la forme-valet telle que Beaumarchais la traite appelle la forme-roman, picaresque (Figaro-picaro).

Un atome roturier

Atome jeté dans le monde, le valet picaro ne se contente pas de raconter son voyage. Ou, plutôt, son histoire, narrée à travers deux pièces, lui constitue un moi, lui fait représenter, sur scène, « le moi ». D'où la fonction décisive du grand monologue : « Qui suis-je ? » Cette question n'advient que si le valet est devenu quelqu'un. « Anonyme Figaro » (personne) est devenu la Personne, le personnage central et problématique — « Moi, l'homme » —, le sphinx (pas si bête, donc, l'allusion au sphinx dans la préface du *Mariage,* et dans la pièce, par Marceline. Figaro a failli épouser sa mère, tel Œdipe, et doit trouver, comme lui, la réponse à l'énigme, qui porte sur la définition de l'homme en ses divers âges, sujet de la trilogie). Nous voici donc renvoyés à notre question : comment interpréter un système de jeu, de hiatus, d'emboîtement social aussi rigoureusement dessiné ? Pourquoi une assignation aussi précise et cumulative dans un cas (Almaviva), aussi labile et protéenne dans l'autre (Figaro) ?

Écartons l'hypothèse navrante d'une contradiction, ou d'une inconséquence, d'un « va-comme-je-te-pousse » de l'écriture, cette écriture que Beaumarchais dit lui-même « spermatique ». Il ne s'agit pas non plus d'un brouillage, d'un gommage des conditions sociales (voir plus loin). Tout au contraire, on peut lire ici un enjeu historique et social décisif, que le mot de Napoléon permet d'évaluer, à défaut d'en définir la genèse. Dès *le Barbier,* où rien ne l'exige vraiment, Beaumarchais s'évertue à utiliser les fonctions dramatiques du valet en refusant d'y enfermer son personnage, qui tend à devenir une figure générique autrement significative : le roturier. Le roturier à talent, l'homme de mérite (par opposition à l'homme bien né). Bref, le tiers état, qui n'est rien, comme dira peu après Sieyès, et qui se sent capable de tout. L'individu bourgeois, symboliquement privé de nom, de famille, d'appuis, seul dans la rue où il rencontre Almaviva (*le Barbier,* I, 2) comme Robinson dans son île. Ne regarde pas d'où tu viens, vois où tu vas. Tout est à conquérir, à défendre : argent, nom, parents, femme...

Le plus usé au service du neuf

Cette trajectoire fondamentale ainsi abstraitement résumée, on voit bien qu'elle n'est pas propre au seul Beaumarchais ; elle traverse, par exemple, le roman des Lumières. Mais il semble le seul à en réussir l'inscription théâtrale. Se pose alors une question : pourquoi la révolution bourgeoise ne se dit-elle pas, au théâtre, à travers le drame sérieux, expression apparemment directe et explicite de la conscience bourgeoise telle qu'elle se rêve alors ? Pourquoi une histoire comique, fût-elle par moments grinçante, une histoire de valet, parvient-elle à incarner, aux yeux de Napoléon, l'essence même du processus révolutionnaire, c'est-à-dire la promotion bourgeoise ?

Précisément parce qu'il ne suffit pas de dire, de chanter, d'exposer la vertu, le travail, la bienfaisance, la sensibilité, l'effusion familiale, etc., bref, de représenter et de magnifier la bonne conscience bourgeoise, pour réussir à symboliser la Révolution. Encore faut-il que cette Révolution soit, comme dit Napoléon, « déjà en action », c'est-à-dire théâtralisée. Le mérite exceptionnel, unique, de Beaumarchais, c'est d'avoir compris que le conflit social fondamental de son époque passait, au théâtre, par la reprise et la rénovation du schéma théâtral le plus usé, le couple du maître et du valet, qui dégoûtait Diderot (qui le dégoûtait sur scène, mais apparemment pas dans le roman *Jacques le Fataliste et son maître*). Hugo s'en rend bien compte, qui lui aussi repasse dans *Ruy Blas* par la forme-valet, sans du tout parler directement de révolution et de bourgeoisie. Il a compris qu'à partir de Beaumarchais, et à partir de la Révolution française, le valet n'a de sens qu'à condition de jouer au valet, d'être un valet sans l'être. Michelet, en revanche, entre en fureur à l'idée qu'un Figaro puisse incarner l'esprit et le cœur de 1789. Pourquoi ? Parce qu'il y a pour lui contradiction entre le valet et la liberté, entre l'émergence grandiose de l'humanité rendue à elle-même par 1789 et la dépendance personnelle, la bassesse vulgaire et intéressée du valet intrigant. Napoléon, apparemment, ne fait pas la fine bouche ! Mais ce haut-le-cœur romantique éclaire une autre facette de la dialectique valet/révolution.

Figaro, peuple et bourgeois

Picaro et intellectuel, valet et bourgeois, ami de la parole libre et virtuose du mensonge, soucieux d'indépendance et âpre au gain, ex-quelque chose et futur quelqu'un, toujours dépossédé et toujours en passe d'acquérir, privé d'avoir mais bourré de talents, Figaro tire de cette savante, systématique et réglée indétermination sa capacité de symboliser la Révolution française dans ce qu'elle a peut-être de plus spécifique : sa nature à la fois bourgeoise et populaire. Figaro, parce qu'il est un valet issu de la tradition théâtrale et picaresque, et parce qu'il n'est plus seulement un valet, mais un roturier, un homme à talent, une figure du mérite, est inextricablement peuple et bourgeois, matière et esprit. D'où évidemment la difficulté du rôle. À trop le tirer vers le valet, on risque d'atténuer la force politique dont la Révolution l'a investi, qu'on le veuille ou non. À trop l'embourgeoiser, on altère sa vitalité comique et sa verve populaire.

Or cette ambiguïté constitutive n'est-elle pas celle de la Révolution de 1789 dans la mythologie ou l'idéologie française ? et, par son côté peuple, c'est-à-dire (selon les réflexes bourgeois) son côté intéressé, vulgaire, avide, sensuel, poseur, parvenu (y compris dans la culture), Figaro a des relents de 1793. Sainte-Beuve flaire en lui, avec dégoût, du clubiste, du Jacobin terroriste. C'est ce qu'on pourrait appeler, avec *l'Éducation sentimentale* de Flaubert, l'effet Sénécal-Dussardier : si ces gens-là revendiquent, c'est par envie ; envie de devenir bourgeois. Mais on peut aussi l'interpréter comme Gudin, l'ami et le confident de Beaumarchais, qui semble se souvenir du couple Dom Juan/Sganarelle, ou tout simplement de *la Mère coupable :* la confrontation du maître et du valet suppose leur association. Figaro se moque de son maître, mais il ne peut s'en passer. Comme Jacques et son maître, dans le roman de Diderot.

Il n'y a pas lieu de renvoyer toutes ces interprétations dos à dos. Car elles s'originent toutes dans l'invention capitale de Beaumarchais : la réécriture de la forme-valet pour inscrire théâtralement, c'est-à-dire en action, la conscience bourgeoise en voie de constitution.

Le tyran

L'affrontement du noble et du valet, voilà donc le devant de la scène. Mais cela ne doit pas masquer, plus discrète, une troisième figure, celle du tyran. Reportons-nous aux préfaces. La transposition qu'on y lit des sujets comiques en termes tragiques montre bien que, dans l'esprit de Beaumarchais, ses comédies ont pour enjeu sous-jacent le thème du despotisme. Comment appliquer à la France ou à l'Espagne cette définition d'Almaviva : « ... un maître absolu, que son rang, sa fortune et sa prodigalité rendent tout-puissant pour accomplir [son dessein] » (préface du *Mariage*) ? On trouvera des allusions à l'esclavage et à la tyrannie dans les deux comédies, et l'on verra qu'Almaviva n'est pas seulement un noble, mais qu'il s'approche au plus près de l'irreprésentable en-dehors de la tragédie ou de l'opéra — le roi. *La Mère coupable* nous apprend d'ailleurs qu'il est devenu vice-roi du Mexique. D'où l'insistance sur le château, la cour de justice, d'où les menaces de mort et d'enfermement qu'il profère... Mais c'est surtout vers *Tarare* qu'il faut se tourner, car cet opéra fusionne *le Barbier* et *le Mariage,* et fournit une explicitation parfaitement claire de la thématique fondamentale du mérite et du hasard des rangs. Tarare-Figaro, général, y remplace le mauvais roi, éliminé par une révolte populaire (voir l'acte V du *Mariage,* où Figaro organise l'intervention des vassaux). Certaines représentations du *Mariage* donnent d'ailleurs aux acteurs la physionomie de Louis XVI et de Marie-Antoinette.

Le sexe et la politique

Cette thématique de la tyrannie, du pouvoir, a le mérite de souligner combien le politique travaille cette dramaturgie, et aussi combien celle-ci résiste. De fait, la politique, entendons ici la Révolution française, ne va pas pénétrer dans l'œuvre par le tyran, mais par le heurt des conditions. Pourquoi ? Essentiellement parce que le thème du tyran, sous-jacent, est lui-même presque entièrement investi par la problématique des sexes. L'objet scénique de l'abus tyrannique, dans *Tarare* comme dans *le Mariage,* c'est la femme. L'axe des rapports entre sexes croise et recouvre l'axe politique ; une signification étouffe l'autre. Cet effet de brouillage n'est pas le seul, et c'est à leur étude qu'on comprend encore mieux la richesse des significations et la difficulté de les interpréter. À y bien réfléchir, il n'y a guère plus de mystère dans l'investissement du *Mariage* par l'Histoire, que dans les divisions persistantes de la critique.

Nœuds et brouillages

Rangs, sexes, âges

Tarare est la seule pièce immédiatement et directement interprétable de Beaumarchais. Pas de flou, pas d'ambiguïté, une clarté à la *Zadig*. C'est d'ailleurs un apologue philosophique et, là aussi, le roi n'étant pas philosophe, c'est le philosophe qui devient roi. Dans *le Barbier* et *le Mariage,* les choses sont heureusement beaucoup moins claires ! On a jusqu'ici essentiellement analysé l'axe des rangs. Mais les conditions, chez Beaumarchais, s'inscrivent toujours, et d'abord, dans une problématique de la famille et des sexes. Dire que cette idéologie de la famille est clairement bourgeoise n'éclaire sans doute pas suffisamment.

La famille est tiraillée dans le théâtre de Beaumarchais entre deux directions : celle de la sphère privée et celle de la sphère sociale. Elle ramène au privé, au fantasme de l'inceste (commun au drame et à la tragédie), aux rapports du couple, au problème de la fidélité, de l'errance et des alternances du désir, à la thématique du mariage et de l'amour, de la paternité, à la condition de la femme. Alors les camps se redessinent, les positions changent : à l'affrontement entre noble et roturier se superpose l'affrontement entre femmes et hommes. On le voit nettement dans *le Barbier,* où l'opposition du comte et de Figaro sur l'axe des conditions se mue en complicité sur l'axe du désir masculin. Dans *le Mariage,* les axes se recoupent, puisque l'objet de l'affrontement se fait justement autour de la propriété de Figaro, Suzanne, et de la propriété du comte, Rosine (il en va de même dans *Tarare*).

Noble, mais aussi époux

Mais on voit aussi que le comte n'est pas seulement un aristocrate, il est homme et époux, incarnant par là des problèmes « éternels ». Et, de fait, Figaro et Suzanne — *la Mère coupable* le confirme — ne pourront pas faire l'économie de l'adultère, de l'inconstance du désir. Dans *la Mère coupable,* où les rapports entre la comtesse et le comte ont éclipsé les problèmes de Figaro, Almaviva pourrait fort bien n'être qu'un riche bourgeois — ce qu'il est devenu, au grand regret de Suzanne, par la suppression des privilèges. Le drame de l'époux et du père a tout submergé, puisqu'il n'y a plus de noblesse, plus de droits héréditaires, plus de rangs : seulement une égalité légale et une inégalité de fait, entre riches et pauvres, instruits et ignorants.

Ainsi peuvent se nouer des combinaisons qui interfèrent avec le conflit fondamental entre Figaro et le comte, par exemple la rivalité d'Almaviva et de Chérubin, d'où sortira *la Mère coupable.* Or Chérubin est un jeune noble. Quel sens social ou révolutionnaire lui donner ? Apparemment, le drame qui déchire la vie du comte et de la comtesse n'a pas de portée sociale critique, il relève d'une problématique humaine, « éternelle », qui transcende les classes et les conditions. Il en va de même pour la thématique des âges qui structure la trilogie et contredit la représentation de la Révolution comme renaissance, régénération, aurore, jeunesse du monde : l'Ancien Régime se confond avec la jeunesse et le bonheur, la Révolution avec la solitude et l'amertume, le resserrement du château en appartement urbain ! Bien loin de s'ouvrir et de s'épanouir, l'espace se rétrécit et s'appauvrit, se nourrit du passé plutôt que de l'avenir. Nous sommes donc dans l'ordre de la nature, sur l'axe où se redistribuent, selon un cycle immuable, les sexes, les âges, et pourquoi pas les rangs eux-mêmes, brassés par la chute des uns et la montée des autres.

Inégalité des rangs, inégalité des sexes

Il ne faut pourtant pas oublier qu'en passant du drame sérieux à la comédie Beaumarchais tente d'articuler conflit familial et conflit social, et tente même timidement (*le Mariage,* II) de dessiner en filigrane la figure du tyran, du mauvais roi. Il s'agit donc aussi de tirer la famille hors de la sphère exclusivement privée, de suggérer au moins une analogie entre structure familiale et structure sociale. C'est la fonction des allusions continuelles, brillantes et bruyantes, à l'entour social. C'est aussi la fonction du château, véritable société en réduction, d'une complexité inconnue jusqu'alors au théâtre. L'univers social est ici représenté, dramaturgiquement intégré, et pas seulement dit. On connaît au demeurant la tentation des mises en scène modernes des classiques, d'y figurer la société par la profusion des figurants et des machines...

La thématique si importante des sexes (c'est le deuxième sujet du *Mariage,* l'explication de sa double fin : voir le guide de lecture de l'acte III) est elle-même surdéterminée socialement. L'inégalité entre sexes recoupe et redouble l'inégalité des rangs, comme le clame Marceline. Qui sont en somme les vraies victimes de l'ordre social ? L'homme à talents en quête de fortune et de reconnaissance (Figaro) ou la femme (toutes conditions confondues) en quête de bonheur ? Question rhétorique ? Allons donc ! C'est sur cet axe double que Mozart a joué à fond. Cette plasticité prend un aspect presque caricatural avec Marceline, qui passe du rôle de duègne grotesque à celui d'orateur féministe et de mère sensible. Mais elle affecte tous les personnages féminins. Rosine combine avec une délicatesse infinie le pathétique féminin (de plus en plus accentué de pièce en pièce, comme si l'espace du rêve et de la solitude ne cessait d'augmenter) et une sorte de roture ambiguë, mais quasi symbolique, qui la marque depuis le début de la trilogie. On sait qu'Almaviva la prend d'abord pour une jeune bourgeoise (*le Barbier*, I, 2) ; dans *la Mère coupable,* Léon est exclu de l'héritage aristocratique et l'ex-comtesse envisage de travailler. C'est qu'il y a un lien profond, on l'a vu avec Figaro, entre le thème du fils naturel (apparemment conventionnel) et le thème social : le fils du comte et de la comtesse, libertin, incapable, est tué en duel, c'est l'enfant de la noblesse. Léon, le fils illégal de Chérubin et de Rosine, possède le mérite. Signe des temps, il fréquente les clubs de gauche, fait des discours contre les vœux monastiques. Il sera donc réadopté par son « père » et sa classe.

Il ne s'agit en rien de bouleverser l'ordre social, ni de sacraliser et de figer la hiérarchie établie. La société n'est juste qu'à condition de livrer passage au talent. L'inégalité qui n'est pas privilège héréditaire est légitime et fondatrice. Au cœur des pièces, il y a donc bien une revendication bourgeoise, qui n'appelle pas le chambardement, mais la reconnaissance du mérite.

Pardon et réconciliation

Voilà donc un théâtre qui suggère irrésistiblement l'imaginaire révolutionnaire. D'après le critique Marthe Robert, le seul rêve révolutionnaire de Freud évoque Figaro (voir *D'Œdipe à Moïse*). Et pourtant ce même théâtre est hanté par le pardon et la réconciliation. Il ne connaît qu'une seule fin non résolutive sans violence, dans *Tarare,* un seul méchant non converti, Bégearss. De ces deux figures du mal, la succession est tout un programme : le tyran avant 1789, le révolutionnaire hypocrite en 1792. Toute crise doit et peut être dénouée (c'est toute la différence, selon Beaumarchais, entre le drame et la tragédie). Pas par une passivité angélique. Par la force, la ruse et l'action. Mais le vrai dénouement exige plus que la simple neutralisation des fauteurs de désordre. Il veut une conversion de la raison et du cœur, active dans *Eugénie* et dans *le Mariage.* Cette thérapeutique sociale s'exhibe avec un optimisme désespéré dans *la Mère coupable* (dernière tirade). Les passions sont inévitables, comme la dispersion des désirs, la souffrance des couples, le heurt des rangs. Mais le temps apaise. La paternité, acte fondateur de la régénération sociale, adoucit et socialise le désir anarchique : « tout homme, qui n'est pas né un épouvantable méchant, finit toujours par être bon quand l'âge des passions s'éloigne, et surtout quand il a goûté le bonheur si doux d'être père ! » (préface de *la Mère coupable*). La raison se développe. Chacun finit par retrouver sa place (Marceline, Bartholo, le comte, le fils de Chérubin...). Il y a, derrière la trilogie – le contraire étonnerait – une philosophie de l'histoire, une philosophie sociale.

Le temps, amer et fécond

Cette philosophie nous place-t-elle alors aux antipodes de la Révolution ? Nullement ! 1789 est un grand rêve de réconciliation nationale, d'unanimisme, de régénération, dont témoignent les fêtes révolutionnaires. Nous sommes là au cœur des Lumières finissantes, au cœur du théâtre de Beaumarchais, à l'unisson de Mozart.

Et, pourtant, le temps est aussi, sourdement, travaillé par la souffrance et l'échec, puisque ces dénouements ne dénouent jamais tout : d'où une trilogie ! Beaumarchais serait le premier auteur dramatique à exhiber le caractère fragile et incertain des fins théâtrales, cet étrange statut du temps de théâtre toujours en travail et toujours en répétition. Du château à l'appartement parisien de *la Mère coupable*, des titres et du pouvoir aristocratique à l'anonymat civil du droit bourgeois, quel désastre, quel naufrage ! Que sont nos rêves devenus... *La Mère coupable* serait-elle la première pièce sur la glaciation du messianisme révolutionnaire, figure politique des ravages du temps ? Vingt ans après...

Vingt ans après, les blessures se referment, un nouveau couple renaît (celui de Léon, fils de Chérubin, et de Florestine, fille du comte, mais aussi le couple parental), dans un monde changé. Et, vingt ans après, la Révolution accouche d'un monstre, un nouveau Tartuffe, *l'autre Tartuffe,* né de la politique, et non plus de la religion. L'autre Tartuffe, qui est aussi, le texte de *la Mère coupable* le dit et le redit, l'autre de Figaro, son double ténébreux, le produit diabolique de l'esprit d'intrigue et du désordre !

L'aristocrate libertin, qui papillonne dans les jupons, a donc cédé la scène au comploteur machiavélien, au démocrate inquisiteur, qui fouine dans les coffres et les cœurs. Au cynisme séduisant a succédé le mensonge vertueux, le masque de la morale. L'argent a pris la place du désir. Oui, plus de folle journée, la fête est finie. Le monde moderne commence. Dans l'hypocrisie et la tristesse.

Beaumarchais, glacé par l'âge et l'écriture du drame sérieux, n'a pas réussi sa dernière pièce. Mais il a su donner un formidable sens politique, social et humain, à cet échec, qui ferait honneur à beaucoup d'autres. Ce qui revient à dire qu'il a pu rater son troisième acte sans rater sa trilogie !

Comédie et révolution

Ce que le plaisir du spectateur gagne à *la Folle Journée,* la portée révolutionnaire de la pièce ne le perd-elle pas ? Plutôt qu'une fête révolutionnaire, n'est-ce pas plutôt une fête aristocratique, la dernière grande fête éblouissante que l'Ancien Régime se donne à lui-même, son ultime feu d'artifice sous les grands marronniers, avant que le château ne flambe ? Car personne ne veut le quitter, ce château, où chacun n'obéit qu'au principe de plaisir. L'abandonner, c'est périr, comme Chérubin, ou dépérir, comme tous ceux qu'on retrouve, fantômes défaits, à Paris, en 1790. Oui, c'est bien le vieux monde qui était beau, et qui avait des matins triomphants ou des soirs enivrants. Étrange trilogie à cheval sur la Révolution, où le monde bourgeois naît comme un monde de vieillards tournés vers autrefois !

N'y a-t-il pas comme une contradiction, comme un décalage, entre l'esprit de sérieux révolutionnaire et l'esprit de dérision propre au comique ? Faut-il entendre dans *le Mariage* l'écho d'une explosion ou le bruissement d'une bulle de champagne ? Pourquoi parler d'affrontement, là où il est si simple de savourer en paix un jeu théâtralisé, la joute ritualisée du maître et du valet, héritée de l'Antiquité, jouée et rejouée sans fin depuis des siècles ? Soit ! Mais la question demeure de savoir s'il faut nécessairement penser en termes d'exclusion, de tout ou rien. Entre le *Ruy Blas* de Hugo et *le Mariage,* force est de constater que ce n'est pas la pièce sérieuse qui l'emporte. La forme-valet implique la forme-comédie. Ni le drame bourgeois ni la tragédie n'ont pu, en France, au XVIIIe siècle, parler de la société comme *le Mariage,* au point de sembler anticiper — de si peu ! — sur l'histoire. Car, si les chemins de l'Histoire sont imprévisibles, ceux de l'écriture ne le sont pas moins. Est-il absurde de méditer sur cette étrange rencontre entre le rire et la Révolution française, qui ferait d'elle, sans doute, la seule révolution capable d'exprimer une part significative de son esprit (mythique ou pas, peu importe ici) dans une comédie ?

Le verbe et l'action

Autre exemple, qui montre qu'on gagne peut-être plus à réfléchir sur le rapport entre *le Mariage* et l'Histoire, imposé par la réception, depuis deux siècles, de la pièce, qu'à le nier ou à l'esquiver. On a souvent voulu opposer la mythification de Figaro et ce qu'on appelle son verbalisme, son inépuisable faconde, revers de sa (somme toute) relative inefficacité, cette manière de toujours parler pour se masquer qu'on ne fait pas grand-chose, que la réalité fuit sous le déluge des mots qui prétendent la contraindre. Mais qu'est-ce d'abord qu'une révolution, sinon, par ceux qui n'ont pas l'habitude ou le droit de parler, une prise de parole, une parole inédite dans une bouche inattendue (comme la bouche d'ombre du grand monologue, V, 3) ? Bien plus, cette assez fade objection, qui pourtant désigne un problème essentiel, ne voit pas qu'il n'y aurait pas d'envol mythique, c'est-à-dire révolutionnaire (car il n'en est pas d'autre), de Figaro, sans précisément cette thématique de l'impuissance et de l'échec si clairement inscrite dans la pièce... au profit des femmes ! Car cette philosophie de l'échec (*le Mariage,* V, 3, etc. ; *le Barbier,* I, 2), où se manifeste l'humour du personnage et donc de Beaumarchais, qui ne se choisit pas un porte-parole embelli, pose de plein fouet la question centrale du mérite, du talent roturier dans une société incapable de le faire fructifier. L'échec amoureux du cinquième acte (imaginaire ici, probable plus tard) redouble l'échec social de l'homme à talent, propriétaire stérile de son seul talent. La Révolution française est d'abord une fantastique libération des énergies roturières.

Bénéfice artistique de l'échec

L'éloquence bavarde de Figaro, ces tirades, ces mots qui fusent, cette boulimie de parole et d'intrigue, ces monologues changent alors de sens : non plus simples données a priori d'un type théâtral, le valet toujours recommencé, mais trop-plein d'énergie dans un monde qu'on pressent trop étroit. Un nouveau rapport s'établit entre le valet, devenu propriétaire d'une biographie structurée par le talent et l'échec, et le monde, ce monde que tout l'effort dramaturgique de Beaumarchais consiste à convoquer pour établir l'analogie de la scène et de la société. Il ne pourrait pas y avoir de rapport entre Figaro et la Révolution, entre *le Mariage* et l'Histoire, s'il n'y avait d'abord, par de multiples relais, ce va-et-vient, inscrit et travaillé à l'évidence par Beaumarchais, entre le château et le monde. Quand, par exemple, Figaro confond, selon le comte, l'intrigue et la politique (*le Mariage,* III, 5), le spectateur peut comprendre que l'intrigue du théâtre lui parle aussi de politique, etc. Cette fièvre de discours, d'action, de promotion, de bonheur, d'autonomie, de propriété, de reconnaissance sociale, qui dévore Figaro — ou plutôt qui constitue son être théâtral —, cette conscience aiguë d'un mérite hors de proportion avec son statut social, au nom de quel aveuglement volontaire, pour quel bénéfice, faudrait-il s'interdire d'y lire l'énergie comprimée que les événements révolutionnaires allaient libérer comme jamais dans l'Histoire ? Car, enfin, d'autres valets, avant Figaro, avaient cet allègre désir d'entreprendre et de « machiner » ; et Figaro est bien entendu leur fils naturel. Mais cela ne fait pas d'eux des Figaros. Il faut encore que cette énergie du valet s'articule au motif de l'échec, à la thématique du talent, s'incarne dans un personnage devenu une vraie personne, se confronte à la noblesse, sur une scène qui renvoie au théâtre du monde. Il suffit, pour prendre la mesure de cette mutation décisive, de comparer à Figaro le valet Trivelin, dans *la Fausse Suivante* de Marivaux (1724) : c'est déjà plus qu'un simple valet, ce n'est pas encore, tant s'en faut, Figaro.

GOLDONI

en collaboration avec Monique Le Roux

ON NOUS FORCE A ETRE BOURRUS...

A Jacques Joly, profond goldoniste, disparu avant d'avoir pu établir et présenter le texte de ce volume.

« Je renouvelai mes adieux à mon pays, et j'invoquai l'ombre de Molière pour qu'elle me conduisît dans le sien. » (*Mémoires*, p. 437, fin de la deuxième partie.)

Ce n'est sans doute pas par hasard que Molière prend ici pour Goldoni, au passage de la frontière entre la France et l'Italie (1762), la place de Virgile auprès de Dante dans *La Divine Comédie*. Car il s'agit aussi, au-delà des genres littéraires, d'un problème de langue, qui conduit le dramaturge à délaisser l'italien. Lorsqu'il arrive à Paris, Goldoni entend médiocrement notre idiome : « Mon oreille ne s'étoit pas encore familiarisée avec le langage François; je perdois beaucoup dans les sociétés et encore plus au Théâtre. » (*Mémoires de M. Goldoni pour servir à l'histoire de sa vie et à celle de son théâtre*, éd. N. Jonard, Aubier, 1992, p. 455.) Assistant, pour sa première visite à la Comédie-Française, au *Misanthrope*, sa pièce préférée, il se serait aussitôt assigné une double ambition : « Ah ! me disois-je alors à moi-même, si je pouvois voir une de mes Pieces jouée par de pareils sujets [les acteurs du Français]. [...] Je sortis du Théâtre enchanté; je souhaitois de deux choses l'une, ou de parvenir à donner une de mes Pieces aux François, ou de voir mes compatriotes en état de les imiter : quelle étoit la plus difficile à voir réaliser ? Il n'y avoit que le tems qui pût décider ce probleme » (p. 456). En attendant le verdict du temps, il écrit sans enthousiasme, entre 1762 et 1764, pièces ou canevas pour les Comédiens-Italiens de Paris : « Mais quel que fût le succès de mes Pieces, je n'allois gueres les voir, j'aimois la bonne Comédie, et j'allois au Théâtre François pour m'amuser et pour m'instruire » (p. 453). Car il y avait obtenu entrée libre, privilège qui le flattait : « personne n'auroit cru que je parviendrois un jour à entrer dans le Catalogue de leurs Auteurs » *(ibid.)*. Devenu, en 1765, professeur d'italien auprès des filles de Louis XV, il aspire, au bout de quelques années qui le laissent pensionné et oisif, « à faire quelque chose en François : je voulois prouver à ceux qui ne connoissoient pas l'Italien, que j'occupois une place parmi les Auteurs dramatiques, et je concevois qu'il falloit tâcher de réussir ou ne pas s'en mêler » (p. 481).

Il se lasse vite d'un essai de traduction de son propre théâtre, et ne souhaite même pas que d'autres le traduisent, surtout littéralement : « Il ne faut pas traduire, il faut créer, il faut imaginer, il faut inventer » (p. 483). C'est dans cet esprit qu'il avait adapté, et non traduit, en 1761, *L'Écossaise* de Voltaire (1760), où le grand homme s'inspirait de... Goldoni pour écrire son premier drame bourgeois à la Diderot. Reste donc, tentative la plus folle et la plus logique, à écrire directement en français ! Puisqu'il avait composé « quarante ou cinquante Opéras-Comiques pour l'Italie », qu'il en avait fait « pour l'Angleterre, pour l'Allemagne, pour le Portugal » (p. 496), pourquoi ne pas céder aux sollicitations des musiciens parisiens ? « Après avoir vu, revu, et bien examiné, je croyais pouvoir saisir la routine qui étoit nécessaire pour plaire aux François, et j'essayai de composer une petite Piece en deux Actes, intitulée *la Bouillotte* [nom d'un jeu de cartes] » (p. 498-499). Mais la tentative échoue quand il lui faut passer de la prose du canevas aux vers des couplets : « Ma muse habillée à la Françoise n'avoit pas cette verve, cette grace, cette facilité qu'un Auteur acquiert dans sa jeunesse » (p. 501). Selon les *Mémoires*, c'est aux festivités accompagnant le mariage, en 1770, du futur Louis XVI et de Marie-Antoinette, et à « l'heureuse étoile » de cette bienveillante princesse, qu'il dut le zèle, l'ambition et le courage de son téméraire projet : une comédie pour le Théâtre-Français. *Le Bourru bienfaisant* ferait écho, par reconnaissance envers la cour et la France, à la bienfaisance répandue du trône sur la nation, « vertu qui est devenue, de nos jours, la passion dominante des François, [...] d'après l'exemple de cette auguste Princesse » ! (p. 502). Mais plus fort que la reconnaissance fut sans doute l'attrait du défi : « Le mot de témérité n'est pas trop fort, c'en est une vraiment, que de voir un étranger arrivé en France à l'âge de cinquante-trois ans avec des connaissances confuses et superficielles de cette langue, oser au bout de neuf ans composer une Piece pour le premier Spectacle de la Nation » (p. 503).

Téméraire projet, mais exploit retentissant, que Goldoni savoura, le lundi 4 novembre 1771, en renouant avec ses sensations italiennes : « Je m'étois caché, comme j'avais toujours fait en Italie, derrière la toile qui ferme la décoration; je ne voyais rien, mais j'entendois mes Acteurs, et les applaudissements du Public. » Mais il n'avait jamais connu l'étrange cérémonie de la présentation au public, réservée en Italie aux acteurs : « Je ne concevois pas comment un homme pouvoit dire tacitement aux Spectateurs : me voilà, Messieurs, applaudissez-moi » (p. 506).

La pièce n'eut pas moins de 13 représentations en 1771 [1], et fut saluée aussi bien par la *Correspondance littéraire* de Grimm, sous la plume anonyme de Mme d'Épinay (on ne pouvait guère faire appel à Diderot !), que par l'*Année littéraire* de Fréron, qui en profita à nouveau pour se servir du succès de Goldoni contre les philosophes partisans du drame bourgeois [2]. Diderot, décidément en froid avec Goldoni, se réserva de revenir sur le dénouement du *Bourru* dans... *Jacques le Fataliste* [3].

Tout autre fut le destin de *L'Avare fastueux*, renvoyé pour corrections à une première lecture, réexaminé une seconde fois en 1773, et enfin représenté, dans des circonstances un peu acrobatiques que les *Mémoires* détaillent avec amertume, le

15 octobre 1776, à Fontainebleau, devant la cour. L'accueil fut si froid que Goldoni retira la pièce, en espérant une reprise mieux préparée qu'il ne put jamais obtenir, malgré tous ses efforts, parfois pathétiques [4].

« Mes Pieces [...] qui ont été bien reçues en Italie, ne le seraient pas de même en France, et il faudrait des changemens considérables pour en faire passer quelques-unes. » (*Mémoires.*)

Il ne faudrait pas que l'extraordinaire aisance dont Goldoni a donné tant de preuves, nous masque la gageure du *Bourru bienfaisant.* Elle consiste peut-être moins à faire applaudir sur la scène du Théâtre-Français une comédie en français, performance assez étourdissante, qu'à l'écrire à la française. Car les oreilles les plus chatouilleuses du monde attendent de lui davantage qu'une langue pure et correcte. Elles exigent, il le sait et s'y soumet comme à une gêne exquise, une refonte à peu près complète de sa dramaturgie, qui le prive de ses ressources les mieux éprouvées. L'économie du *Bourru bienfaisant* ne peut se comprendre si l'on ne mesure pas l'inflexible contrainte des règles non écrites régissant la comédie *décente,* la comédie de *bon goût,* de *bon ton,* dont seul Paris aurait le délicat secret, affiné dans les salons. La première comédie française de Goldoni, loin de braver, au nom du goût transalpin et des réussites de l'auteur, l'horizon d'attente des spectateurs parisiens, en assume les plus sévères rigueurs, avec le purisme de ceux qui ne parlent pas leur langue native.

Qu'on rapporte le *Bourru bienfaisant* à ses « sources » italiennes : *La Casa Nova* (*Le Nouvel Appartement,* 1761), dont les *Mémoires* font le « germe » de la pièce française (p. 419), et *Sior Todero Brontolon* (*Théodore le Grondeur,* 1762), filiation que le mémorialiste n'évoque pas. De *La Casa Nova,* il retient surtout trois données : un jeune couple ruiné par ses dissipations imprudentes, mises sur le compte de la coquetterie féminine; une sœur du mari, dont celui-ci a mangé la dot; un oncle riche et célibataire, qui vient au secours de sa nièce, et finit même par sauver son neveu de la faillite sur les instances de sa femme, éclairée et repentie. À *Todero,* il emprunte le caractère du bourru (mais en le débarrassant, au profit de la bienfaisance, de tous ses traits de vieil avare et sinistre despote grand-paternel), ainsi que le projet de marier la jeune fille avec un protégé du maître de maison. Protégé qui n'est pas, comme dans *Todero,* le fils nigaud d'un paysan sournois faisant office de régisseur, mais le flegmatique et honnête Dorval. Et la résolution de ce qui n'est plus une mésalliance sordide, mais un malentendu entre gens de bonne compagnie, ne passe évidemment plus par un mariage conçu, conclu et consommé sur le champ, dans une chambre attenante, entre le benêt et une servante. À cette inadmissible solution « farcesque » ourdie par les femmes de Venise, l'élégante pièce parisienne substitue une très jolie scène entre Dorval et Angélique (II, 17), qui évoque l'entrevue entre l'Angélique de *L'École des mères* et le vieux Damis (scène XII). Paradoxe éloquent d'un projet de naturalisation théâtrale : Goldoni traite la scène de façon moins comique et plus « sensible » que Marivaux !

C'est que la décence française, au moins sur notre grand théâtre, impose des purges draconiennes, qui vident l'art goldonien de sa substance. Plus question de faire d'un Nouvel Appartement le protagoniste, inscrit dans le titre, d'une comédie, avec ses décorateurs impayés et harcelés, ses voisines du dessus entre commérage et intrigue, ses chambres bien ou mal disposées qu'on se dispute aigrement, son loyer en souffrance et ses pièces sans meubles. Tout ce qu'il y a de concret, de quotidien, de familier, de vif et de comme saisi au vol, en somme la poésie et le réalisme goldoniens, sa verve inimitable, la texture même de son dialogue, tout cela doit impérativement disparaître : farcesque ! bas ! indécent ! trivial ! « La scène se passe dans un salon chez MM. Géronte et Dalancour. [...] Il y aura des chaises, des fauteuils, et une table avec un échiquier. » Saluons l'échiquier, seul vestige du monde goldonien dans l'éternel salon français, qui fait signe au jeu de tric-trac exhibé hardiment par Diderot lors de sa réforme tonitruante du théâtre, en 1757-1758 ! Saluons l'échiquier dont l'audace et l'invention nous échappent évidemment aujourd'hui : il va servir à introduire Dorval (I, 5) et à révéler le caractère de Géronte ! Peu probable qu'un auteur français y eût songé. Mais quel bel emblème, dans son éloquence muette, de ce que le bon goût veut dire... La rigueur des censures, ou plutôt du *système*, car tout ici fait système, importe peut-être moins que l'ivresse dérisoire des transgressions. On peut s'en convaincre aux commentaires que fera Benjamin Constant, quarante ans plus tard, en plein Empire, d'une transmutation aussi drastique du *Wallenstein* de Schiller.

Plus question de garder la jeune mariée vénitienne de la *Casa Nova*, flanquée, quinze jours après son mariage, de son falot chevalier servant, affectée, dépensière, vaniteuse, aussi arrogante avec sa belle-sœur et les voisines du second étage que déjà insupportable à son mari effaré; plus question d'une ingénue délurée à la langue déliée, qui, dans l'ancien appartement, passait ses journées à la fenêtre, et ses nuits en conversation avec son amoureux; plus question d'un jeune époux terrorisé par les cris de sa femme et regrettant le célibat, ou, comme dans *Todero*, d'un adolescent parfaitement niais obsédé par le mariage, d'un vieillard tyrannique qui cache le café... Mais pas davantage que Benjamin Constant, Goldoni ne s'estime en droit de protester au nom du génie : le théâtre change, comme les mœurs, avec le climat. Il se félicite tout au contraire de la délicatesse de touche, impossible ailleurs qu'en France, à l'œuvre dans le couple Dalancour : « De tout mon Ouvrage, ce sont ces deux personnages qui me flattent davantage. Une femme qui ruine son mari sans pouvoir s'en douter, un mari qui trompe sa femme par attachement, ce sont des êtres qui existent, et qui ne sont pas rares dans les familles; je les ai employés comme épisodes, et j'aurais pu en faire des sujets principaux qui auraient été aussi neufs peut-être que le Bourru bienfaisant » (*Mémoires*, p. 508). À l'effet comique se substituent donc, avec le jeune couple, une délicate décence, un jeu subtil des sentiments, tout à fait typique, en effet, des aspirations françaises en matière de comédie au siècle des Lumières. Loin de fortifier, comme la Cécile italienne, l'image défavorable que les autres personnages se font d'elle, Mme Dalancour apparaît comme un être sensible et dénigré, victime des apparences et des malentendus que sécrète toute vie sociale. Avec elle, la pièce française n'a plus au fond le même sens philosophique que *La Casa Nova* qui lui servit de « germe ». De manière moins intéressante, mais tout aussi révélatrice des contradictions du comique des Lumières, l'acide Meneghina devient avec Angélique une pure et pudique jeune fille, plus proche de l'idéal parental que du monde réel, et plus propre à faire rêver que sourire. Elle pourra, en fin de siècle, pâle et pitoyable, passer sans effort de la comédie dans le mélodrame. On sait avec quelle énergie Rousseau proteste, dans la *Lettre à d'Alembert sur les spectacles* (1758), contre cette idéalisation romanesque et sentimentale de la femme dans l'art français. Mais rien sans doute n'interdirait aujourd'hui de tirer Angélique vers ce franc comique auquel elle se dérobe avec tant de modestie effarouchée.

Le personnage de l'oncle irrité, désarmé *in extremis* par le repentir aussi énergique qu'adroit de la jeune épouse, lorsqu'elle découvre la ruine de son époux, ne jouait dans la *Casa Nova* qu'un rôle épisodique (il n'apparaît qu'à l'acte III, sc. 3). Devenu Bourru, il porte maintenant la pièce sur ses fortes épaules. Goldoni a fort bien défini, dans ses *Mémoires*, la nature d'une telle composition : « C'est la bienfaisance qui fait l'objet principal de ma Piece, et c'est la vivacité du Bienfaisant qui fournit le comique inséparable de la Comédie.

« La bienfaisance est une vertu de l'âme; la brusquerie n'est qu'un défaut du tempérament; l'une et l'autre sont compatibles dans le même sujet; c'est d'après ces principes que j'ai formé mon plan, et c'est la sensibilité qui a rendu mon Bourru supportable » (p. 506). Goldoni rencontre ici à son tour, et pour la première fois dans toute sa rigueur, le dilemme des auteurs comiques français d'après 1730 : comment mettre en scène la vertu sans exténuer le comique ? comment écrire une comédie sans faire grimacer le rire hideux, satanique, que Mme de Staël, Chateaubriand et Musset reprocheront à l'auteur de *Candide* ? comment humaniser, socialiser, moraliser le comique ? comment le retenir sur la pente de la bouffonnerie, de la farce ? bref, comment être à la fois gai, décent et sensible ? Les solutions qu'il avait inventées en Italie ne pouvaient pas s'appliquer telles quelles en France, mais elles participent des mêmes préoccupations, qui traversent tout le siècle à partir de la comédie dite *larmoyante* de La Chaussée, relayée par le drame bourgeois. Il alternait dans son théâtre italien des personnages exemplaires, et des ridicules qu'il préférait, dit-il, aux vicieux : « Je n'avais pas cherché le sujet [du *Prodigue*] dans la classe des *vicieux,* mais dans celle des *ridicules.* Mon Prodigue n'était ni joueur, ni débauché, ni magnifique. Sa prodigalité n'était qu'une faiblesse [comme celle de Dalancour, inspirée par l'amour] ; il ne donnait que pour le plaisir de donner; le fond de son cœur était excellent; mais sa bonhomie et sa crédulité l'exposaient au dérangement et à la dérision » (*Mémoires,* p. 188-189). L'avare et despote Todero est un pur vicieux; Monsieur Géronte n'a qu'un ridicule (qui touche au demeurant, par la terreur qu'il inspire, à la question centrale de la sociabilité). Mais on constate aussitôt que Goldoni a inversé sa formule. Ce n'est plus la bonté qui atténue le ridicule; c'est le ridicule qui tempère la vertu. On est bien dans la ligne du nouveau comique des Lumières, théorisé par Diderot, amorcé par Destouches et La Chaussée, critiqué par les tenants de la tradition moliéresque : substituer sur la scène comique la vertu au vice, la sympathie au ricanement. Même si le choix d'un *caractère* (et non d'une *condition,* comme le voulait Diderot) semble placer Goldoni dans la filiation de Molière, père obsédant, et s'il note avec malice, dans ses *Mémoires*, que même les partisans du drame larmoyant et terrible l'ont applaudi, sa pièce est incontestablement celle d'un homme des Lumières qui pense et écrit « à la manière Française » (*Mémoires*, p. 508). D'un personnage italien entièrement moliéresque (Todero), il fait un héros typique des aspirations de la comédie sentimentale et honnête, sans cependant sacrifier le comique du principal protagoniste. Il paraît au demeurant peu raisonnable, textes en main, de nier ce que lui-même affirme hautement, à savoir l'adroit et courtois aller-retour qui s'opère entre *Le Café ou L'Écossaise* (1760) de Voltaire, que son titre et la préface dédient quasiment à Goldoni, et le *Bourru*, via le personnage voltairien de Freeport, marchand anglais aussi bougon et incivil que généreux. Quant à deviner pourquoi Voltaire vole au secours de Diderot, violemment attaqué par Palissot (*Les Philosophes*, 1760), tout en affichant hautement son admiration pour Goldoni, qu'on accusait Diderot, à son grand dam, d'avoir plagié dans *Le Fils naturel* (1757), c'est une autre affaire. Mieux vaut ne pas la trancher, puisque Goldoni, s'il dédouane l'auteur du *Père de famille* (1758) de tout soupçon, et force même son intimité pour une réconciliation, laisse lui aussi en suspens la question du *Fils naturel*. Il est vrai que Diderot, pour se défendre mais aussi par conviction esthétique très française, l'avait crédité d'une soixantaine de farces ! En retour, Goldoni n'hésite pas, dans *Le Bourru bienfaisant*, à pratiquer sans vain scrupule cette loi du *contraste* dont l'abus mécanique donnait la nausée au philosophe français : sur le modèle du Misanthrope atrabilaire ami de Philinte, l'irascible bourru appelle donc en face de lui le flegmatique Dorval ! Dorval, le nom même du héros tourmenté de Diderot, dans *Le Fils naturel*...

Absolue décence, qui exclut ou transfigure tout élément farcesque (on admirera comment, à l'acte II, scène 21, Goldoni exploite au bénéfice du sentiment, dans une perspective de drame bourgeois, le gag éminemment farcesque de la chute) ; minoration et sentimentalisation des valets; caractère dominant, typique selon Goldoni de la tradition française, d'où procèdent l'obstacle, le comique et le sens; ingéniosité délicate dans le traitement du jeune couple; jolies références à Molière et exacte mesure des transformations du goût contemporain; bienfaisants effluves de philosophie et de sensibilité : que pouvait-on demander de plus au bon M. Goldoni, si habile à concilier des aspirations théoriquement divergentes ? Les Français, une fois n'est pas coutume, firent plaisir à qui voulait tant leur plaire. Mais le vrai, le grand Goldoni allait payer très cher, pendant plus d'un siècle, ce goût de la gratitude et de la gageure.

L'Avare fastueux, fils ingrat et trop aimé.

L'enivrant succès du *Bourru* engagea Goldoni dans une tentative de surenchère. Il lui prit l'idée de superposer deux figures moliéresques archétypales : l'avare et le bourgeois gentilhomme. Il n'avait pas attendu la France pour découvrir le trésor de l'avarice : en témoignent *Le Véritable Ami* (1750), où Fréron voulut dévoiler le plagiat de Diderot dans *Le Fils naturel* pour mieux discréditer le drame bourgeois, *L'Avare jaloux* (1754), *L'Avare* (1756), *Le Tour payé de retour* (1764), et bien entendu *Théodore le Grondeur* (1762). Mais *Les Rustres* (1760) touchent aussi, à leur inimitable façon, à la figure de l'avare, « un de ces caractères [...] qui semblent avoir été épuisés par les grands maîtres de l'art » (*Mémoires*, p. 432), et qui donc, on l'a compris, titillent l'émulation. Le commentaire des *Mémoires* sur *L'Avare jaloux* ne manque pas d'intérêt, si l'on songe à l'irrémédiable et douloureux échec de *L'Avare fastueux*, vingt ans plus tard : « Je peignis le Protagoniste de cette Pièce d'après nature [leitmotiv goldonien, au moins pour les pièces italiennes] [...] ; il étoit chargé de deux vices également odieux, mais qui, par le contraste de ses passions, le mettoient dans des positions comiques.

« Il est très plaisant de voir un mari excessivement jaloux recevoir lui-même un cabaret d'argent avec du chocolat, un flacon d'or avec de l'eau de santé, et tourmenter ensuite sa femme, qui, disoit-il, avoit donné motif à ses adorateurs de lui faire des présens.

« La méchanceté de ce caractère est faite pour révolter; cependant la Pièce se seroit soutenue, si l'Acteur chargé du rôle n'eût pas été aussi disgracié de la nature, et aussi peu estimé du Public qu'il étoit » (p. 319). La chute de la pièce française, elle aussi bâtie, le titre en fait foi, sur le contraste supposé comique de deux passions, sera également mise au compte des acteurs et des circonstances. Goldoni ne semble pas envisager que la juxtaposition de ces deux vices « odieux » puisse glacer le spectateur, dont il sollicite si finement la sympathie dans ses autres pièces, tant il la sait nécessaire au plaisir comique qu'il recherche.

Le thème du bourgeois gentilhomme semble en revanche beaucoup moins productif dans l'univers goldonien. On peut citer *Les Femmes pointilleuses* (1750-1751), où l'épouse d'un riche commerçant vient de sa province avec « la sotte ambition d'aller figurer dans la Capitale, et de s'introduire dans les sociétés des Dames de qualité » (*Mémoires*, p. 269). À la fin, elle ouvre les yeux et retourne briller dans son village. Sans doute ne s'agit-il pas aux yeux de Goldoni d'un thème typiquement italien. Ce sera en tout cas l'opinion de Mme de Staël et de Stendhal, qui font de la vanité sociale une passion française.

Fortement molièresque, en tout cas et sans conteste, le personnage de l'avare fastueux, que ses deux passions engagent dans des situations comiques. Faut-il évoquer son glorieux ancêtre, l'atrabilaire amoureux, dont la figure, véhémentement célébrée, contre... Molière, par Rousseau, obsède la réflexion dramaturgique et philosophique des Lumières ? Une référence aussi appuyée à la poétique moliéresque, en ces années de débat intense sur le théâtre comique, ne peut être tout à fait innocente. Dans la controverse française sur le comique — nouveau genre, ou nouveaux talents revigorant les anciennes recettes ? — *L'Avare fastueux,* fondé sur l'invention d'un caractère franchement comique, penche vers la solution conservatrice peu favorable à la comédie sentimentale, telle que Chamfort vient de la définir dans un *Éloge de Molière* couronné par l'Académie française (1769). Comme lui et d'autres adversaires de Diderot, Goldoni semble dire : Non, les caractères ne sont pas épuisés ! seul manque l'art de les découvrir et de les rendre comiques. Si l'on songe qu'il écrit une pièce du grand genre, en cinq actes à défaut de vers, qu'il ne fait jamais appel aux frivolités de la conversation mondaine pour remplir le vide de l'action (reproche ordinaire aux comédies du XVIIIe, qu'on renvoyait toujours à l'école du grand maître), on comprend peut-être mieux ce qui l'attachait à cet ultime effort de sa plume, plus ambitieux qu'il n'y paraît, et tout entier placé sous le signe de Molière.

Ces enjeux nous échappent largement, mais ils furent intenses, et engagèrent une remarquable réflexion théorique sur la fonction et la nature du théâtre, et notamment du comique, point de fixation des conflits majeurs. Il n'est pas absurde de penser que Goldoni s'y inscrit à sa manière, par la pratique. Son échec renverrait alors à autre chose que l'épuisement de l'âge et la fixation sénile sur le dernier objet du désir. Il signifierait qu'une solution purement moliéresque, comme en réalité tous les talents français du siècle l'ont compris, n'était plus viable. Le fameux retour de Beaumarchais à « l'ancienne et franche gaieté » (Préface du *Mariage de Figaro*) est un pur leurre, qui masque un extraordinaire renouvellement du comique, incompréhensible hors de la problématique du drame bourgeois.

D'où peut-être le problème du dénouement. Dans la version française, le personnage, mortifié dans son avarice et son faste, quitte la pièce et la société. Variation sur le *Misanthrope,* comme

Goldoni avait fait, dans *Théodore le grondeur*, une variation sur le *Tartuffe* (sommé de s'en aller, Désiré, régisseur et ami hypocrite, refuse de sortir !). Pour les Italiens, au contraire, et plus curieusement pour ses *Mémoires*, Goldoni imagine un autre dénouement : « L'Avare fastueux entre. Il est instruit de tout, et prend son parti en brave. Le souper est fait, il ne faut pas le perdre; les convives se rassemblent, il ne veut pas qu'ils se moquent de lui, il les fait entrer; il leur annonce qu'il les a priés pour fêter le mariage de Monsieur le Vicomte de Courbois; ils n'en sont pas les dupes, les domestiques ont parlé; les vices de Chateaudor sont découverts, il est détesté à cause de son avarice, et méprisé à cause de son faste » (p. 533). Ce double dénouement illustre assez bien ce qui travaille en profondeur la réflexion malheureuse des Lumières sur le vice et le ridicule au théâtre : c'est bien du rapport au social et au mal qu'il s'agit. Or, en choisissant le rire de mépris et de détestation, hors de toute sympathie possible, Goldoni, en croyant flatter les préjugés nobiliaires des courtisans, les ramenait à un rire que la sensibilité des Lumières ne supportait plus, trop dur et trop âpre, surtout à l'égard d'un homme encore jeune.

Deux pièces, deux destins absolument divergents, alors que l'auteur n'imagine entre elles nulle divergence esthétique majeure ni baisse de talent. Mais s'il a manifestement souffert de l'échec incompris de *L'Avare*, c'est la réussite du *Bourru* qui allait lui jouer dans son dos le plus vilain tour. Pendant plus d'un siècle, sa pièce française pour les Français, constamment traduite et jouée, éclipse hors d'Italie ses œuvres les plus originales, au grand déplaisir de ses compatriotes impuissants. De fait, *Le Bourru bienfaisant* ne nous intéresse plus que comme la trace passionnante d'une écriture dramatique totalement déterminée et transformée par la représentation d'un horizon d'attente étranger. Nulle œuvre comme celle-ci ne nous donne, par comparaison avec les comédies italiennes de Goldoni, la vérification expérimentale, quasiment en laboratoire, des terribles contraintes qui faisaient du théâtre français post-classique un véritable système national, aussi rigoureux et homogène, en ses différents genres, que l'opéra français. C'est sur ce fond qu'on apprécie mieux l'exceptionnelle originalité d'un Marivaux ou d'un Beaumarchais, et ce qu'elle suppose de vigueur créatrice. Mais cela n'enlève rien au mérite de ce pari assez fou, tenté et réussi par un homme de plus de soixante ans : apprendre à écrire en français, pour s'adapter à un système d'écriture dramaturgique qui le prive implacablement de ses meilleurs atouts, de ses réflexes les plus sûrs. *L'Avare fastueux* prouve combien il avait toutes chances d'échouer, comme l'en avertit, à sa façon bourrue et bienveillante, J.-J. Rousseau, qu'il eut l'idée assez curieuse d'aller consulter. Évidemment, Goldoni ne dépensa jamais, pour aucune de ses comédies, autant d'énergie que pour cette pièce malheureuse !

Mais le mot de la fin revient sans conteste à un ministre, le ministre des Contributions publiques qui, le 17 février 1793, onze jours après la mort de Goldoni, tient les propos suivants aux Citoyens Acteurs du Théâtre national, appelés à donner, le 18 juin, une représentation du *Bourru bienfaisant* en faveur de la veuve du poète : « Cette comédie intéressante inspirée par un grand esprit de justice et un tact moral excellent, n'est pas sans rapport avec nos circonstances. On nous force à être bourrus, et il est utile de ne pas oublier que l'humeur n'exclut pas la bienfaisance ! » Donnons un nom à ce ministre, forcé par la Révolution d'être bourru, mais pas bourreau, car la Terreur ne viendra qu'en septembre : il se nomme Stéphane Clavière, et se tua d'un coup de couteau de cuisine, le 8 décembre 1793, à la Conciergerie. Il nous rappelle qu'il n'appartient pas seulement aux oncles d'être bourrus. L'Histoire, cette marâtre, a aussi ses humeurs. À nous, ne cesse de dire le théâtre de Goldoni, italien ou français, de ne pas oublier la bonté qui rachète tous les ridicules.

INDEX DE PROVENANCE DES TEXTES DÉJÀ PARUS

INDEX DE PROVENANCE DES TEXTES DÉJÀ ÉDITÉS

MOLIÈRE

« *Le Misanthrope*, Incipit », paru dans *Eden'Art*, nº 1, Prises de Textes/Eden'Art, 1993, pp. 7-17.

CHALLE

« Difficultés sur le roman proposées aux lecteurs révérencieux : croyance et ironie dans les *Illustres Françaises* », paru dans *Op. cit., revue de littérature française et comparée*, novembre 1992, Presses Universitaires de Pau, pp. 89-96.

« Sur les *Illustres Françaises* : le vieux Dupuis de Robert Challe ou l'indécidable parabole de la paternité », paru dans *XVIIe siècle*, Janvier-Mars 1993 : *Les correspondances franco-étrangères au XVIIe siècle*, nº 178, pp. 171-175.

« Le libertin et la femme frigide. Essai d'interprétation de la dernière Histoire des *Illustres Françaises* », paru dans *Leçons sur les* Illustres Françaises *de Robert Challe*, Actes de la Table ronde de Créteil (9 janvier 1993), publiés par G. Artigas-Menant et J. Popin, Université de Paris XII-Val de Marne, Diffusion Champion-Slatkine, 1993 (ISBN 2-910054-00-4), pp. 181-192.

MARIVAUX

« Le Masque », introduction à l'édition de : *Le Prince travesti, L'Ile des Esclaves, Le Triomphe de l'amour* de Marivaux, GF, Flammarion, Paris, 1989, pp. 7-39, 149-151 et 205-209.

« L'économie de l'épreuve », introduction à l'édition de : *L'Épreuve, La Dispute, Les Acteurs de bonne foi* de Marivaux, GF, Flammarion, Paris, 1991, pp. 7-34, 101-113 et 205-221.

« Rêves de femmes », introduction à l'édition de : *La Fausse Suivante, L'École des Mères, La Mère confidente*, GF, Flammarion, Paris, 1992, pp. 9-49.

ROUSSEAU

« Un balcon à Genève ou le rire sous contrat social », paru dans Revue *Comédie-Françaises/Les Cahiers*, nº 6, hiver 1992-1993, P.O.L., Paris, 1993, pp. 79-97.

RÉTIF DE LA BRETONNE

« L'autobiographie en morceaux », préface à : *Le Drame de la vie* de Rétif de la Bretonne, collection *Le Spectateur Français* dirigée par J.-L. Rivière, Paris, Imprimerie Nationale Éditions, 1991, pp. 7-27. Imprimé avec l'aimable autorisation de l'Imprimerie Nationale.

BEAUMARCHAIS

« Valet phraseur et révolution bavarde », Introduction au *Mariage de Figaro* de Beaumarchais, Classiques Larousse, Paris, Larousse, 1992, pp. 12-21 et 266-312.

GOLDONI

« On nous force à être bourrus... », introduction à l'édition de : *Le Bourru bienfaisant, L'Avare fastueux* de Goldoni, collection *Le Spectateur Français* dirigée par J.-L. Rivière, Paris, Imprimerie Nationale Éditions, 1991, pp. 7-20. Reproduit avec l'aimable autorisation de l'Imprimerie Nationale. En collaboration avec Monique Le Roux.

TABLE DES MATIÈRES

TABLE DES MATIÈRES

Imprimé pour PARADIGME
par LETTR'IM
48, rue des Frères Chappe
Grentheville
14540 BOURGUEBUS
Imprimé en France – Dépôt légal mars 1995